BRETT UND STEIN
VERLAG

Takagawa Shukaku 9-Dan

SANREN-SEI

Die Power-Eröffnung

BRETT UND STEIN
VERLAG

Titel der japanischen Originalausgabe:
Sanrensei no Iryoku.
© Nihon Kiin

Titel der englischen Ausgabe:
The Power of the Star-point – The Sanren-sei Opening.

Bibliografische Information der Deutschen Nationalbibliothek
Die Deutsche Nationalbibliothek verzeichnet diese Publikation in der Deutschen Nationalbibliografie; detaillierte bibliografische Daten sind im Internet über http://dnb.d-nb.de abrufbar.

Den japanischen Gepflogenheiten und der in Ostasien üblichen Reihenfolge entsprechend, wird bei Personennamen stets der Familienname dem persönlichen Namen vorangestellt.

ISBN 978-3-940563-13-2

Übertragung: Felix Heisel
Umschlaggestaltung: HAMMERGEIGEROT
Druck: Books on Demand GmbH, Norderstedt

Die Diagramme in diesem Buch wurden erstellt mit SmartGo™: http://www.smartgo.com/de

Printed in Germany

Inhalt

Der Autor

Takagawa Shukaku war einer der maßgeblichen Spieler in der Mitte des 20. Jahrhunderts. In den fünfziger Jahren dominierte er die Welt des Go und erzielte einen neuen Rekord, indem er neun Jahre in Folge den Honinbo errang, der damals der bedeutendste Titel war.

Er wurde am 21. September 1915 in Tanabe in der Präfektur Wakayama unter dem Namen Takagawa Kaku geboren. 1925 wurde er Schüler von Mitsuhara Itaro 8-Dan und erreichte 1928 den Profi-Shodan. Darauf wurde er 1931 zum 2-Dan, 1935 zum 3-Dan, 1936 zum 4-Dan, 1939 zum 5-Dan, 1941 zum 6-Dan, 1945 zum 7-Dan, 1954 zum 8-Dan und 1960 zum 9-Dan befördert. Im März 1984 trat er in den Ruhestand.

Takagawa wurde 1952 Herausforderer des Honinbo und gewann den 7. Titel mit 4:1 gegen Hashimoto Utaro. Als Titelträger gab er sich den Namen Shukaku, den er als Ehren-Honinbo bis zu seinem Tode beibehielt. Er widerstand den Herausforderungen von Kitani, Sugiuchi, Shimamura (je zweimal), Fujisawa Hosai und Fujisawa Shuko, die alle aktuelle Spitzenspieler waren, bis er sich im 16. Titelkampf Sakata Eio geschlagen geben musste. Beim 40. Gründungsjubiläum des Nihon Ki-in 1964 wurde ihm zur Würdigung seiner einzigartigen Karriere der Titel eines Ehren-Honinbo verliehen. 1968 kehrte er in die Weltspitze zurück, indem er mit 4:1 Rin Kaiho den Meijin-Titel abnahm. Hiermit widerlegte er seine eigene Theorie, nach der 50 Jahre die Altersgrenze für höchstes Spielniveau bilden.

Zudem erreichte Takagawa dreimal den ersten Platz im Oteai (Einstufungsturnier) und gewann einige weitere Titel, darunter die 1., 9. und 10. Nihon-Ki-in-Meisterschaft, den 2. Oza, die 5. und die 11. Igo-Meisterschaft, den 4. Judan und den 13. NHK-Cup.

Takagawa war berühmt für seinen geradlinigen und logischen Stil. Er war ein maßgeblicher Theoretiker des Go und verfasste viele Bücher und Aufsätze. Er starb am 26. November 1986.

Vorwort

Neben meinen anderen Beinamen werde ich auch „Takagawa, der Fuseki-Mann“ genannt, was vielleicht erklärt, warum ich so oft gebeten werde, Aufsätze und Bücher über die Eröffnung zu schreiben. Ich bin schon lange davon überzeugt, dass das Fuseki zu den Aspekten des Go gehört, die einer theoretischen Analyse am ehesten offen stehen. Wenn das stimmt, dann kann das Fuseki Spielern aller Spielniveaus verständlich gemacht werden. Aufgrund meiner jahrelangen Lehrerfahrung glaube ich auch, dass Ihr Spiel insgesamt umso besser wird, je mehr Zeit Sie mit dem Fuseki-Studium verbringen.

Ich habe als Thema dieses Buchs das Sanren-sei gewählt, weil es der „Star“ unter den modernen Fusekis ist. Seit seiner Einführung in den 1930er Jahren erfreut es sich beständiger Beliebtheit. Insbesondere seit der Umstellung auf das Spiel mit Komi in den 40er und 50er Jahren wird es als eine der geeignetsten Eröffnungen für die schwarze Seite angesehen, die ja wegen der Komi zu aggressiver Spielweise angehalten ist. Die Gründe dafür sind die hervorragenden Angriffschancen und das reichhaltige Moyo-Potenzial des Sanren-sei.

Meinen Schülern habe ich immer wieder empfohlen, Sanren-sei zu spielen, und ausnahmslos bekam ich die Rückmeldung, dass ihr Spiel und ihre Ergebnisse besser geworden seien. Ich glaube, das liegt daran, dass man am Sanren-sei lernen kann, worum es beim Go eigentlich geht. Es ist keine statische Spielweise, bei der man sich mit soliden kleinen Gebieten befasst, die man bis zum bitteren Ende gegen jeden Übergriff verteidigt; vielmehr entsteht ein dynamisch fließendes Spiel, voll von plötzlichen Schauplatzwechseln und unerwarteten Entwicklungen. Da das Sanren-sei das Ziel verfolgt, Stärke und Einfluss aufzubauen statt Gebiet zu nehmen, bringt es diese dem Spiel innewohnende Dynamik ans Licht. Wenn Sie dieses Schema korrekt anwenden, werden Sie sehen, dass das Gebiet von allein anwächst. Und obendrein werden Sie feststellen, dass Sie mit der Beherrschung des Sanren-sei einen großen Schritt zur Beherrschung des Spiels machen können.

Das bedeutet nicht, dass Sie die anderen Fusekis vernachlässigen sollten: Versuchen Sie, ein vielseitiger Spieler zu werden. Doch warum sollten Sie nicht ein Sanren-sei-Spezialist werden, zumindest für eine Weile, und sich selbst das oben Gesagte bestätigen?

Takagawa Shukaku,
Ehren-Honinbo
Im Sommer 1975

Einleitung:
Einladung zum Sanren-sei

„Das Fuseki ist nicht meine Stärke. Wenn die Steine im Mittelspiel miteinander in Kontakt kommen, dann weiß ich, was zu tun ist. Doch die Eröffnung ist zu vage und unstrukturiert, um sie in den Griff zu bekommen."

Dies ist eine Klage, die wohl fast alle Amateure führen. Sie veranlasst viele von ihnen, das Fuseki zu vernachlässigen und sich aufs Mittelspiel zu konzentrieren. Deshalb sieht man Amateure oft in wenigen Sekunden durch die Eröffnung hasten und erst bedächtiger werden, wenn die Kämpfe beginnen.

Wenn Sie Ihre Aufmerksamkeit nur dem Mittelspielkampf widmen, dann wird Ihr Fortschritt an einem gewissen Punkt beendet sein. Es ist falsch, das Fuseki vom Mittelspiel getrennt zu betrachten. Im Gegenteil, das Fuseki ist die kritische Phase, in der Sie Ihre Kampfpositionen abstecken. Profis achten so sehr auf ihr Fuseki, um sicherzustellen, dass sie günstige Kampfbedingungen bekommen.

Amateure murren, das Fuseki sei zu schwierig. Viele klagen, sie wüssten gar nicht erst, worüber sie überhaupt nachdenken sollen. Josekis zu erlernen bedeutet allein schon viel Unannehmlichkeit, und obendrein müssen Sie auch noch dafür Sorge tragen, dass Sie das zur Eröffnung passende Joseki wählen.

Ich sehe ein, dass an diesen Klagen etwas dran ist. Und meine Antwort ist, dass ich die Sanren-sei-Eröffnung empfehle. Sie eignet sich für Amateure, denn sie weist relativ wenige Varianten auf und die Kämpfe des Mittelspiels beginnen frühzeitig.

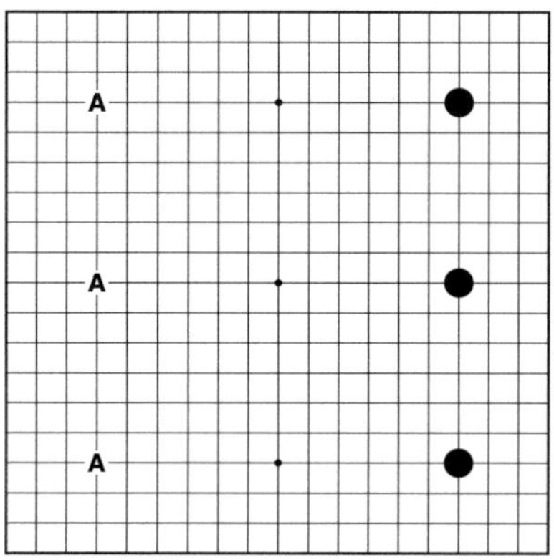

Abbildung 1

Abbildung 1: Dies ist die Sanren-sei-Eröffnung. Gibt es etwas Einfacheres? Wenn wir noch schwarze Steine auf den A-Punkten links ergänzen, dann haben wir die Sechs-Steine-Vorgabe. Somit hat die Eröffnung eine gewisse Ähnlichkeit mit Handicap-Go. Die Position ist so simpel und auch problemlos erreichbar, dass das Sanren-sei das Unkomplizierteste aller Fusekis ist.

Ich habe behauptet, dass sich diese Eröffnung für Amateure eignet, und zwar aus den folgenden Gründen: Sie bietet zum einen den Reiz, ein großes Moyo anzulegen, zum anderen strotzt sie nur so vor Offensivkraft. Ich hoffe, dass diese beiden Aspekte klarer werden, wenn Sie weiterlesen. Doch natürlich will ich nicht behaupten, dass das Sanren-sei anderen Eröffnungen überlegen wäre. Es gibt keinen Königsweg zum Sieg.

Werfen wir einen kurzen Blick auf die anderen bedeutsamen Eröffnungen.

Abbildung 2: Dies ist das Parallel-Fuseki. Schwarz 1 bis Weiß 4 stecken parallele Positionen ab. Es gibt Varianten, wie zum Beispiel Schwarz 1 auf A, Weiß 4 auf B oder C, Schwarz 5 auf D, Schwarz E, F oder G als Antwort auf Weiß 6 und so fort.

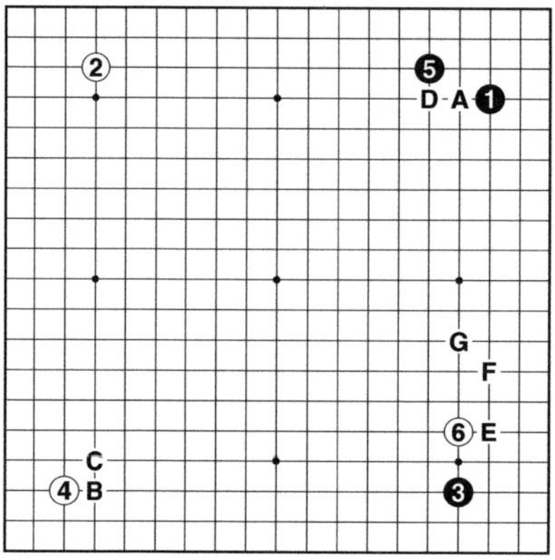

Abbildung 2

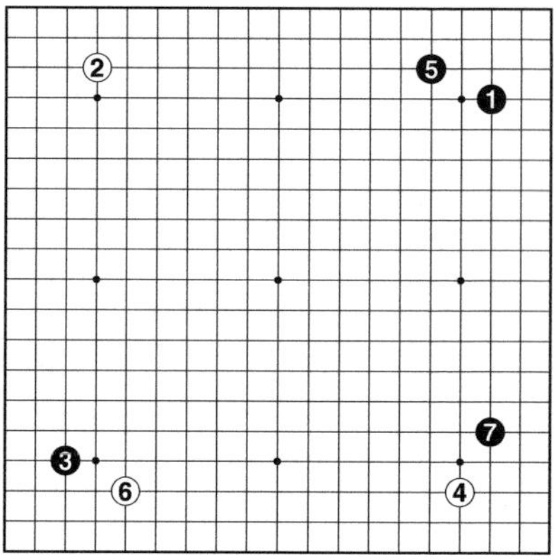

Abbildung 3

Abbildung 3: Die Diagonal-Eröffnung (*Tasuki*). Jede Seite verwendet ihre ersten zwei Züge, um diagonal gegenüberliegende Ecken zu besetzen. Züge auf die 4-4-, 5-3- oder 3-3-Punkte sind in dieser Eröffnung genauso spielbar, und es gibt eine Vielzahl von Kakaris, Shimaris, Klemmzügen und Josekis.

Abbildung 4: Der Shusaku-Stil. Weiß 2 auf A, Weiß 6 auf B und Schwarz 7 auf C ergäben die klassische Shusaku-Eröffnung. Der traditionelle Zug auf C ist ruhig und solide, doch im Spiel mit Komi ist Schwarz 7 der Standardzug geworden.

Abbildung 5: Die Doppel-Shimari-Eröffnung. Sie wird im Spiel ohne Komi als unkompliziert für Schwarz angesehen, doch mit Komi wird sie erfolgreich für Weiß. Beide Seiten können unter vielen verschiedenen Shimaris wählen.

Auch bei nur kurzer Betrachtung können die Eröffnungen, die vom 3-4-Punkt ausgehen, schon mit mehr als zehn Varianten aufwarten. Sie zu beherrschen, würde offensichtlich ein Verständnis der Fuseki-Theorie auf höchster Ebene erfordern.

Abbildung 6: Im Gegensatz dazu ist das Sanren-sei in erster Linie eine unkomplizierte Eröffnung. Und wenn Sie eine ausreichende Kenntnis der notwendigen Techniken erworben haben, werden Sie feststellen, dass Ihnen die entstehenden Kämpfe auch nicht so schwer fallen.

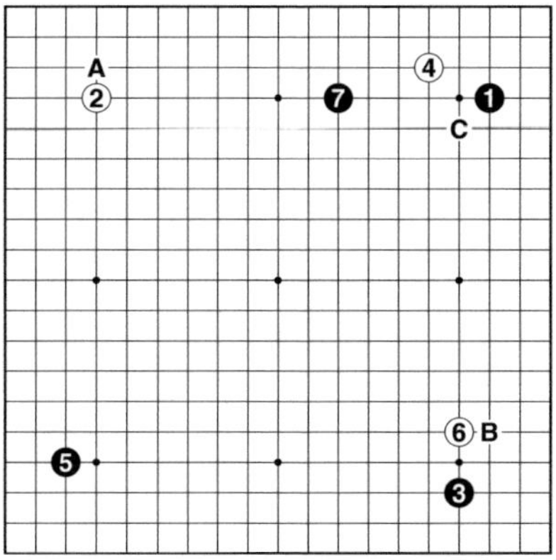

Abbildung 4

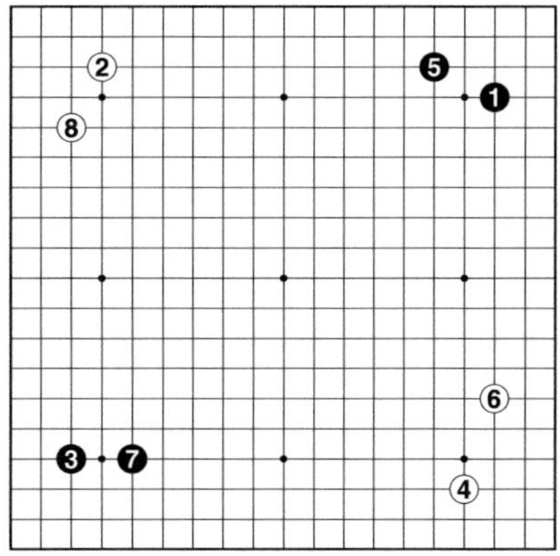

Abbildung 5

Eines ist wichtig: Was auch immer passiert, vertauschen Sie nicht die Reihenfolge von 3 und 5. Wenn Sie zuerst 5 spielen, dann wird Weiß alles verderben, indem er 3 (oder einen der A-Punkte) besetzt. Schwarz 5 wird dann zu einem ineffizienten Zug.

Abbildung 7: Eine mögliche Strategie ist auch, erst einige Züge auf der linken Seite auszutauschen, bevor man den mittleren Hoshi besetzt. In manchen Partien kann die Vervollständigung des Sanren-sei recht spät im Fuseki erfolgen, möglicherweise sogar erst im Mittelspiel.

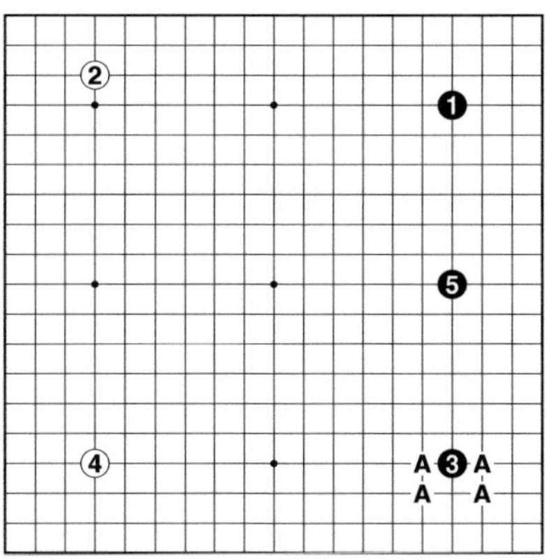

Abbildung 6

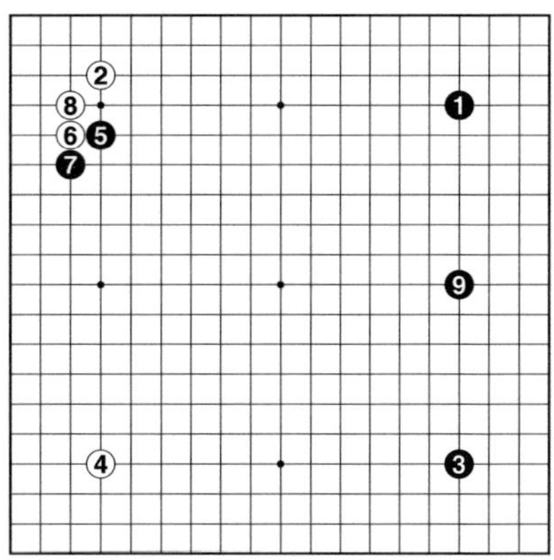

Abbildung 7

In diesem Buch behandeln wir ausschließlich das von Schwarz gespielte Sanren-sei. Ein weißes Sanren-sei ist durchaus eine spielbare Eröffnung. Doch es ist allgemeiner Trend im Spiel mit Komi, dass Schwarz durch aggressives Spiel versucht, den Vorteil des ersten Zugs zu nutzen, während es Weiß mit den Komi im Rücken gemächlich angehen lässt. Das Sanren-sei wird somit durch sein Tempo und seinen offensiven Charakter passender für Schwarz.

In Profi-Partien ist das Sanren-sei mit Schwarz viel gebräuchlicher als mit Weiß, und es ist eine Strategie für die schwarze Seite, die ich Ihnen empfehlen möchte.

Abbildung 8: In der Partiepraxis müssen Sie beachten, was Ihr Gegner unternimmt. Deshalb würde ich Ihnen normalerweise nicht raten, seine Züge zu ignorieren und Ihren eigenen Weg zu gehen. Doch im Fall des Sanren-sei empfehle ich Ihnen, genau das zu tun.

Konkret heißt das: Es ist egal, ob Weiß 2 auf irgendeinen der A-Punkte oder 4 auf irgendeinen der B-Punkte setzt – spielen Sie einfach 1-3-5. Danach können Sie sich genauer ansehen, was Ihr Gegner unternimmt.

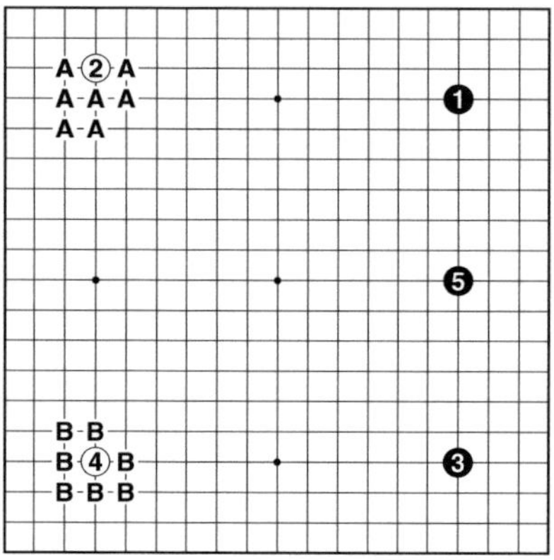

Abbildung 8

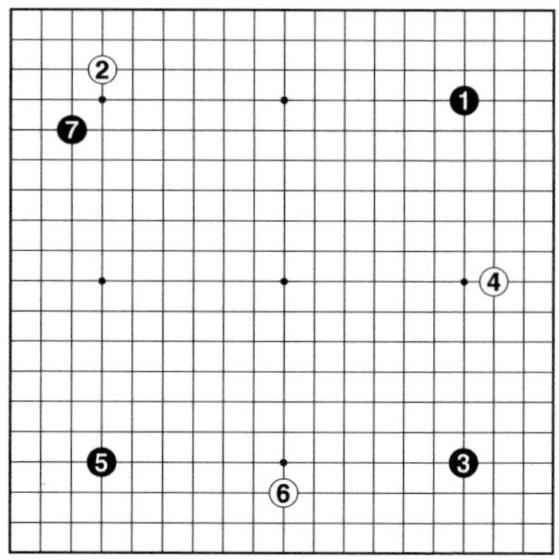

Abbildung 9

Abbildung 9: Ihr Gegner wird leider feststellen müssen, dass er keine gute Möglichkeit hat, das Sanren-sei zu verhindern. Wenn er sich vorgenommen hat, es zu unterbinden, kann er auf 4 spielen. Doch dann können Sie mit 5 einen weiteren Hoshi besetzen. Schwarz droht wieder ein Sanren-sei, also wird Weiß auf 6 spielen. Schwarz muss wohl oder übel seinen Sanren-sei-Plan aufgeben. Doch er hat mit 1, 3 und 5 in drei Ecken den ersten Zug bekommen, während Weiß schon zwei Züge am Rand gespielt hat. In dieser frühen Partiephase sind die Ecken deutlich mehr wert als der Rand. Wenn Weiß also das Sanren-sei verhindern will, dann muss er den in der Abbildung offensichtlichen Nachteil in Kauf nehmen, so dass Schwarz in jedem Fall zufrieden sein kann.

Kapitel 1:
Grundlagen des Sanren-sei

1. Der Hoshi

Ich habe Ihnen empfohlen, Sanren-sei zu spielen, was auch immer Ihr Gegner tut. Doch trotzdem muss man beim Go die Verantwortung für die gespielten Züge tragen. Wenn Ihre Folgezüge nicht Teil einer einheitlichen Strategie sind, dann werden die Sanren-sei-Steine schnell ihren Sinn verlieren.

Ihre erste Aufgabe ist, ein Verständnis für den grundlegenden Charakter der Sanren-sei-Formation zu erlangen. Zuallererst, was sind Sinn und Funktion der Steine auf den Hoshis?

Abbildung 1 zeigt die anderen spielbaren Züge in der Ecke. Der Hoshi ist wie der 3-3-Punkt D einer der zentralen Punkte. Deshalb ist schwer zu entscheiden, wie die Ecke mit einem zweiten Stein abzuschließen wäre und das wiederum bedeutet, dass ein Kakari für den Gegner nicht dringlich ist. Die übrigen Standardzüge A, B und C besetzen keinen zentralen Punkt, deshalb hat ein zweiter Zug zum Abschluss der Ecke hohe Priorität. Aus dem gleichen Grund wird der Gegner nicht mit einem Annäherungszug warten wollen.

Die zweite wichtige Eigenschaft des Hoshi ist, dass er nicht dazu taugt, Gebiet zu nehmen – der Gegner kann auf einfache Weise auf dem 3-3-Punkt invadieren.

Abbildung 2: Wenn Weiß auf 1 invadiert, dann wird das Eckgebiet zu Null reduziert, und darüber hinaus erlangt Weiß selbst fast zehn Gebietspunkte. Natürlich sichert sich Schwarz mächtigen Außeneinfluss als Kompensation. Doch in einer Stellung, in der dieser Einfluss nicht effektiv zum Tragen kommt, wird Weiß unverzüglich auf dem 3-3-Punkt invadieren.

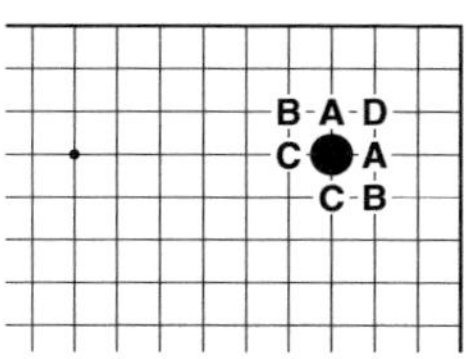

Abbildung 1

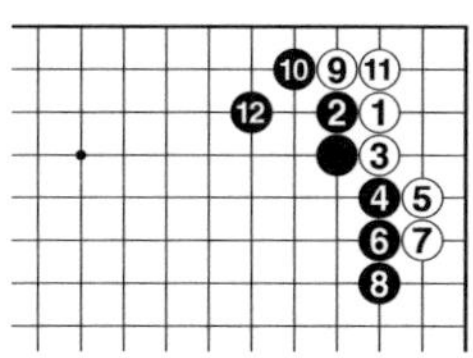

Abbildung 2

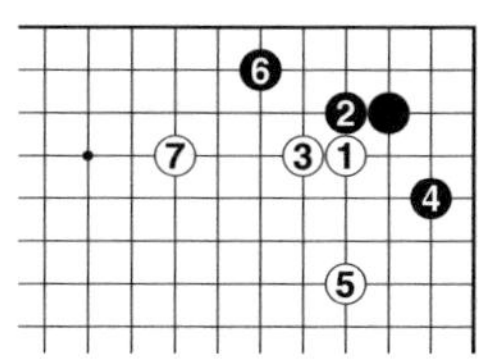

Abbildung 3

Abbildung 3: Im Gegensatz dazu garantiert der 3-3-Punkt Gebiet. Auch wenn Weiß mit 1 angreift, sichert sich Schwarz auf einfache Weise über zehn Punkte in der Ecke. Das ist jedoch nur natürlich: Es zeigt den Unterschied zwischen einem Stein auf dem Schnittpunkt der vierten Linien und einem auf dem Schnittpunkt der dritten Linien. Der 3-3-Stein legt das Augenmerk auf Gebiet, der 4-4-Stein auf Einfluss. Je nachdem, welchen Zug Sie spielen, ergibt sich in der Folge eine völlig andere Strategie.

Zusammenfassung: Nach einem Zug auf den Hoshi ist erstens weder ein Shimari noch ein gegnerisches Kakari dringlich; zweitens legt er Wert auf Einfluss und nicht auf Gebiet.

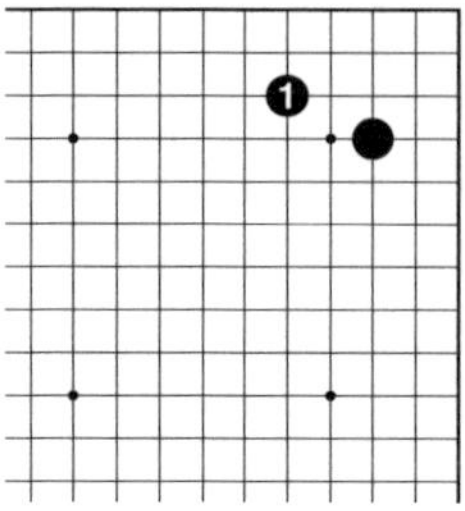

Abbildung 4

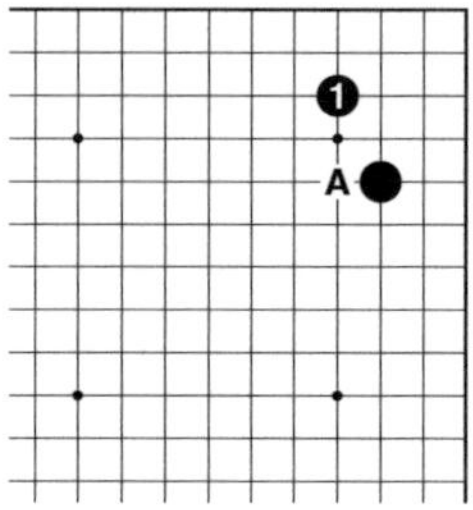

Abbildung 5

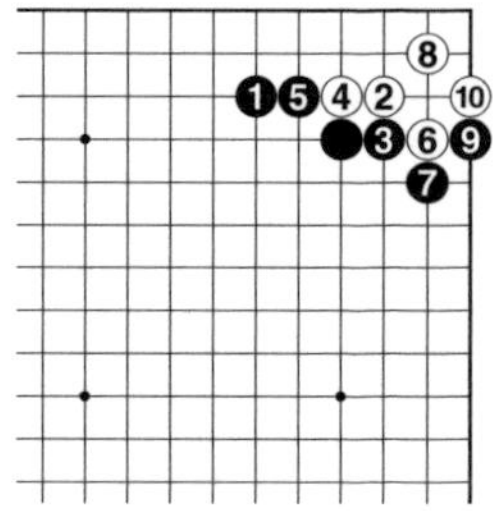

Abbildung 6

Um die erste Aussage genauer zu veranschaulichen, vergleichen wir die Eckeinschlüsse, die vom Hoshi ausgehen, mit anderen Shimaris.

Abbildung 4 zeigt das Keima shimari und *Abbildung 5* das Shimari vom 5-3-Punkt aus. Steht der ursprüngliche schwarze Stein in Abbildung 5 auf A, ergibt sich das 5-4-Shimari. All diese Eckabschlüsse sichern konkretes Gebiet und eine Basis in der Ecke, sie haben hohe Priorität.

Abbildung 6: Hier spielt Schwarz ein Keima shimari vom Hoshi aus. Es sieht nach einer soliden Position aus, doch Weiß kann auf dem 3-3-Punkt invadieren. Das Ergebnis bis 10 ist ein Ko. Dieses Ko kann mitunter bedeutend genug sein, die Partie zu entscheiden, so dass Weiß sorgfältig nachdenken muss, bevor er diese Zugfolge spielt. Doch es steht fest, dass Schwarz mit dem Zug auf 1 das Eckgebiet nicht sichern kann. Im Übrigen könnte Weiß anstatt 2 auch das „Rand-Kakari" auf 7 oder 6 spielen.

Abbildung 7 zeigt das Ogeima shimari. Invadiert Weiß auf 2, so ist die Zugfolge bis 15 ein Joseki. Je nach Gesamtposition sind Abwandlungen möglich, doch in jedem Fall kann Weiß in der Ecke leben.

Abbildung 8 zeigt das Ikken shimari. Auch hier kann der weiße Eindringling nicht gefangen werden. Die Zugfolge bis 10 ist eine Variante. Falls Schwarz jetzt versucht, mit einem Zug auf den vitalen Punkt A zu töten, so lebt Weiß mit B bis F, womit Schwarz A zu diesem Zeitpunkt unangemessen wäre. Anstatt 2 legt Weiß zuweilen auch auf 3 an, um seinen Gegner zu verwirren.

Wir sehen also, dass es sogar mit einem zusätzlichen Stein zum Hoshi sehr schwierig ist, die Ecke vollständig abzusichern.

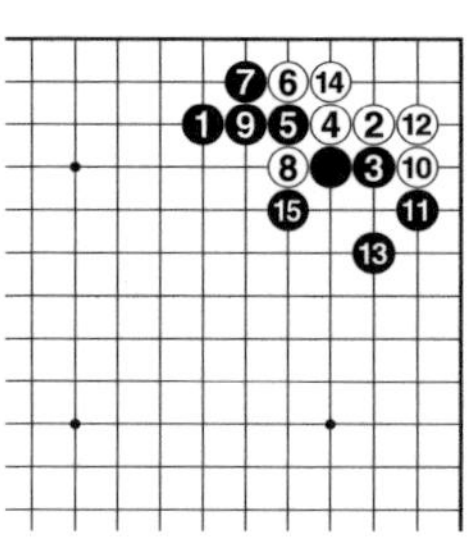

Abbildung 7

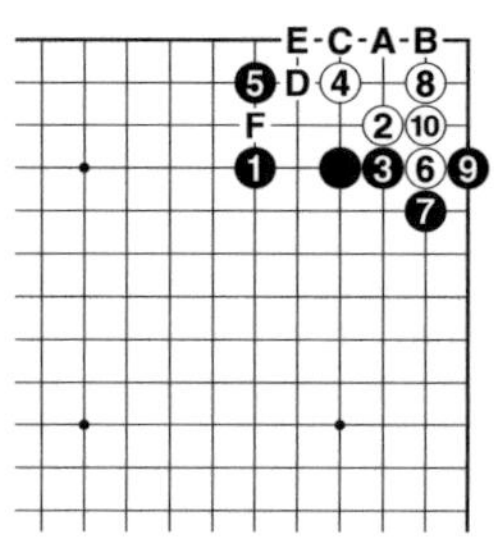

Abbildung 8

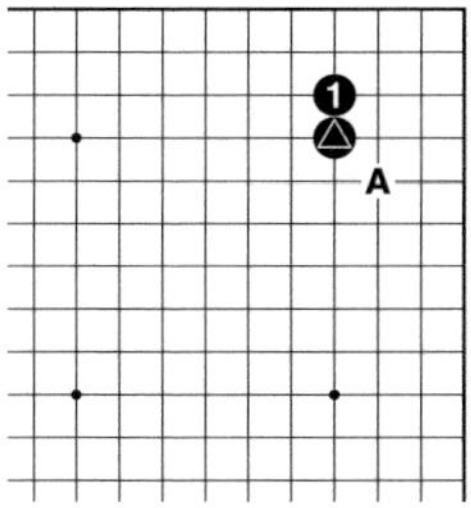

Abbildung 9

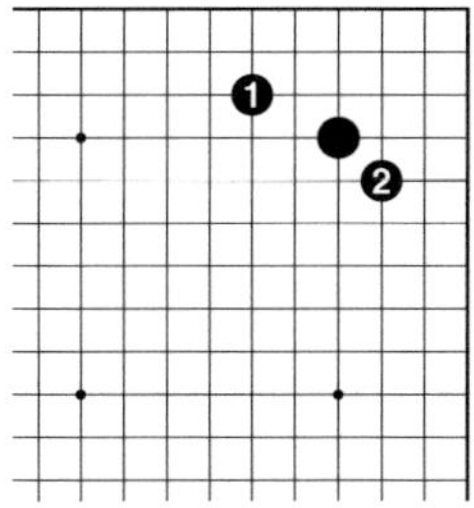

Abbildung 10

Abbildung 9: Lokal gesehen ist ein Zug wie Schwarz 1 besonders ineffizient. Es wird überdeutlich, dass der markierte Stein besser auf A platziert wäre.

Bitte beachten Sie: Hier wird nicht behauptet, dass Schwarz 1 in den Abbildungen 6, 7 und 8 ein schlechter Zug sei. Er ist in jedem dieser Fälle für sich gesehen ein hervorragender Zug. Diese Abbildungen dienen nur als Beweis dafür, dass die Ecke mit dem Hoshi nicht gesichert werden kann.

Abbildung 10: Wenn Schwarz die Ecke verteidigen will, muss er zwei Steine ergänzen. Dies sichert letztendlich eine Basis und 15 Gebietspunkte.

Abbildung 11: Auch hier muss Schwarz zwei weitere Steine investieren. Schwarz 2 könnte auch auf A stehen. Es verbleibt noch immer ein Schwachpunkt bei B, doch Schwarz hat die Ecke mehr oder weniger gesichert.

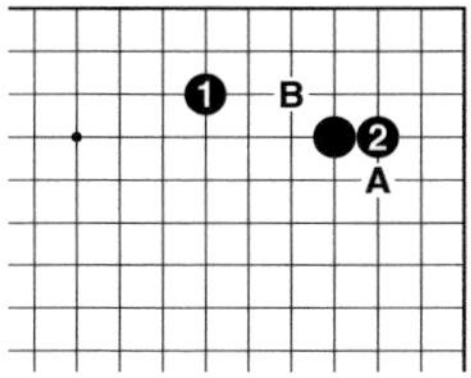

Abbildung 11

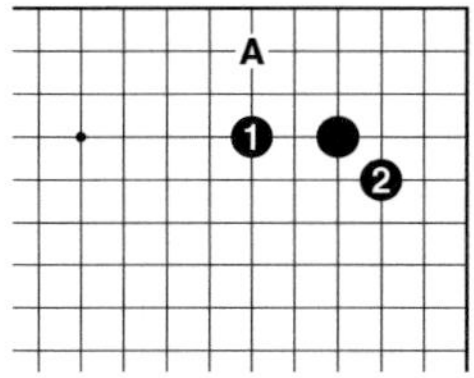

Abbildung 12

Abbildung 12: Schwarz 2 als Ergänzung zu diesem Shimari sichert ebenfalls die Ecke. (Im Prinzip ist sie bei A noch offen, doch das ist im Moment noch kein Problem.)

Die obige Analyse sollte klargestellt haben, dass Schwarz im Unterschied zu Abbildung 4 und 5 drei Steine benötigt, um die Ecke zu verteidigen, wenn einer von ihnen auf dem Hoshi steht. Natürlich bekommt Schwarz etwa in Abbildung 10 ein wenig mehr Gebiet als in Abbildung 4. Doch der Unterschied, den die Investition eines weiteren Zuges macht, überwiegt bei weitem. Die unausweichliche Folgerung lautet, dass der Stein auf dem Hoshi nicht geeignet ist, das Eckgebiet in Besitz zu nehmen. Und aus genau diesem Grund ist ein Shimari nicht dringlich.

Wenn Sie auf den Hoshi spielen, dann dürfen Sie nicht so töricht sein, durch das Hinzufügen vieler weiterer Steine das Eckgebiet sichern zu wollen.

Nachdem wir nun die Mängel des Hoshi betrachtet haben, welches sind denn seine Vorzüge?

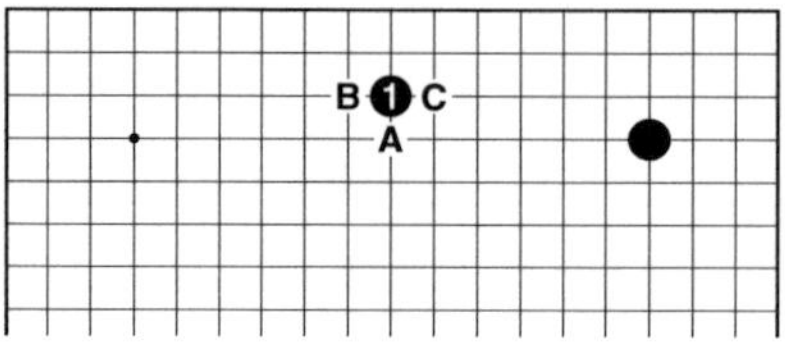

Abbildung 13

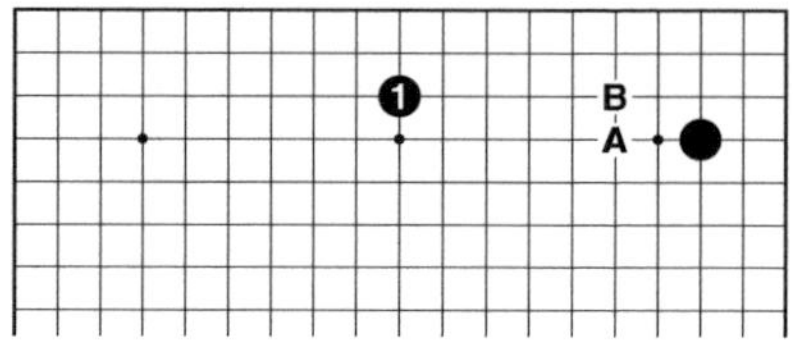

Abbildung 14

Abbildung 13: Anstatt eine kleine Ecke zu beanspruchen, können Sie die großräumige Ausdehnung bis 1 (oder auch A, B oder C) spielen. Schwarz 1 ist ein großer Punkt im Fuseki.

Abbildung 14: Besetzt Schwarz denselben Punkt in Verbindung mit einem 3-4-Stein, so ist es ein Leichtes für Weiß, auf A oder B zu invadieren und das Gebiet zunichte zu machen.

Abbildung 15: Wenn Schwarz nach Abbildung 13 mit 1 fortsetzt, dann hat er mit drei Zügen ein Moyo angelegt. Wenn Sie diese Stellung mit den Abbildungen 10 bis 12 vergleichen, dann ist vielleicht nicht grundsätzlich entscheidbar, welche besser ist. Doch es besteht kein Zweifel daran, dass diese Konstellation das Potenzial des Hoshi viel effizienter nutzt.

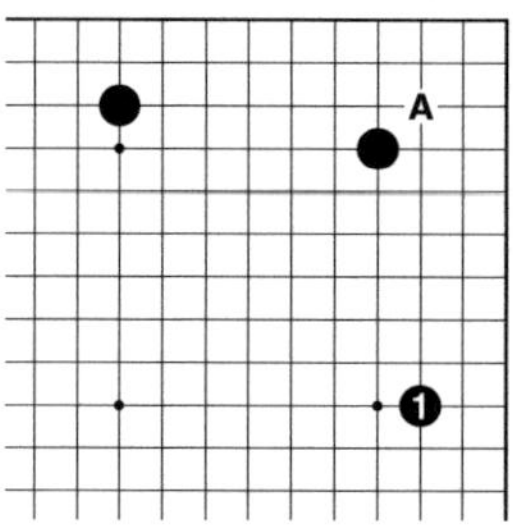

Abbildung 15

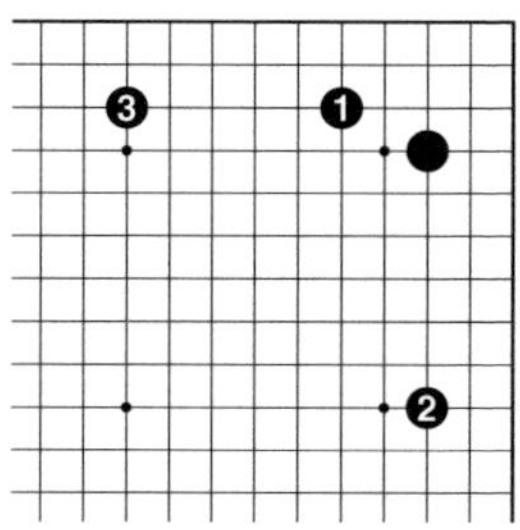

Abbildung 16

Abbildung 16: Schwarz baut hier auf dem 3-4-Punkt ein ähnliches Moyo auf. Dies wird durch die Doppelflügel-Ausdehnung auf 2 und 3 zu einer Idealposition, doch sie hat vier Züge beansprucht. Mithilfe des Hoshis in Abbildung 15 konnte Schwarz einen Zug einsparen. Im Unterschied zu Abbildung 16 ist Schwarz natürlich immer noch durch die Invasion auf A verwundbar. Doch das ändert nichts an der Tatsache, dass Schwarz sich in Abbildung 15 viel rascher zum Rand hin entwickeln konnte.

Abbildung 17: Da wir beim 3-3-Stein ein ähnliches Problem haben, einen passenden Shimari-Zug zu finden, ist hier eine Ausdehnung zum Rand hin ebenfalls die beste Strategie. Allerdings ist hier unbefriedigend, dass die schwarze Position so flach ist. Der Stein auf 3-3 mag zum Sichern der Ecke geeigneter sein, ist aber zweitklassig, wenn es darum geht, sich zum Rand hin und ins Zentrum zu entwickeln. Schwarz 1 und 2 sind nicht geeignet, um ein riesiges Moyo aufzubauen; vielmehr dienen sie dazu, am Rand Fuß zu fassen.

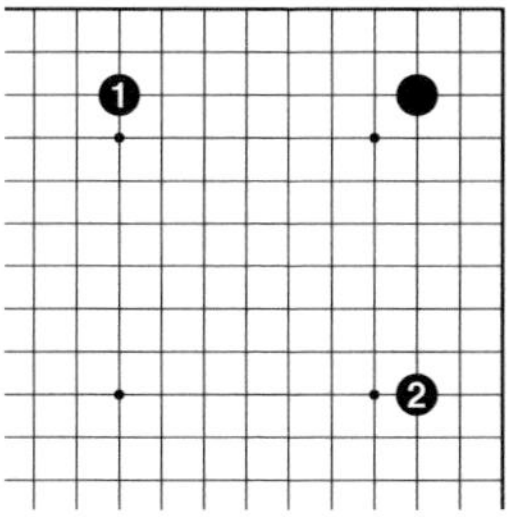

Abbildung 17

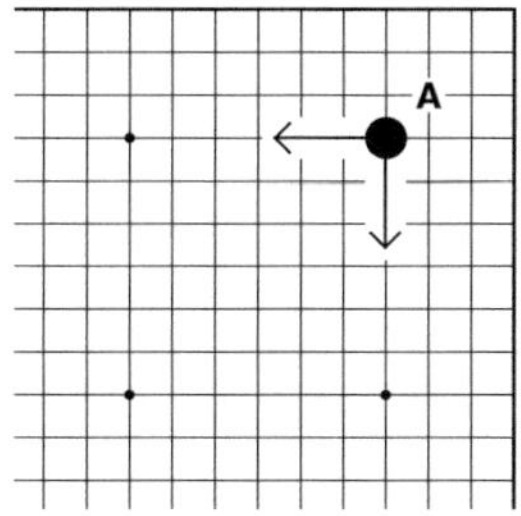

Abbildung 18

Abbildung 18: Im Ergebnis hat der Stein auf dem Hoshi eine Schwäche bei A, und wenn Weiß hier invadiert, dann muss Schwarz das Eckgebiet aufgeben. Zum Ausgleich hat der Stein das Potenzial einer Ausdehnung in Richtung der Pfeile. Da er, ähnlich wie ein Stein auf 3-3, das Spiel in der Ecke mit einem Zug beendet (nicht in dem Sinn, dass er sie sichern würde, sondern weil es keinen effektiven Folgezug gibt), gibt er Ihnen die Möglichkeit, rasch eine Ausdehnung zum Rand zu spielen. In der Eröffnungsphase denkt Schwarz nicht über den Schwachpunkt A nach – er hat Größeres im Sinn. Die Schnelligkeit und der Einfluss des Steins auf dem Hoshi gleichen seine Schwächen aus. Und die Eröffnung, die die Vorzüge des Hoshi am besten ausnutzt, ist keine andere als das Sanren-sei.

2. Niren-sei

Abbildung 1: Bevor Schwarz das Sanren-sei abschließt, baut er zuerst ein Niren-sei auf, also zwei Hoshis in benachbarten Ecken.

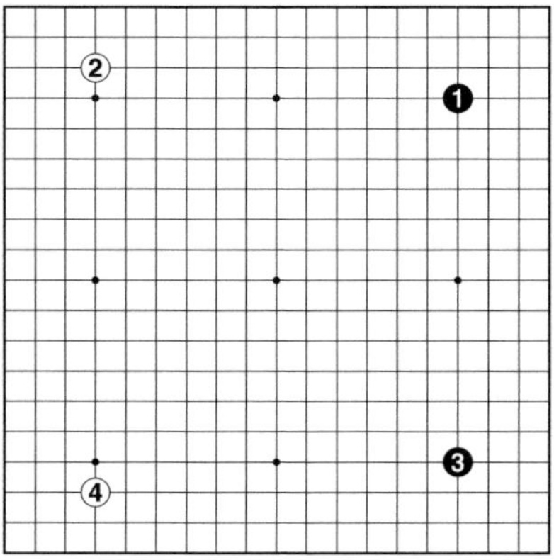

Abbildung 1

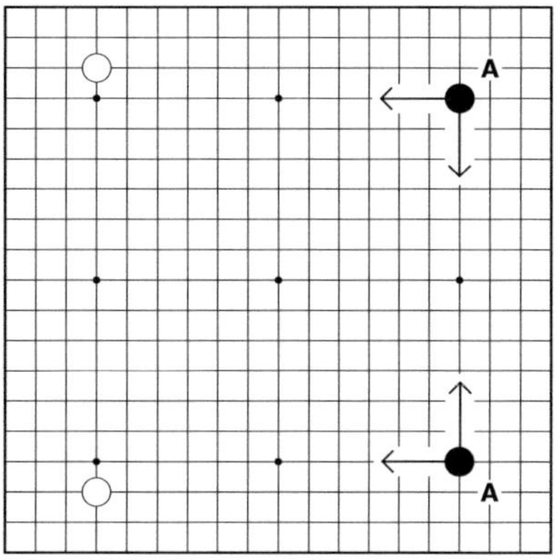

Abbildung 2

Abbildung 2: Die beiden Hoshis üben Einfluss in Richtung der Pfeile aus, und beide zusammen sorgen dafür, dass der rechte Rand schwarze Einflusssphäre wird. Natürlich haben sie die Schwachpunkte bei A, doch zum Ausgleich helfen sie sich gegenseitig. Obwohl sie einigen Abstand voneinander haben, verstärken sie einander um ein Vielfaches.

Abbildung 3: Hoshis in der Diagonaleröffnung helfen sich gegenseitig nicht. Ihr Einfluss verliert sich im Zentrum, wie die Pfeile zeigen. Dadurch wird dies eine im Grundsatz völlig andere Eröffnung als Abbildung 2.

Natürlich werden die weißen Steine ebenfalls voneinander getrennt, somit ist dies eine hervorragende eigenständige Fuseki-Strategie. In solchen Partien werden die Streitkräfte von Freund und Feind in kleine Einheiten geteilt.

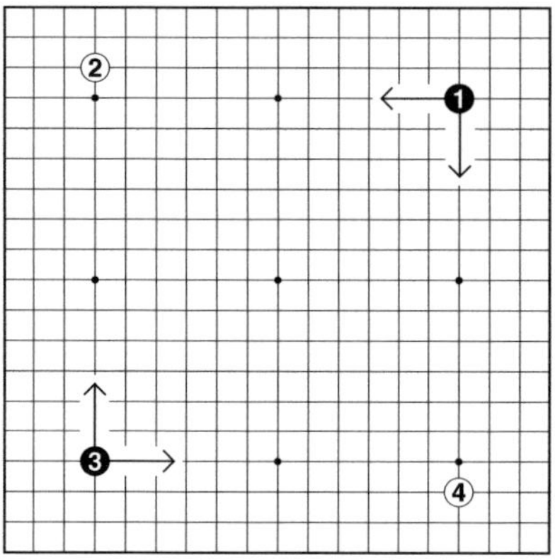

Abbildung 3

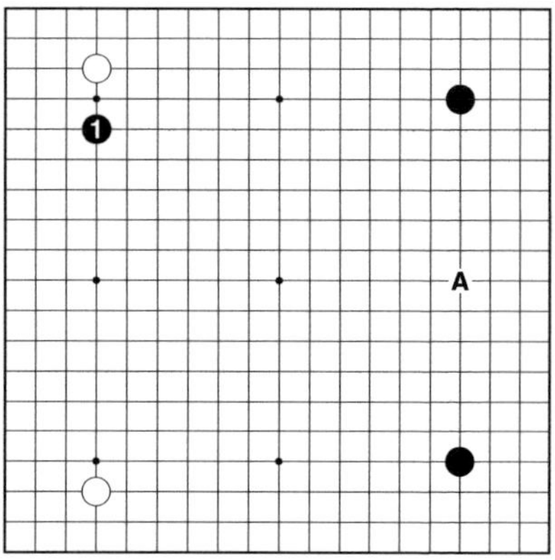

Abbildung 4

Abbildung 4: Schon in dieser frühen Phase des Niren-sei-Fusekis haben wir einen kritischen Punkt erreicht. Eine mögliche Strategie ist, ein Kakari auf 1 zu spielen. Diese Eröffnung war in den 1950er Jahren sehr populär und wurde „modernes 1-3-5" genannt, im Gegensatz zu Shusakus 1-3-5. Kurz gesagt ist der schwarze Plan, links einen Kampf zu beginnen in der Hoffnung, dass er nach rechts hinüberschwappt. Dort wird Schwarz dann den Einfluss seiner Hoshis effektiv nutzen können. Wie Weiß auch immer auf Schwarz 1 antworten mag, beiden Parteien geht es hauptsächlich um die Niren-sei-Formation auf der rechten Seite.

3. Sanren-sei

Abbildung 1: Hat Schwarz erst einmal seine Niren-sei-Formation erreicht, so gibt es etliche Züge, die er als Nächstes spielen möchte. Zum einen wäre jedes Kakari auf einem der A-Punkte ein tadelloser Zug. Mit B wäre ein Sanren-sei erreicht; da dieser Zug eine Randausdehnung von beiden Hoshis darstellt, ist er genauso groß wie ein Shimari oder Kakari. Bei C sind ebenfalls große Punkte, jedoch sind sie nicht so wertvoll wie A.

Abbildung 2: Wenn Schwarz mit 1 das Sanren-sei herstellt, lässt er Weiß mit 2 die Ecke abschließen. Dies ist der Startpunkt unserer Analyse. Grundsätzlich sind die Prioritäten im Fuseki: Erst die Ecken, dann Shimari- und Kakari-Züge und als Drittes Ausdehnungen am Rand. Schwarz 1 scheint diesen Grundsatz zu missachten, doch es kann vorkommen, dass

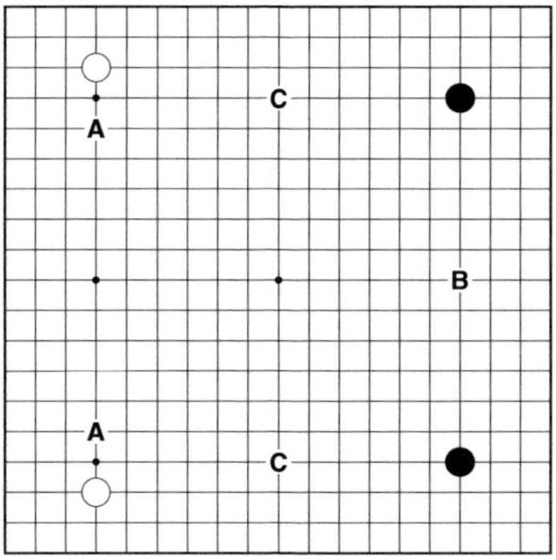

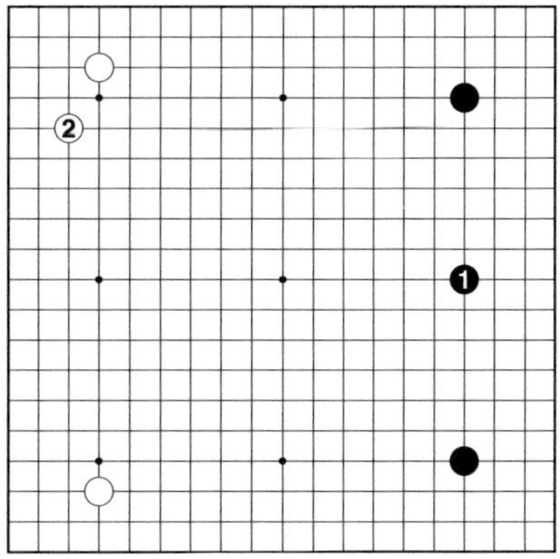

Abbildung 1 *Abbildung 2*

eine Randausdehnung annähernd gleich viel wert ist wie ein Shimari oder Kakari. Dies ist ein solcher Fall. Wenn Weiß auf 2 spielt, ist er natürlich ebenfalls zufrieden.

Abbildung 3: Schwarz hat die Sanren-sei-Formation hergestellt. Es bleiben die zwei Schwachpunkte bei A. Doch der schwarze Plan ist, sich am Rand zu entwickeln und ins Zentrum auszudehnen. Die gegenseitige Wirkung der Hoshis potenziert ihren Einfluss. Schwarz bekommt nicht nur eine starke Position am Rand, sondern auch einiges Potenzial für eine Ausdehnung ins Zentrum.

Die drei Hoshis sind wie drei mächtige Kanonen, die eine Hafeneinfahrt kontrollieren und dem Feind mit Zerstörung drohen, wenn er es wagt einzudringen. Weiß muss alle Vorsicht walten lassen, diesem furchterregenden Gegner nicht zu nahe zu kommen. Von allen Eröffnungen ist das Sanren-sei die eindrucksvollste.

Abbildung 4: Doch was, wenn Schwarz seinen dritten Stein auf die dritte Linie spielt? Das scheint mehr oder weniger das Gleiche zu sein, doch in

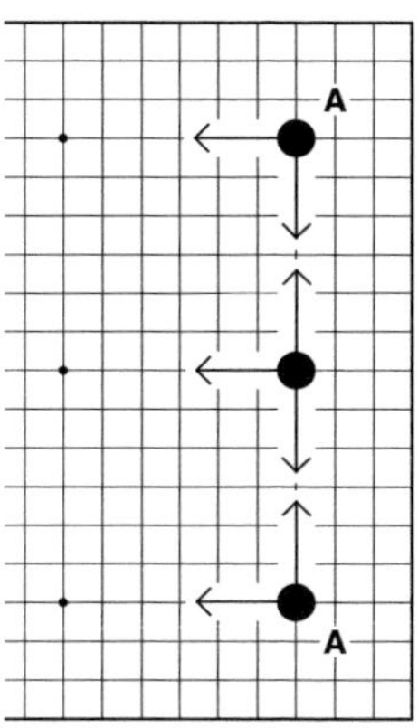

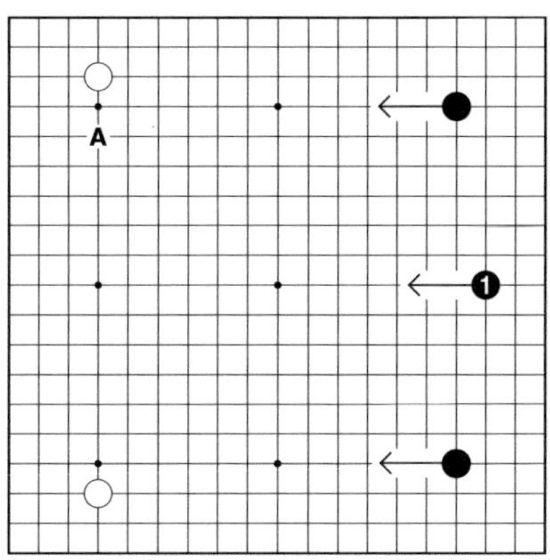

Abbildung 3 *Abbildung 4*

Wirklichkeit verändert dieser Unterschied von einer Linie den Charakter der gesamten Eröffnung. Der niedrige Zug auf 1 legt Wert auf das Randgebiet, und in gleichem Maß fehlt ihm das Potenzial zur Ausdehnung ins Zentrum.

Es gibt hier auch eine Ungereimtheit: Wenn Schwarz eine gebietsorientierte Strategie verfolgt, warum spielt er dann kein Kakari auf A? Was den derzeitigen Wert angeht, wäre A größer. Daraus können wir schließen, dass man keinen Zug wie 1 spielen sollte, bevor die Stellung auf der linken Seite nicht gefestigt ist. Wenn die Gesamtposition es dann erfordert, auf Gebiet zu spielen, können Sie den niedrigen Zug auf 1 machen.

Abbildung 5: Gegen die niedrige Formation ist Weiß 1 oft ein guter Zug. Antwortet Schwarz bei A, so hat Weiß schon das Potenzial des schwarzen Moyos begrenzt und kann leicht bei B invadieren. Manchmal wird Weiß auch 1 auf C spielen. Auf jeden Fall ist die Reduktion des Moyos von oben erfolgreich für Weiß.

Abbildung 6: Gegen die hohe Formation wird Weiß nicht von der Brettmitte aus reduzieren, sondern sich eher mit 1 hineingraben. Die schwarzen Antworten auf 1 werden in Kapitel 2 detailliert besprochen; hier geht es zuerst nur um den Vergleich der hohen und der niedrigen Formation.

Wenn Sie hoch spielen, wird Ihr Gegner tief invadieren; spielen Sie niedrig, dann drückt Ihr Gegner von oben: Diese Verallgemeinerung kann gewiss auf alle Partiephasen angewandt werden.

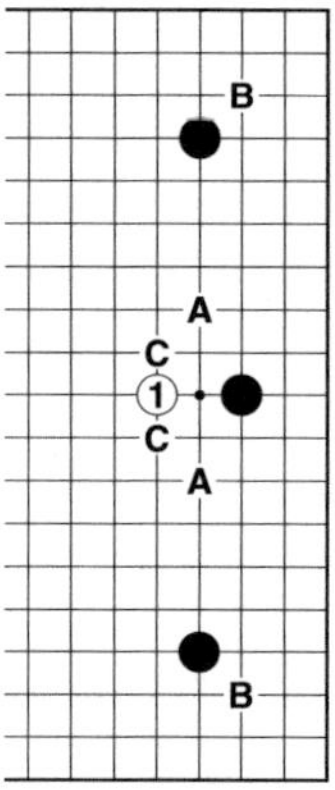

Abbildung 5

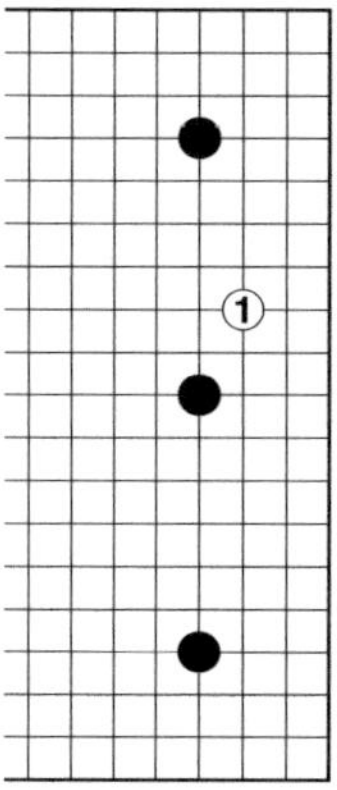

Abbildung 6

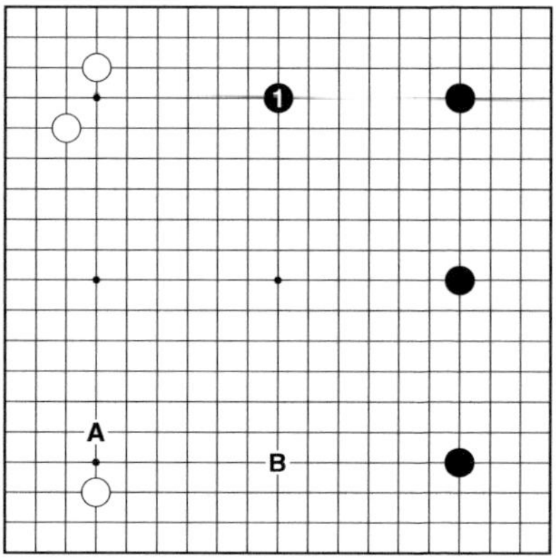

Abbildung 7

Abbildung 7: Die nächste Fragestellung ist, wie Schwarz nach Abbildung 2 fortsetzen soll. Das Sanren-sei wird am besten genutzt, wenn man nicht auf A, sondern die Ausdehnung auf 1 spielt. Beachten Sie auch, dass Schwarz 1 als Ausdehnung wertvoller ist als B, weil die Stärke des weißen Shimaris oben links reduziert wird. Schwarz hat vor, B folgen zu lassen, falls Weiß die Ecke mit A abschließt.

Abbildung 8: Das Sanren-sei zielt darauf ab, ein Moyo zu bauen. Deshalb muss Schwarz großräumig spielen, anstatt sich mit kleinen engen Zügen aufzuhalten. Die Züge bis 11 bauen eine der idealen Sanren-sei-Formationen auf. Weiß ist mit seiner Stellung natürlich ebenfalls zufrieden. Diese Partie zeigt den eklatanten Kontrast zwischen Moyo und Gebiet. Weiß kann nicht gewinnen, wenn er sich aufs Einschließen von Gebiet beschränkt, er wird mitten in die schwarze Stellung hineintauchen müssen. Und wenn er es tut, wird Schwarz ihn aufs Schärfste angreifen.

Abbildung 9: Dies ist ein Sanren-sei-Moyo.

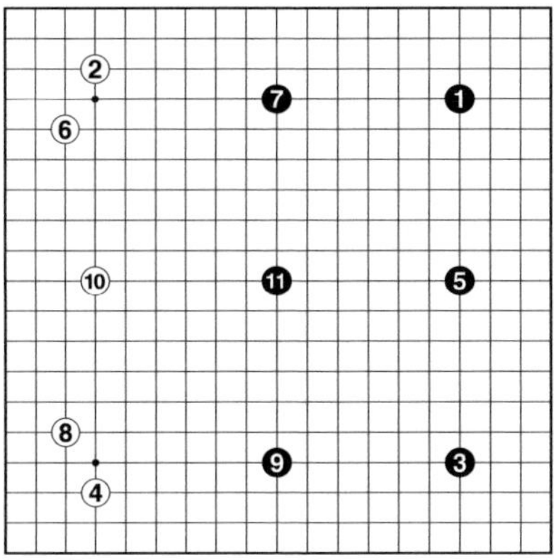

Abbildung 8

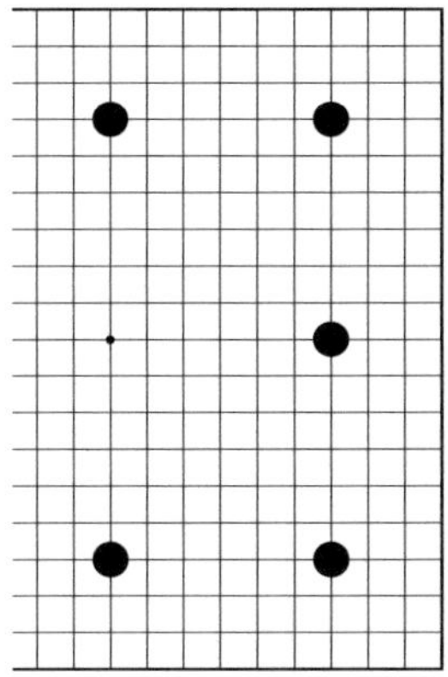

Abbildung 9

Abbildung 10: Dieses Moyo ist auf 3-4-Shimaris aufgebaut.

Beide sind ideale Moyo-Formationen – niemand kann beurteilen, welche besser wäre. Jedoch ist Abbildung 10 mehr gebietsorientiert, während Abbildung 9 großräumiger ist. Weiß würde bei Abbildung 9 tief invadieren, in Abbildung 10 jedoch mit leichter Spielweise reduzieren.

Mit einem Sanren-sei sollten Sie großräumig spielen. Wenn Sie das bedenken...

Abbildung 11: ... was halten Sie von Schwarz 2?

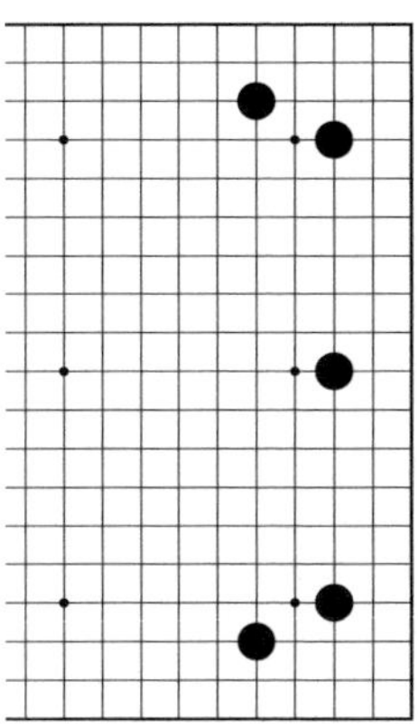

Abbildung 10

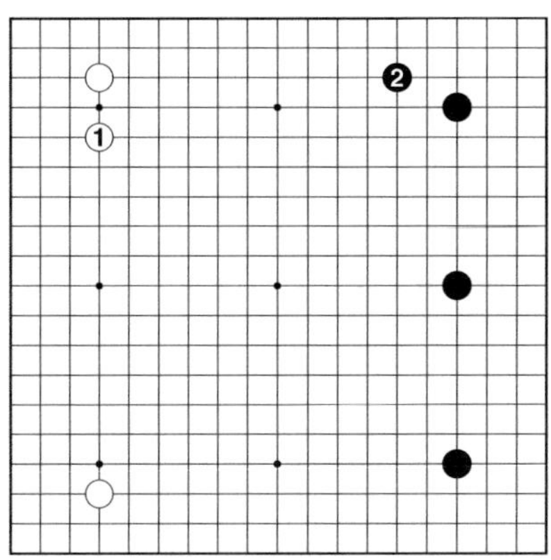

Abbildung 11

Schwarz hat es seinem Gegner gleichgetan und ein Shimari gemacht, doch dies ist definitiv ein schlechter Zug im Fuseki. Man kann wohl nicht konkret sagen, wie viele Punkte er verliert, doch passt er offensichtlich nicht zur bisherigen schwarzen Strategie. Das Sanren-sei ist um Einfluss bemüht, doch Schwarz 2 will Gebiet machen. Durch diesen Widerspruch entsteht Ineffizienz.

Abbildung 12: Dies ist eine Fortsetzung von Abbildung 11. Schwarz beschäftigt sich weiterhin mit Gebiet und schließt mit 2 bis 6 die Ecken ein. Inzwischen besetzt Weiß die großen Punkte am Rand; er hat bereits jetzt eine einfache Partie.

Schwarz ist in Rückstand geraten, weil er für jede Ecke drei Züge verbraucht hat. Dies steht im Widerspruch zu Geschwindigkeit und Moyo-Potenzial, den Hauptvorteilen des Sanren-sei. Ich sehe oft, dass Amateure so spielen, doch ich hoffe, dass meine Leser diese Spielweise ab heute dem Papierkorb übergeben.

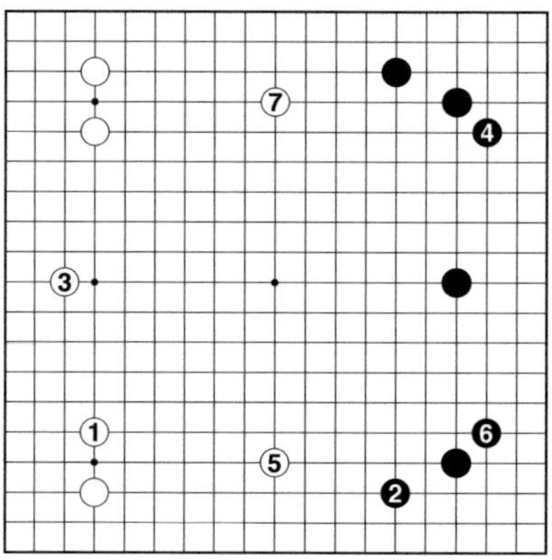

Abbildung 12

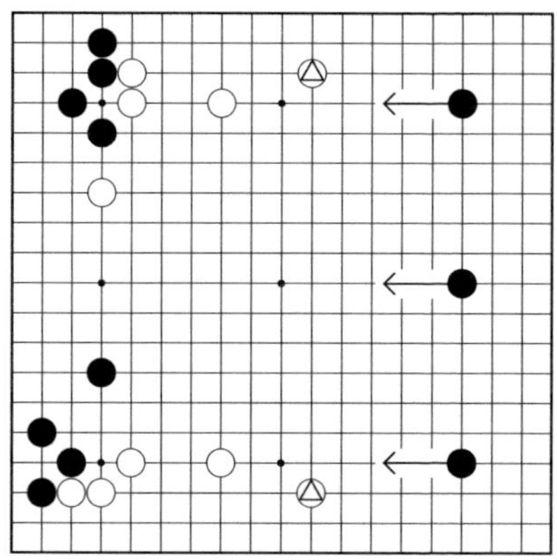

Abbildung 13

Abbildung 13: Gehen wir zum nächsten Thema und schauen uns die Vorzüge und Mängel des Sanren-sei an. Was halten Sie von der hier gezeigten Sanren-sei-Position? Wenn Sie finden, dass sie irgendwie merkwürdig aussieht, dann haben Sie das Auffassungsvermögen eines guten Dan-Spielers.

Warum sollte Schwarz unzufrieden sein? Der Grund ist, dass sich das Sanren-sei in Richtung der Pfeile entwickeln sollte, doch die beiden markierten weißen Steine stehen dem im Weg. Mit anderen Worten ist die Wirkung des Sanren-sei auf den rechten Rand beschränkt, es hat keinen Effekt aufs Zentrum.

Abbildung 14: Nehmen wir an, eine Partie beginnt mit den Zügen bis 20. Es sind ein paar merkwürdige Züge darunter, doch sehen wir davon einmal ab. Der korrekte Zug für Schwarz ist jetzt 21. Da Weiß 12 und 18 bereits das schwarze Entwicklungspotenzial im Zentrum einschränken, gibt es keinen Anlass mehr, Sanren-sei zu spielen, und Schwarz sollte mit 21 Gebiet beanspruchen.

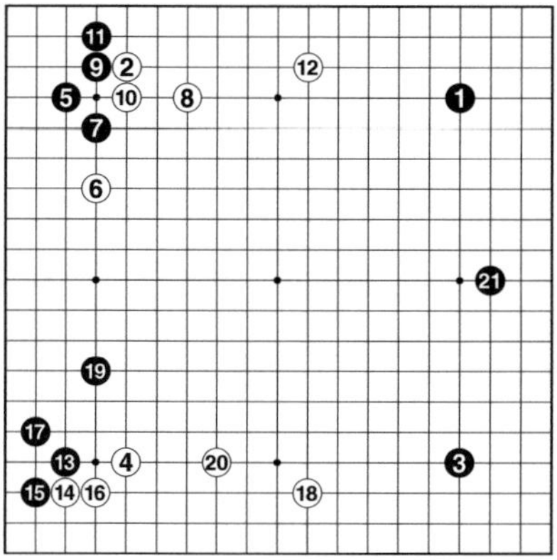

Abbildung 14

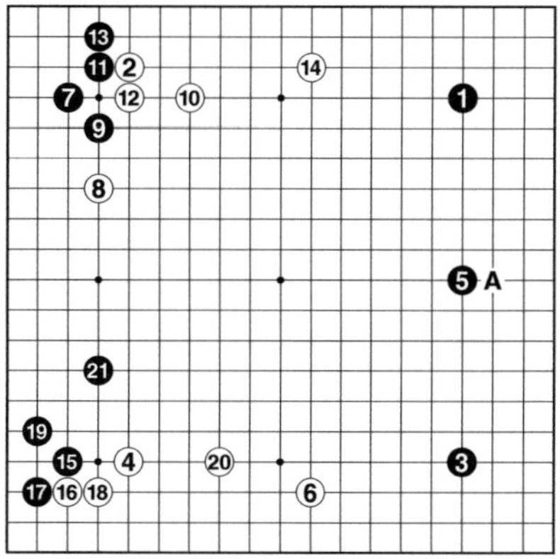

Abbildung 15

Abbildung 15: Gehen wir diesmal davon aus, dass Schwarz zuerst mit 1 bis 5 Sanren-sei spielt und dann die Züge bis 20 folgen. Dann stünde Schwarz 5 jetzt besser auf A. Der Zug Schwarz 5 selbst kann aber unmöglich schlecht gewesen sein. Wenn der Stein also am Ende unbefriedigend steht, dann müssen wir schließen, dass die später erfolgten Züge dafür verantwortlich sind.

Auch wenn die Position von Schwarz 5 als unbefriedigend zu bezeichnen ist, so doch nur in geringem Maße. Man kann nicht so weit gehen zu behaupten, sie sei schlecht. Nur mit den Augen eines Berufsspielers lässt sich der Unterschied von einer Linie nicht ignorieren. Der Leser sollte sich jedoch deswegen nicht zu viele Gedanken machen.

4. Sanren-sei-Moyos

Ein Sanren-sei allein formt bereits ein Moyo. In ihm lauern eine beträchtliche Angriffsstärke und viel Gebietspotenzial. Jedoch sollten Sie nicht auf die Größe des Gebiets fixiert sein, das Sie zu erwarten haben. Wenn Sie sich zu sehr mit Gebiet befassen, dann verlieren Sie den Blick für das Entwicklungspotenzial und die Angriffsstärke, die ja die eigentlichen Waffen des Sanren-sei sind.

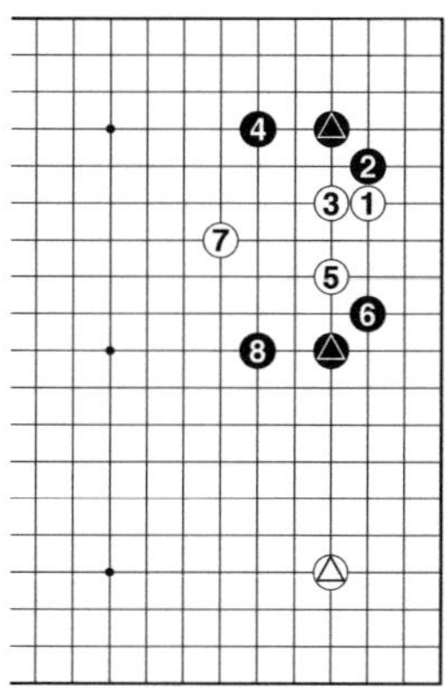

Abbildung 1

Abbildung 1: Nehmen wir an, Weiß hätte die Ecke rechts unten besetzt. Die beiden markierten schwarzen Steine stehen zwar sehr dünn, bilden aber trotz allem ein Moyo. Wenn Weiß jedoch bei 1 invadiert, dann schwindet ihr Einfluss. Der Grund dafür liegt ausschließlich darin, dass unten der markierte weiße Stein lauert.

Abbildung 2: Ist der Stein in der Ecke rechts unten jedoch schwarz, dann sieht die Sache anders aus. Wird nun nach der weißen Invasion dieselbe Zugfolge gespielt, dann ist wohl ein Teil der Sanren-sei-Formation zerstört. Doch im unteren Teil hat sich ein neues Moyo gebildet. Ich nenne das die „Zwei-Stufen-Struktur" des Moyos. Wenn Sie ein tiefes Moyo haben, dann entstehen neue Moyos, sobald das ursprüngliche bröckelt.

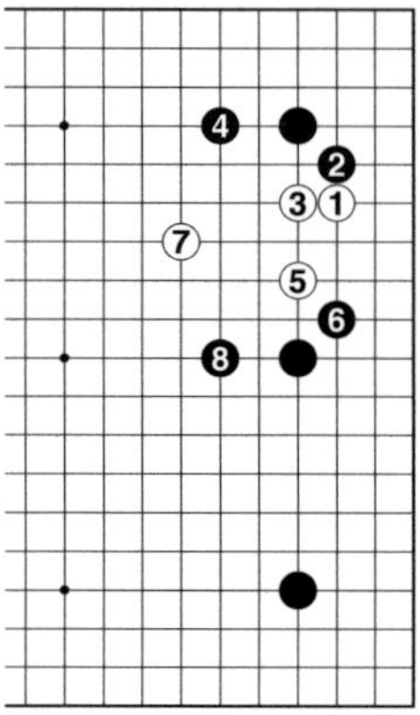

Abbildung 2

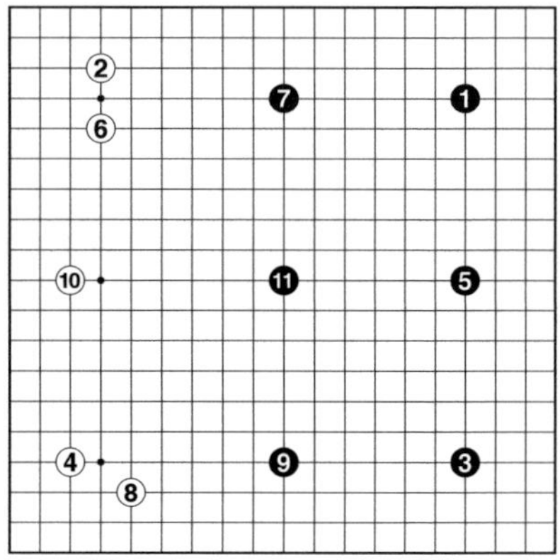

Abbildung 3

Abbildung 3: Wie vorher bereits erwähnt, bilden die Züge bis 11 ein ideales Sanren-sei-Moyo.

Abbildung 4: Nun kann Weiß nicht einfach abwarten und zusehen, wie sich das Moyo in ein gigantisches Gebiet verwandelt, und invadiert also auf 1. Schwarz greift mit 2 bis 8 an und treibt die gegnerische Gruppe ins Zentrum. Dadurch werden die drei markierten schwarzen Steine sehr effizient genutzt. Gleichzeitig dient der Angriff dazu, ein mächtiges kastenförmiges Moyo in der unteren Bretthälfte aufzuziehen. Wenn es günstig läuft, könnte auch der obere Rand schwarzes Gebiet werden. Weiß kann das wohl kaum zulassen und wird deswegen verschiedene Strategien zur Entgegnung einsetzen.

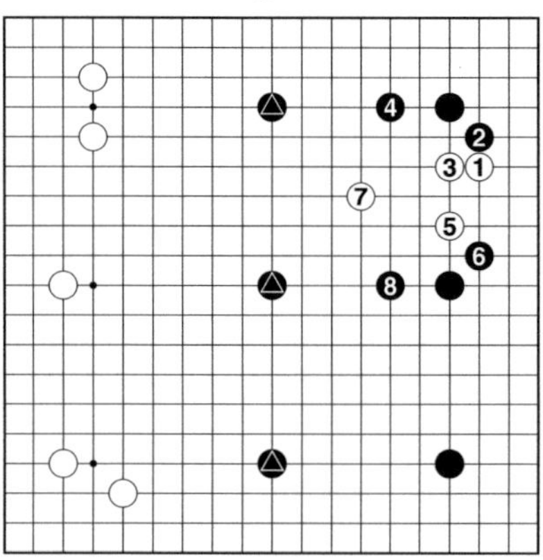

Abbildung 4

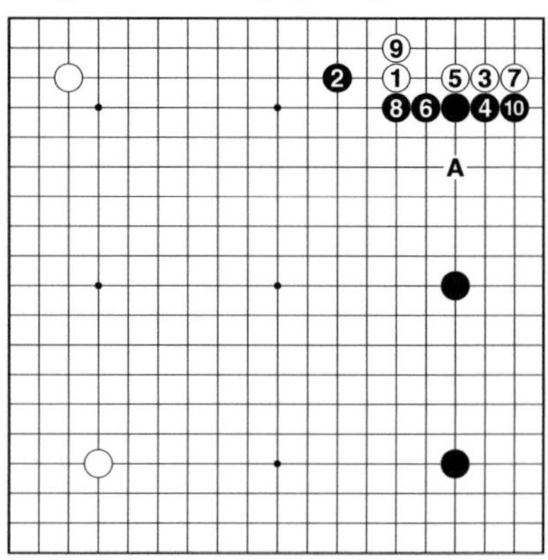

Abbildung 5

Wenn Schwarz die „Zwei-Stufen-Struktur“ seines Moyos zu schätzen weiß, dann wird er nicht unverantwortliche Risiken eingehen, um Weiß zu töten. Vielmehr wird er seinen Angriff nutzen, um neue Moyos aufzubauen. Das wird möglich, wenn Sie ein dreidimensionales Moyo haben, das sich ins Zentrum hinein entwickelt.

Abbildung 5: Wenn Weiß gegen ein Sanren-sei spielt, dann macht er üblicherweise mit 1 zunächst ein Kakari von außen. Wir werden uns die Varianten in Kapitel 2 ansehen, hier sei nur gesagt, dass ein Klemmzug wie Schwarz 2 die effektivste Strategie darstellt, um ein Moyo zu errichten. Invadiert Weiß auf 3, dann spielt Schwarz das Joseki bis 10. Sein Moyo hat nun einiges an Zerstörungskraft und obendrein bedeutendes Gebietspotenzial. Kurz gesagt legt Schwarz 2 das Augenmerk nicht auf den oberen Rand, sondern auf den rechten. Der Klemmzug stellt eine viel zwingendere Vorgehensweise dar als Schwarz 2 auf A.

Abbildung 6: Hier ist ein anspruchsvolleres Beispiel. Schwarz scheint Weiß 1 mit dem Zug auf 2 zu ignorieren, doch dieser Zug strebt auch an, so effizient wie möglich ein Moyo aufzubauen. Setzt Weiß mit A fort, so wird Schwarz mit B einen Kampf beginnen. Dies ist eine Chance für Schwarz, seine Kampfkraft unter Beweis zu stellen.

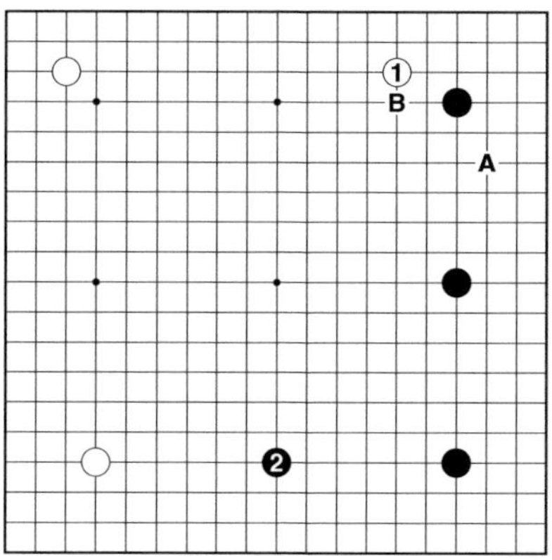

Abbildung 6

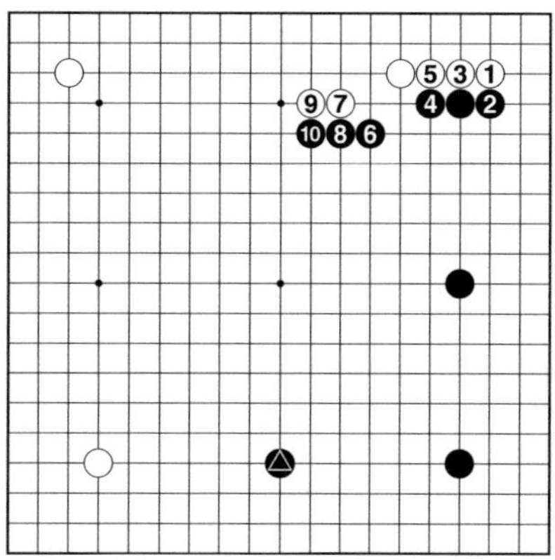

Abbildung 7

Abbildung 7: Ein Frontalzusammenstoß mit der mächtigen Sanren-sei-Artillerie wäre töricht, deshalb wird Weiß wohl auf 1 invadieren. Schwarz antwortet, indem er sich bis 10 ins Zentrum schiebt, und jetzt wird die Absicht hinter dem markierten Stein klar. Er schafft zusammen mit Schwarz 10 ein enormes Moyo – eins, in das Ihre beiden Hände hineinpassen, also die 100-Punkte-Kategorie. Es lohnt, sich diese Strategie einzuprägen.

Abbildung 8 (nächste Seite): Mit dem Sanren-sei entsteht schnell eine Moyo-Partie. Mit Sicherheit erscheint in jeder solchen Partie einmal ein Punkt auf dem Brett, der entscheidend für die Ausdehnung beider Moyos ist. Er befindet sich am Schnittpunkt, wo die Grenze der beiden konkurrierenden Moyos verläuft, und Sie müssen ihn besetzen, bevor es Ihr Gegner tut, was auch immer passiert. Der Zug Schwarz 1 ist ein gutes Beispiel. Er vergrößert

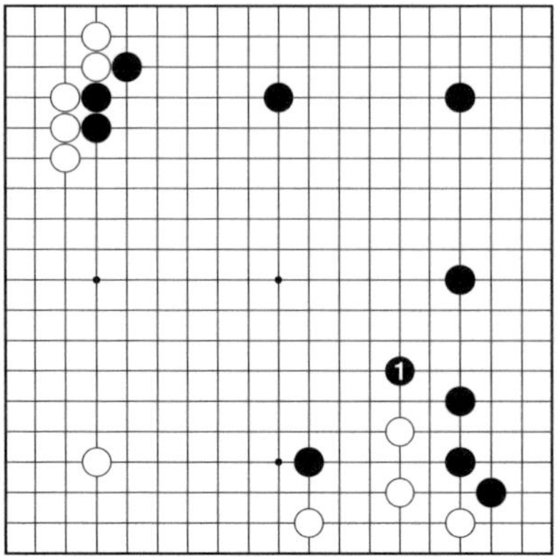

Abbildung 8

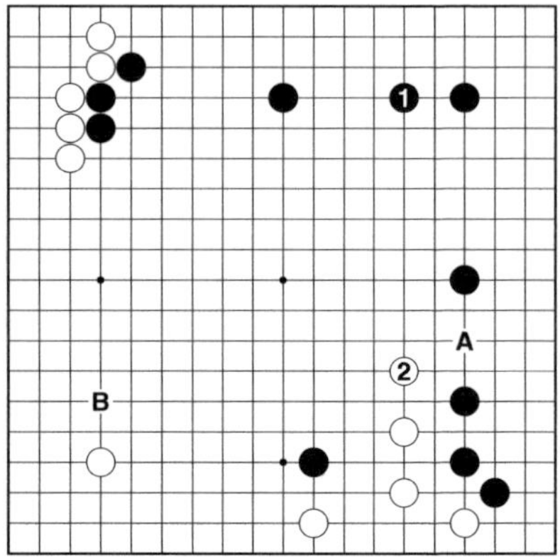

Abbildung 9

nicht nur das Sanren-sei-Moyo, sondern auch das am oberen Rand. Und darüber hinaus dämmt er das Wachstum des Moyos ein, das Weiß am unteren Rand zu errichten drohte.

Abbildung 9: Spielt Schwarz im Gegensatz dazu auf 1 hier, so springt Weiß sofort auf 2. Wenn Schwarz mit A antwortet, dann spielt Weiß auf B und erhält ein großräumigeres Moyo als sein Gegner. Ich sehe oft, wie Amateure diese entscheidenden Punkte fröhlich ignorieren, doch wer sie besetzt, sichert sich einen enormen Vorteil.

Abbildung 10: Schwarz 1 ist ein ebensolcher kritischer Punkt: Dank seiner schwillt das ganze schwarze Moyo vom Sanren-sei über den oberen Rand an und gewinnt an Tiefe. Sobald Sie einmal eine Moyo-Strategie eingeschlagen haben, müssen Sie weiter großräumig spielen. Sehen Sie den Unterschied, wenn Weiß Gelegenheit bekommt, auf A zu spielen: Das würde nicht nur den Umfang des schwarzen Moyos einschränken, sondern Weiß auch ideale Form am linken Rand geben.

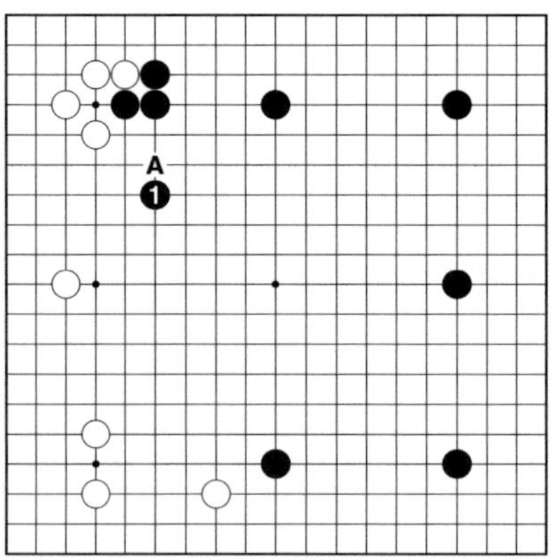

Abbildung 10

Kapitel 2:
Josekis zum Sanren-sei

Sobald Schwarz ein Sanren-sei aufbaut, wird Weiß wahrscheinlich ein Kakari gegen einen der Hoshis spielen, um den Einfluss des Sanren-sei zu verringern. Aus diesem Grund beginnen die Kämpfe häufig recht früh. In diesem Kapitel wollen wir die wichtigsten Josekis untersuchen, die für das Sanren-sei etabliert worden sind.

Variante 1. Das Kakari von innen

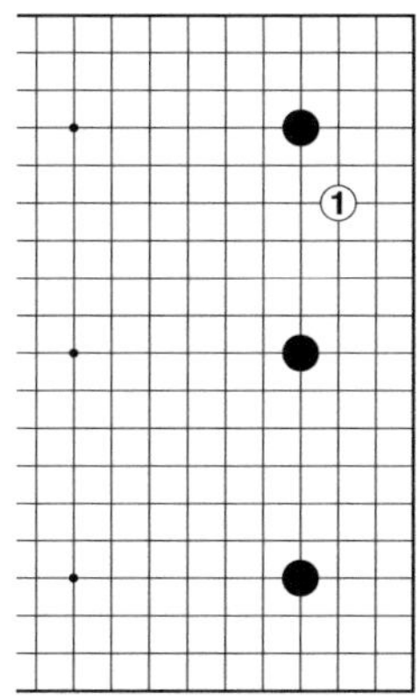

Variante 1

Als Erstes wollen wir das Kakari von innen betrachten. Eigentlich ist es grundsätzlich kein sehr guter Zug, weil Weiß einen Kampf dort beginnt, wo Schwarz am stärksten ist. Schwarz wird sich über diesen Zug freuen, doch in manchen Positionen mag er sich für Weiß als recht kraftvoll herausstellen.

Abbildung 1: Schwarz 2 und 4 sind die grundsätzliche Entgegnung. Wenn Weiß daraufhin 5 spielt, dann greift Schwarz seine Basis mit 6 an. Diese Zugfolge tritt auch oft in Handicap-Partien mit sechs oder mehr Vorgabesteinen auf. Die Idee hinter Schwarz 2 ist, Weiß schwer zu machen. Weiß wird wohl nicht Tenuki spielen, da Schwarz A oder 3 zu gut wären.

Abbildung 2: Falls Weiß mit 1 fortsetzt, kann Schwarz ihn mit 2 ins Zentrum jagen. Dieser Zug beginnt, ein neues Moyo im unteren Teil des Bretts abzustecken.

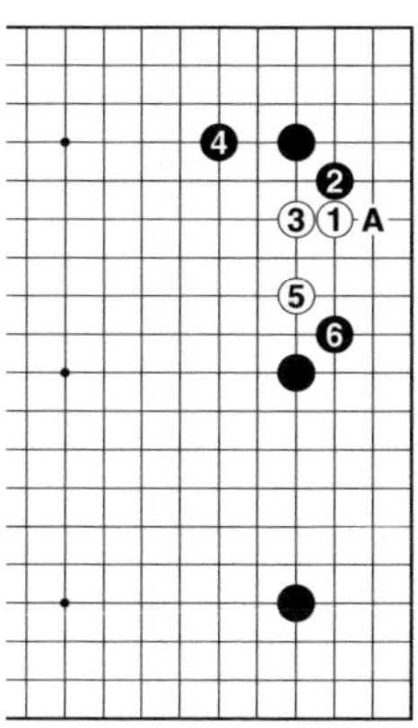

Abbildung 1

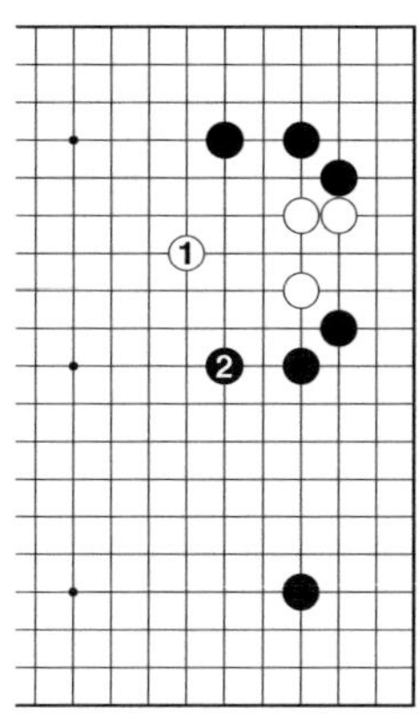

Abbildung 2

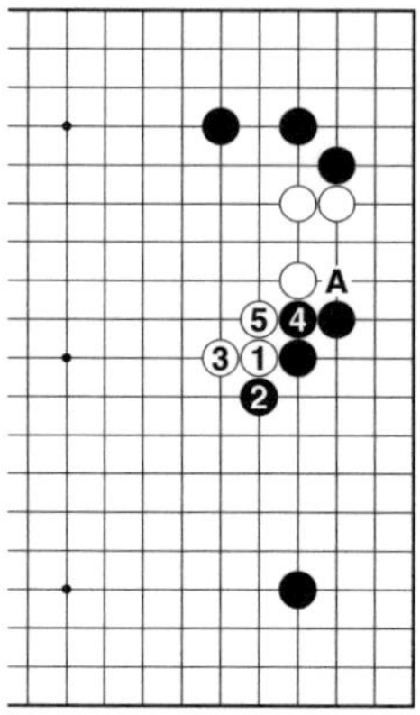

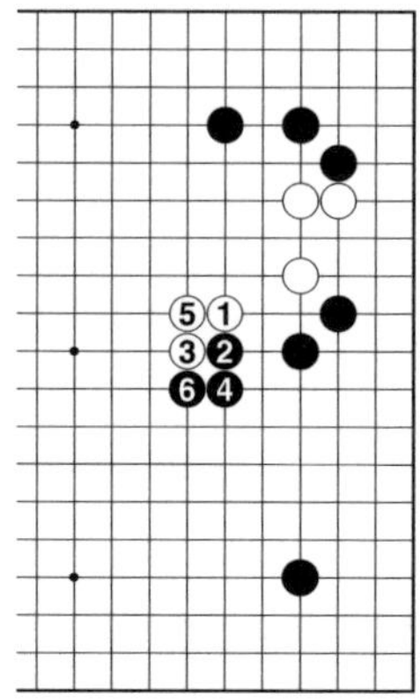

Abbildung 3 *Abbildung 4*

Abbildung 3: Weiß hat eine Reihe anderer Züge zur Verfügung, zum Beispiel könnte er auch auf 1 anlegen. Schwarz spielt Hane auf 2 und drückt dann auf dem vitalen Punkt 4 in die weiße Form hinein. Wenn Weiß auf 4 spielen dürfte, würde er gute Form erlangen. Nach 5 kann Schwarz seinen Angriff mit A fortsetzen.

Abbildung 4: Auf Weiß 1 spielt Schwarz 2 und 4 und baut unten ein starkes Moyo.

Zum Abschluss der Betrachtung schauen wir uns an, was passiert, falls Weiß später die Ecke invadiert.

Abbildung 5: Die korrekte schwarze Antwort ist, mit 2 zu trennen. Es wäre zu ängstlich, stattdessen 8 zu spielen und Weiß verbinden zu lassen. Weiß kann natürlich mit der Sequenz bis 13 in der Ecke leben, doch Schwarz erhält als Ausgleich eine hervorragende dicke Position nach außen hin. Dadurch erfahren die vier weißen Steine am rechten Rand eine empfindliche Schwächung. Dementsprechend kann Weiß sich diese Invasion nicht leisten, solange seine äußere Gruppe noch nicht sicher ist. Und in jedem Fall bekommt Schwarz fast zehn Punkte in der Ecke.

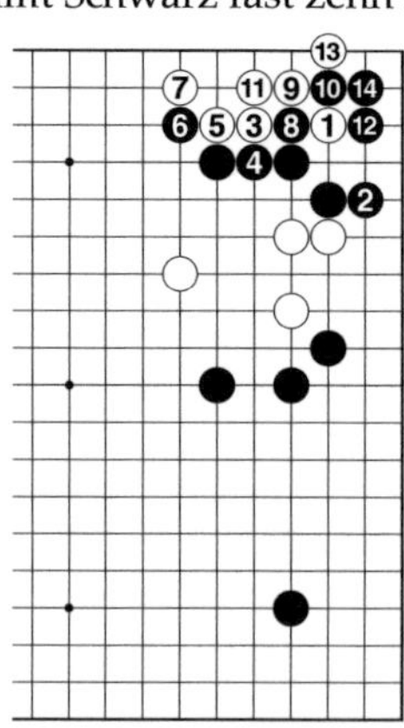

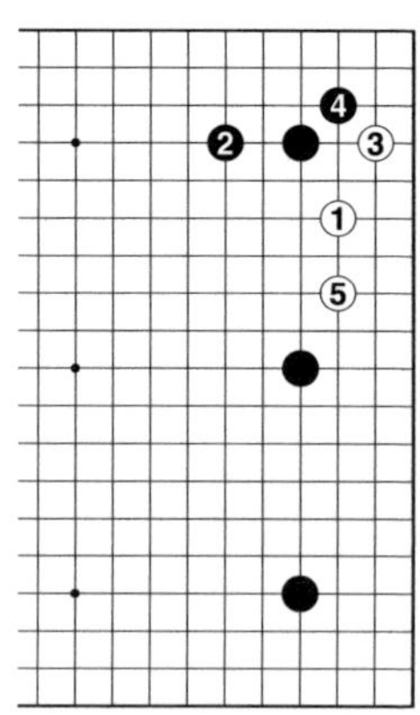

Abbildung 5 *Abbildung 6*

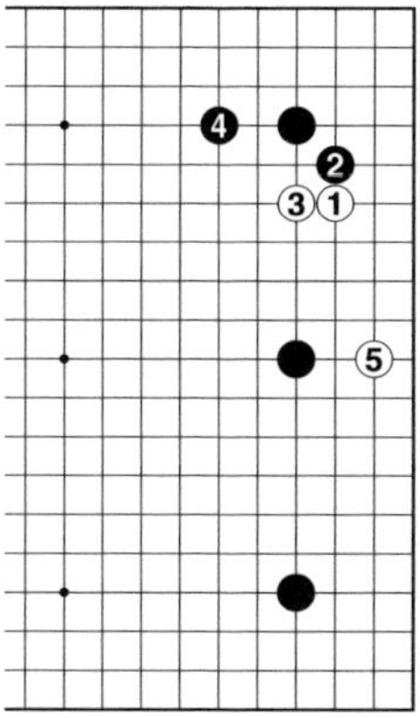

Abbildung 7

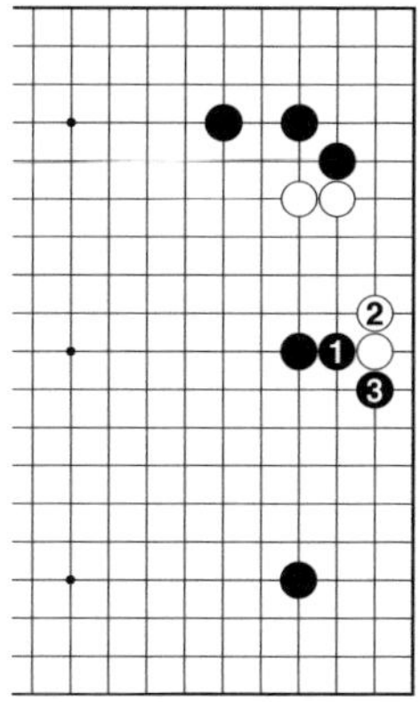

Abbildung 8

Abbildung 6: Den Diagonalanleger wegzulassen, ist ein gravierender Fehler, da das Hineingleiten mit 3 die weiße Gruppe so gut wie sicher macht. Ein Vergleich mit Abbildung 1 wird aufzeigen, wie viel Weiß hier gewonnen hat.

Abbildung 7: Weiß kann versuchen, Schwarz zu verwirren, indem er mit 5 unter die schwarze Position hineintaucht.

Abbildung 8: In diesem Fall ist Schwarz 1 Joseki. Nach Weiß 2 stellt Schwarz mit 3 dagegen und ist seinem Gegner dankbar, dass er ihm geholfen hat, seine Stellung zu stärken.

Abbildung 9: Falls Weiß mit 2 in die andere Richtung streckt, so trennt Schwarz mit 3. Auf Weiß 4 ist es wichtig, mit 5 zu strecken, Sie dürfen nicht auf 7 Atari geben. In der Folge bis 15 zieht Schwarz seine Steine heraus und hat die drei weißen so gut wie gefangen. Weiß hingegen wird die drei schwarzen Steine nicht fangen können.

Abbildung 10: Der Diagonalzug ist nicht zu empfehlen. Hier erreicht Schwarz sein Ziel, indem er Weiß in eine flache Position auf der zweiten Linie drückt, doch Weiß wird kaum so nachgiebig sein.

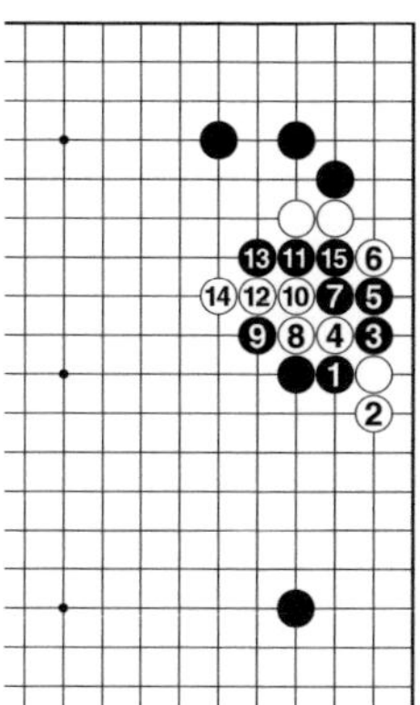

Abbildung 9

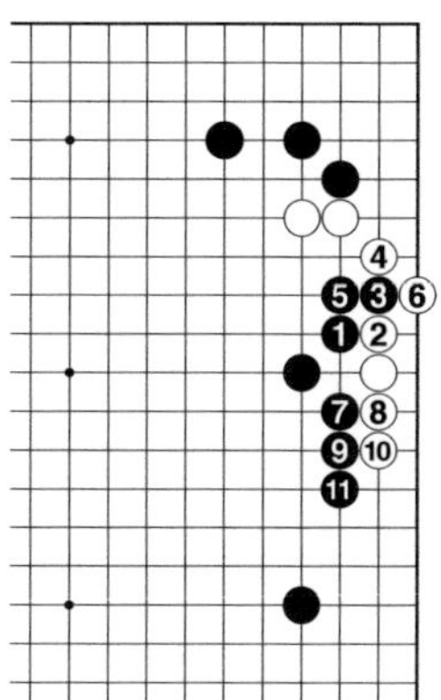

Abbildung 10

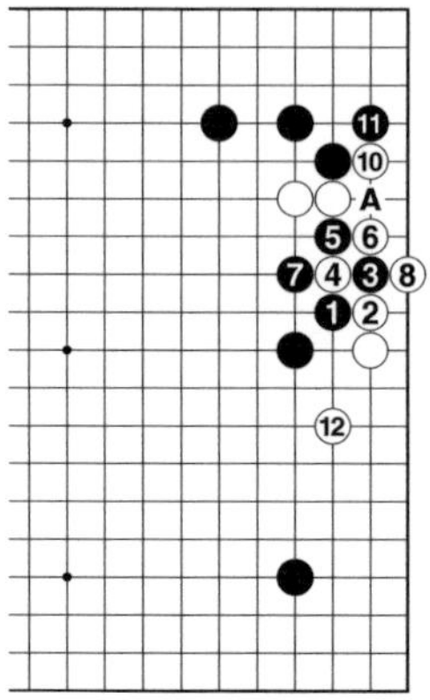

Abbildung 11 (9 deckt)

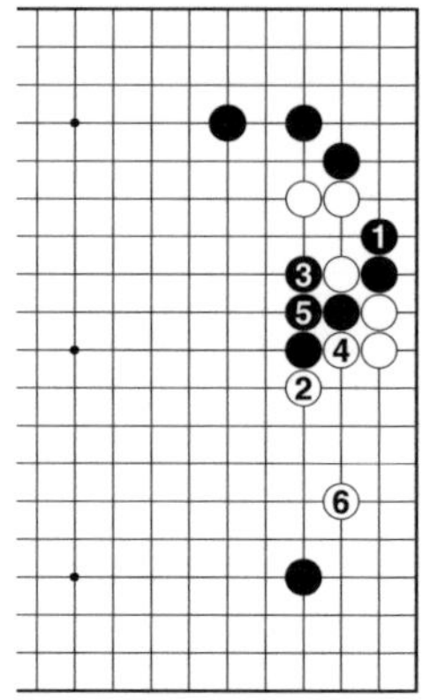

Abbildung 12

Abbildung 11: Statt 4 wird Weiß hier schneiden. Auf Schwarz 5 wird Weiß nicht auf 7 strecken, sondern Schwarz mit 6 und 8 in schlechte Form zwingen. Wenn Schwarz mit 9 deckt, dann spielt Weiß 10 und 12. Geschickt hat er den Einfluss des Sanren-sei zunichte gemacht. Mit 9 auf A Ko zu spielen, sieht für Schwarz nicht vernünftig aus.

Abbildung 12: Streckt Schwarz statt 5 in Abbildung 11 auf 1 hier, so macht Weiß gute Form und sichert seine Gruppe mit 2 bis 6.

Abbildung 13: Fängt Schwarz statt 5 in Abbildung 12 mit 1 einen Stein, dann tauscht Weiß erst 2 gegen 3 ab und sichert seine Gruppe dann mit 4. In einer Vorgabepartie mag das hinnehmbar sein, aber gleichauf würde es für Schwarz einen strategischen Rückschlag bedeuten, dass Weiß seine Gruppe so einfach etablieren kann. Der Einfluss des schwarzen Sanren-sei ist dahin und die zwei weißen Steine verfügen noch immer über gewisses Aji. Die 20 Gebietspunkte oben rechts können das nicht aufwiegen. Schwarz muss wie in Abbildung 8 spielen.

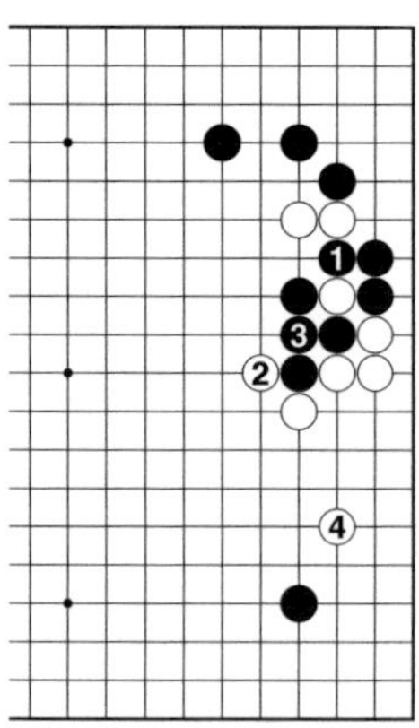

Abbildung 13

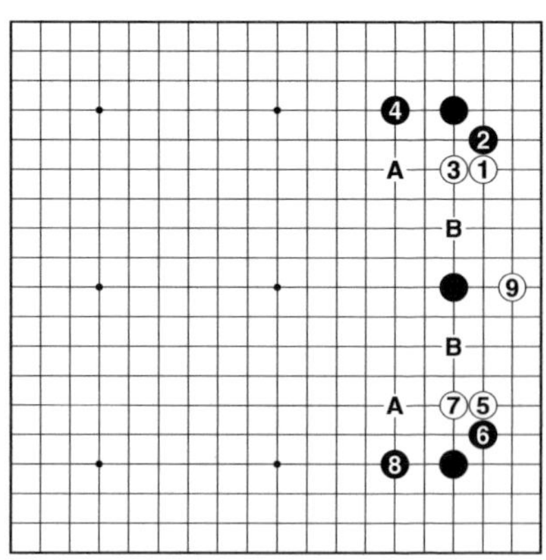

Abbildung 14

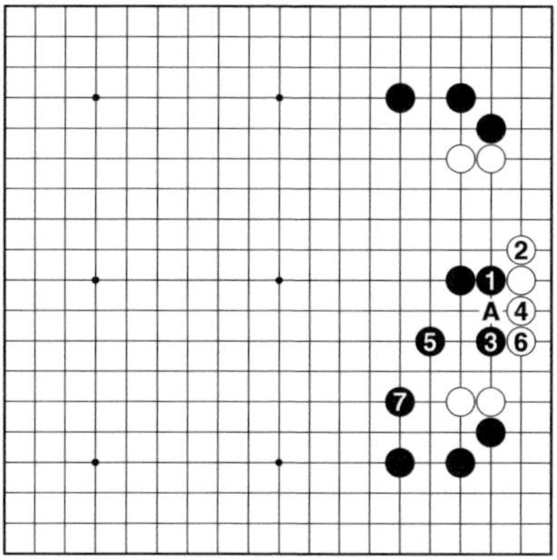

Abbildung 15

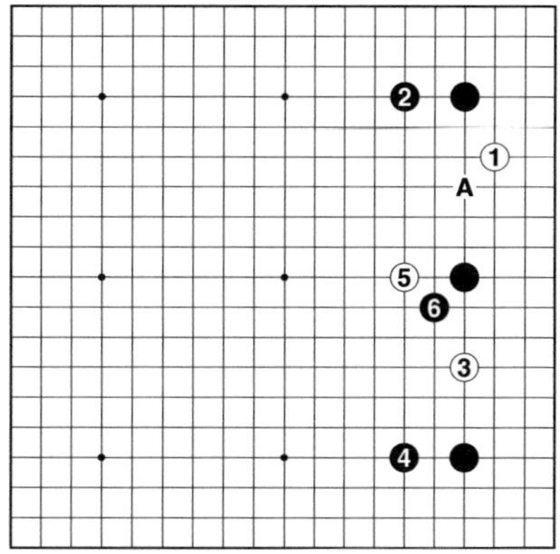

Abbildung 16

Abbildung 14: In Vorgabepartien mag es spielbar sein, doch gleichauf wäre Weiß 5 sicherlich unbesonnen. Schwarz kann sich darauf beschränken, genau so zu antworten wie oben. Wahrscheinlich ist es für Weiß nun das Beste, mit 9 zu verbinden. Wenn Weiß diesen Zug wegließe, dann könnte Schwarz mit A Boshi spielen oder direkt mit B angreifen. In beiden Fällen würden die weißen Steine schwer und Schwarz bekäme eine klar überlegene Stellung. Sogar wenn Weiß auf 9 spielt, ist seine Stellung sehr dünn. Da dieser Stein so niedrig steht, kann Schwarz ihn ignorieren.

Abbildung 15: Alternativ kann Schwarz aber auch die effiziente Kombination 1 und 3 spielen. Weiß erhält seine Verbindung mit 2 und 4 aufrecht, bekommt hier aber noch nicht einmal zehn Gebietspunkte. Beachten Sie, dass es riskant wäre, Schwarz 3 auf 4 zu spielen: Weiß schneidet mit A und seine zwei Steine unten werden in dem folgenden Kampf hilfreich sein. Die beste Vorgehensweise für Schwarz ist deshalb, entweder nichts zu tun oder Weiß mit 3 und 5 in eine flache Position zu drücken.

Abbildung 16: Die Kombination 1-3-5 wird von Weiß oft in Vorgabepartien angewandt, doch gleichauf ist das sehr schlecht. Eigentlich sollte Weiß nicht einmal bei Vorgabe damit durchkommen. Fast jede schwarze Antwort sollte genügen. Er kann mit 6 herauslaufen oder mit A auf die Schulter spielen. Solange er die drei weißen Steine getrennt hält, wird er die Stärke seines Sanren-sei wirkungsvoll nutzen können. Die weißen Züge sind unklug, sie tragen nur dazu bei, dass das Sanren-sei gut wirkt.

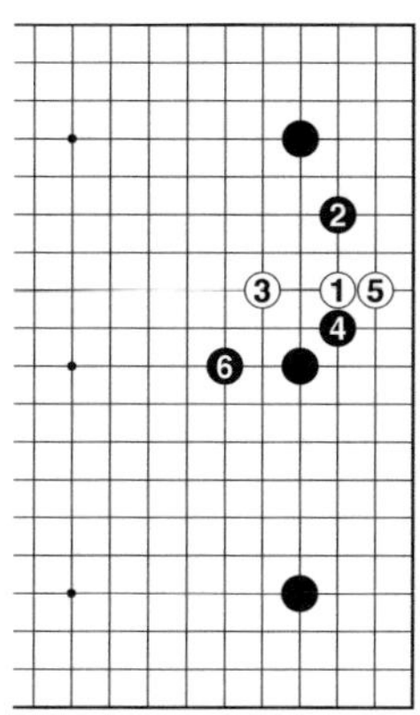

Abbildung 17

Abbildung 17: Weiß kann auch auf 1 spielen. Dieser Zug funktioniert oft im Mittelspiel, Weiß will seinem Gegner nicht bei der Sicherung der Ecke helfen. Schwarz 2 bis 6 sind eine übliche Antwort, Schwarz bildet unten ein neues Moyo.

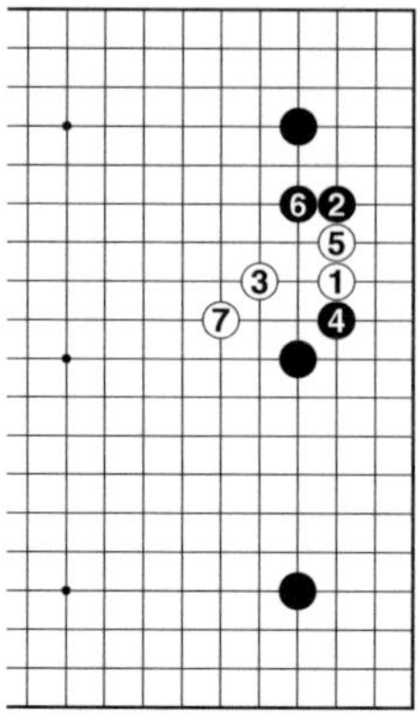

Abbildung 18

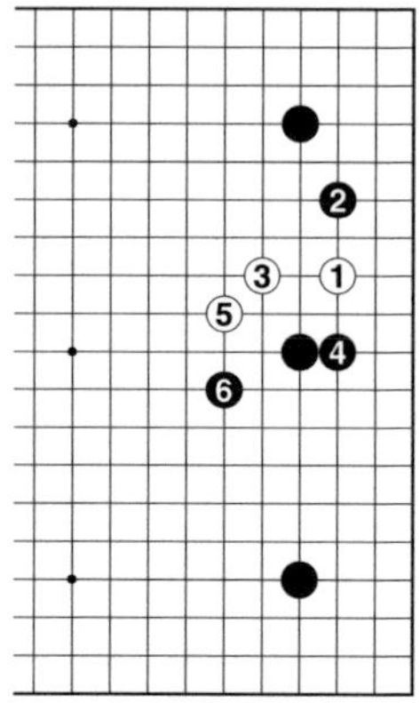

Abbildung 19

Abbildung 18: Weiß 5 ist eine starke Antwort auf 4. Wenn Weiß auf 7 spielt, dann ist die schwarze Position unterhalb dünner als in der vorigen Abbildung.

Abbildung 19: Will Schwarz die dünne Stellung aus Abbildung 18 vermeiden, so kann er mit 4 einfach zum Rand herunterziehen. Das ist ebenfalls eine hervorragende Strategie. Spielt Weiß auf 5, so ist Schwarz 6 ein wichtiger Zug. Wenn Weiß auf 6 springen könnte, dann wäre das schwarze Moyo mit einem Streich flachgedrückt.

Abbildung 20: Weiß könnte mit 3 versuchen, unter den schwarzen Stein zu tauchen. Hat Schwarz noch einen Stein etwa bei A, so kann er sein Zentrumsmoyo ausbauen, indem er bei 4 auflegt. Doch in diesem Fall wird Weiß wahrscheinlich eher auf B springen, statt mit 3 hineinzugleiten. Auch ohne einen schwarzen Stein bei A wäre Schwarz 4 ein guter Zug, weil er eine dicke Position aufbaut. Schwarz C ist eine gute Alternative, auch Tenuki ist zu überlegen.

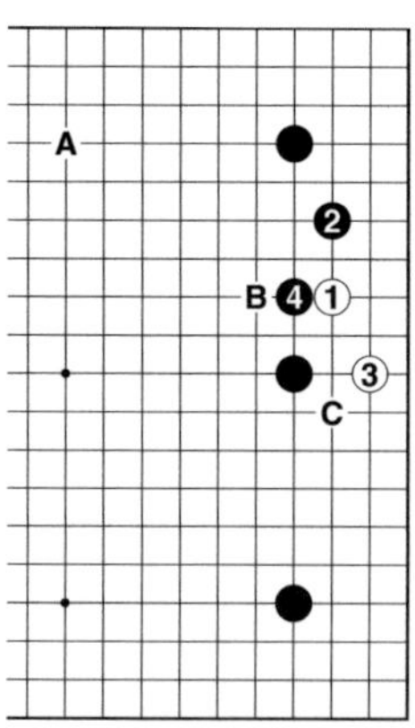

Abbildung 20

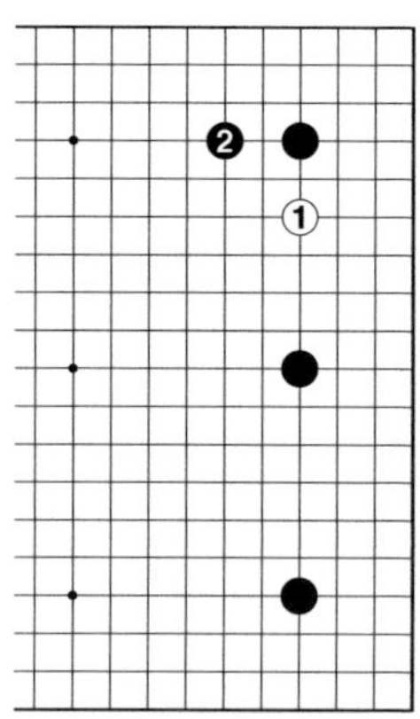

Abbildung 21

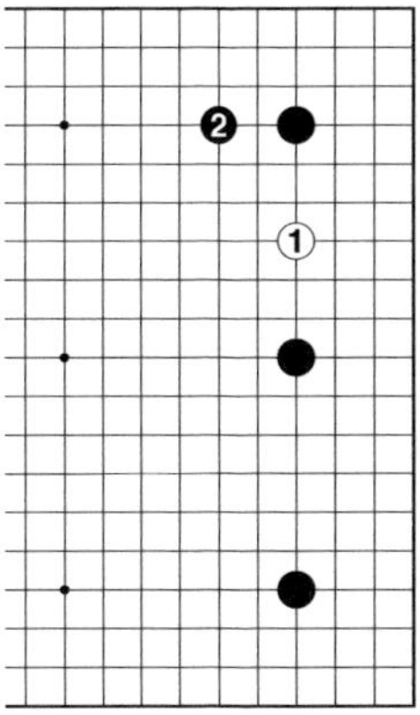

Abbildung 22

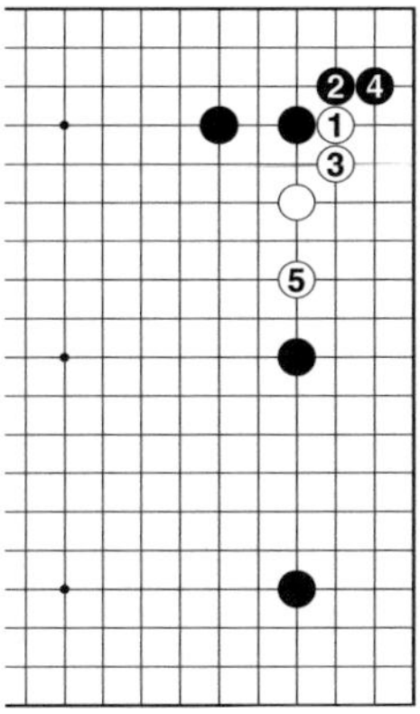

Abbildung 23

Abbildung 21 und 22: Gegen diese beiden weißen Züge ist die Antwort Schwarz 2 ausreichend. Lokal gesehen ist dieser Austausch in jedem Fall vorteilhaft für Schwarz.

Abbildung 23: Nach dem hohen Ein-Punkt-Kakari wird Weiß wahrscheinlich fortsetzen, indem er mit 1 bis 5 eine Basis für seine Gruppe sichert.

Abbildung 24: Nach dem hohen Zwei-Punkte-Kakari hat Weiß mehrere Möglichkeiten, seine Gruppe zu sichern, eine davon sind die Kikashis 1 und 3. Auf jeden Fall kann Schwarz automatisch seine Ecke stärken, womit er zufrieden ist. Man könnte sagen, dass das Zwei-Punkte-Kakari eine Sonderstrategie ist, zum Beispiel dann, wenn der Stein als Treppenbrecher dient.

Wenn wir gerade beim Thema sind: Weiß 1 in Abbildung 21 ist ein sehr effektiver Treppenbrecher, da Weiß 2 eine druckvolle Fortsetzung ist, falls Schwarz fernbleiben muss. Im Grunde kann Schwarz nach Weiß 1 nicht Tenuki spielen.

Abbildung 25 und 26: Eine 3-3-Invasion passt eindeutig nicht zu einem hohen Kakari. Nachdem Weiß lebt, sieht der markierte Stein außen sinnlos aus. Wenn Weiß invadieren will, dann sollte er das sofort tun und das Kakari weglassen.

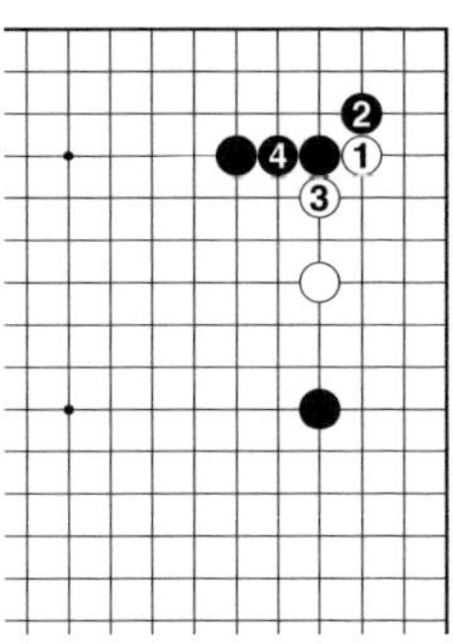

Abbildung 24

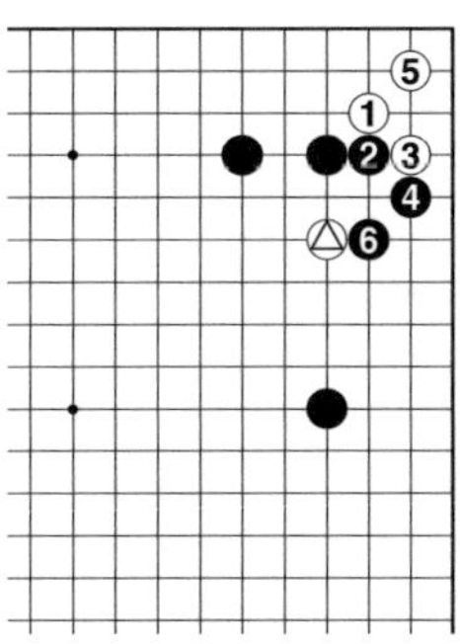

Abbildung 25

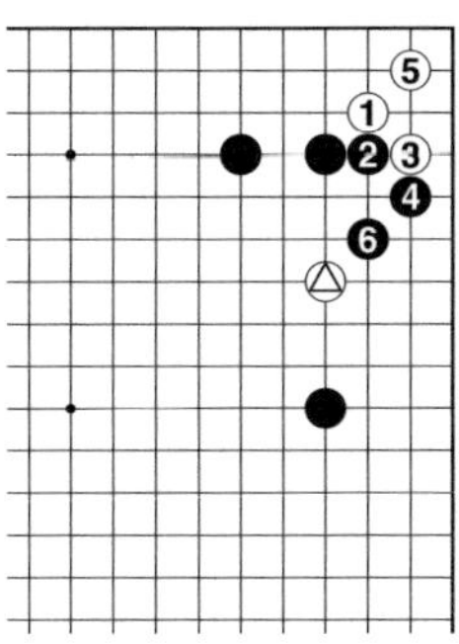

Abbildung 26

Variante 2. Das Tsuke-Nobi-Joseki

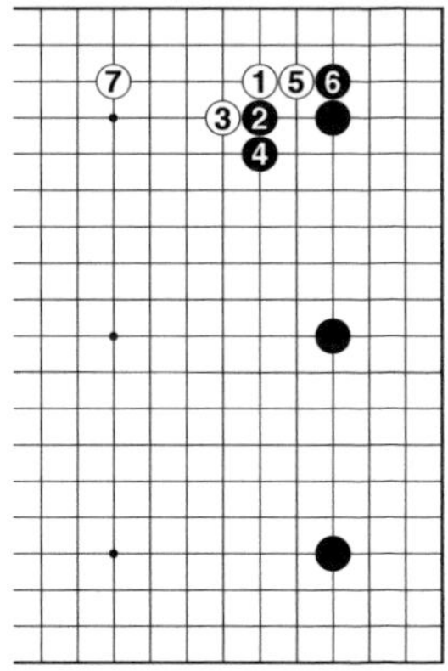

Variante 2

Ein Kakari von innen provoziert lediglich einen heftigen Angriff des Schwarzen, deshalb spielt Weiß üblicherweise mit 1 von außen. Das Ziel ist, den Einfluss des Sanren-sei einzudämmen. Die Züge bis 6 zeigen das bekannte Tsuke-Nobi-Joseki („Anlegen und Strecken"), ein hervorragendes Joseki und doch selten in den Partien hochrangiger Berufsspieler zu sehen. Insbesondere passt es nicht zum Sanren-sei, weil es dem Weißen erlaubt, mit 7 eine komfortable Position am oberen Rand abzustecken.

Abbildung 1: Schwarz fügt auf 1 einen Stein hinzu, was jedoch unambitioniert ist, an der Grenze zu einem schlechten Zug. Schwarz hat es seinem Gegner am oberen Rand leicht gemacht und macht sich nun daran, sein Sanren-sei in Gebiet umzuwandeln. Wo sind das Tempo und die Aggressivität geblieben, die das Sanren-sei vorgeblich so sehr auszeichnen?

Sehen wir uns an, warum Schwarz 1 ein schwacher Zug ist.

Abbildung 2: Angenommen, Schwarz spielte erst auf 2 und Weiß auf 3. Das ist ein sehr guter Austausch für beide Seiten. Doch wenn Schwarz jetzt mit 4 bis 8 fortsetzt, dann hilft er seinem Gegner nur, sich zu stärken. Er stärkt zwar seine eigene Stellung ebenfalls, doch weil er das viel weniger benötigt als sein Gegner, hat Weiß einen Vorteil errungen. Nun ist die Stellung aus Abbildung 1 entstanden.

Abbildung 3: Statt 4 in der vorigen Abbildung sollte Schwarz einfach auf 1 springen, was die Ecke verteidigt und den Punkt A anvisiert. Das ist deutlich besser als Abbildung 2.

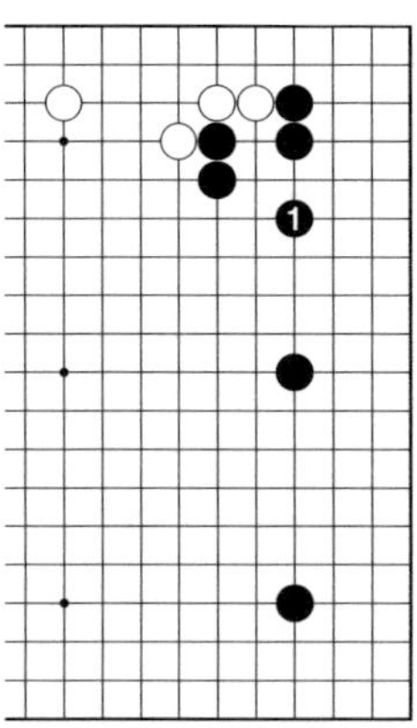

Abbildung 1

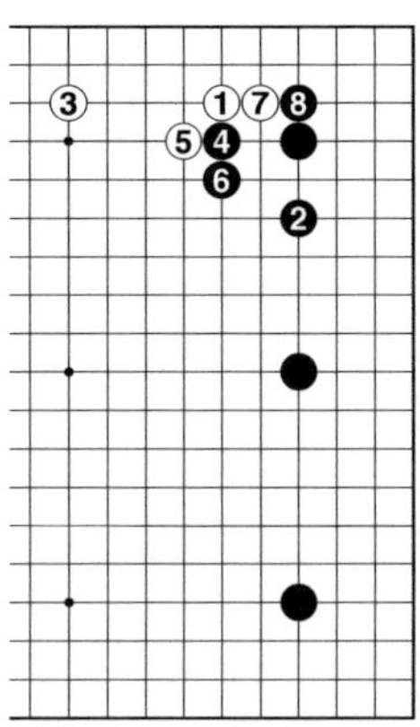

Abbildung 2

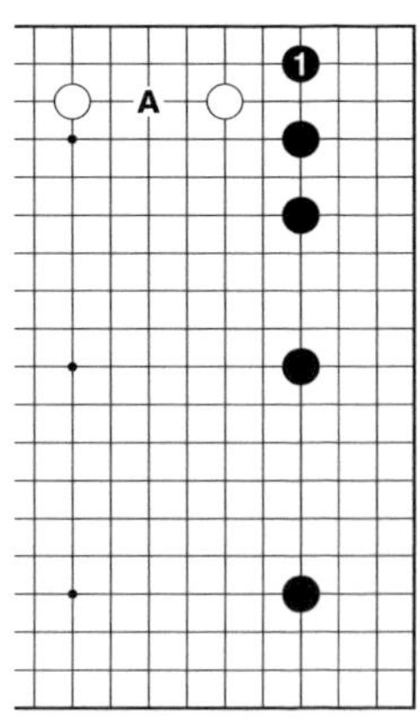

Abbildung 3

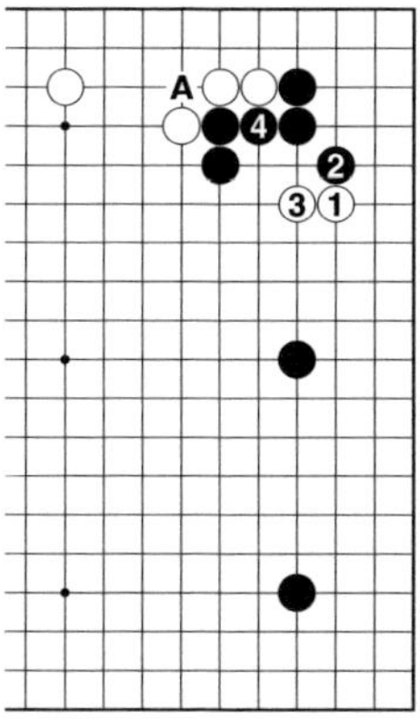

Abbildung 4

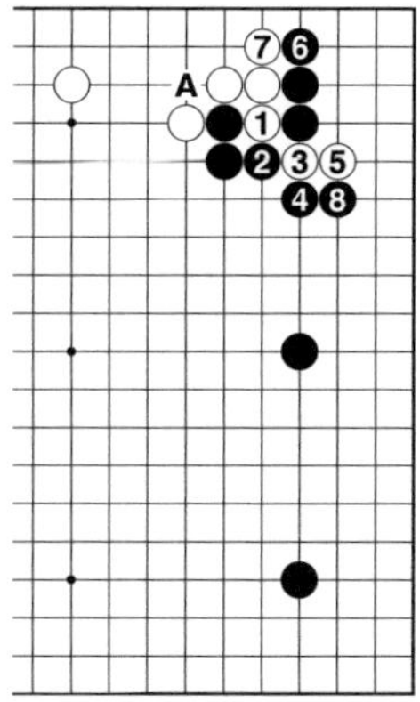

Abbildung 5

Abbildung 4: Anstatt mit 1 in Abbildung 1 zu verteidigen, zeigt Fernbleiben die richtige Einstellung für eine Gleichaufpartie. Weiß mag zwar invadieren können, doch Schwarz hat nichts gegen einen Kampf, da er jetzt die Stärke des Sanren-sei gut nutzen kann.

Eine Möglichkeit wäre, 2 und 4 zu spielen. Das macht die weiße Gruppe schwer und peilt den Schnitt auf A an. Wichtig ist, sich nicht aufs Fangen der zwei weißen Steine festzulegen. Vielmehr sollten Sie den Angriff auf die Steine nutzen, um unterhalb ein neues Moyo zu errichten. Kurz gesagt, es geht um eine langfristige Strategie. Wenn Sie die passende Fortsetzung finden, dann könnte sich sogar das Tsuke-Nobi-Joseki als erfolgreich herausstellen.

Abbildung 5: Wie sollten Sie antworten, wenn Weiß mit 1 durchstößt und schneidet? Das könnte beängstigend sein, wenn man die Erwiderung nicht erlernt hat. Schwarz muss natürlich mit 2 und 4 Widerstand leisten. Der Schlüsselpunkt ist jetzt das Herunterziehen auf 6, was wegen des Schnitts bei A Vorhand ist. Danach stellt Schwarz auf 8 dagegen.

Abbildung 6: Jetzt ist Weiß 1 korrekte Form. Schwarz antwortet, indem er einen Schnitt mit 2 und 4 einschiebt. Danach steigt er auf 6 herunter, womit er ein Ko vorbereitet, denn er hat eine mächtige Ko-Drohung bei A. In dieser frühen Partiephase wird Weiß nicht in der Lage sein, eine ausreichende Ko-Drohung zu finden, womit Schwarz den Kampf gewinnt.

Spielt Weiß mit 9 auf 13 das Atari von unten, so gewinnt Schwarz das Semeai nach Schwarz 11, Weiß 10, Schwarz 9, Weiß B, Schwarz C.

Die hier gezeigte Zugfolge ist nur die Hauptvariante. Es ist nützlich, sie zu kennen, wenn Sie in Gleichauf- oder Vorgabepartien das Tsuke-Nobi-Joseki spielen. Es gibt weitere Varianten, doch in allen ist Schwarz 6 aus Abbildung 5 der Schlüsselzug, das ist wichtig zu wissen.

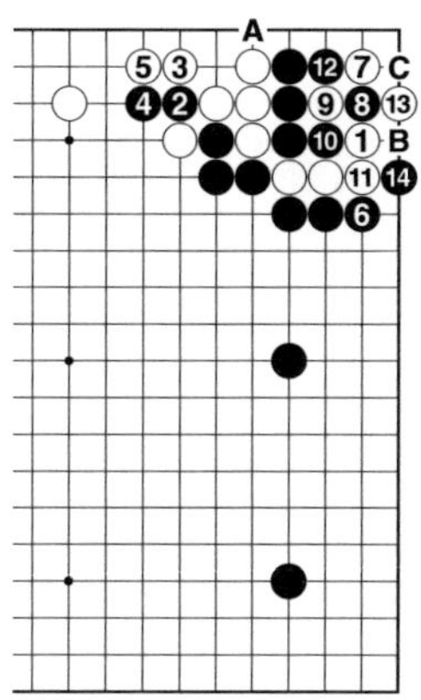

Abbildung 6

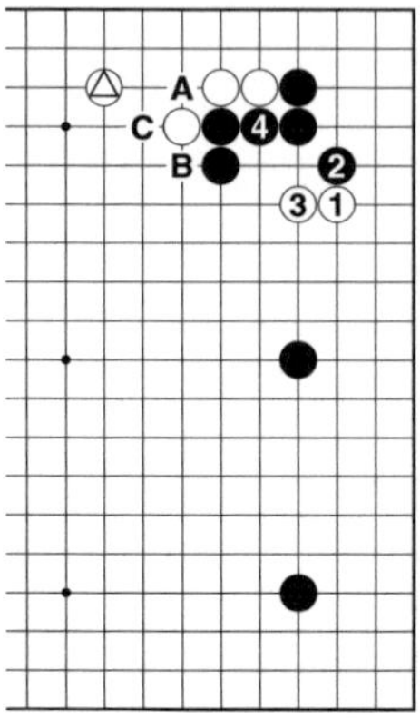

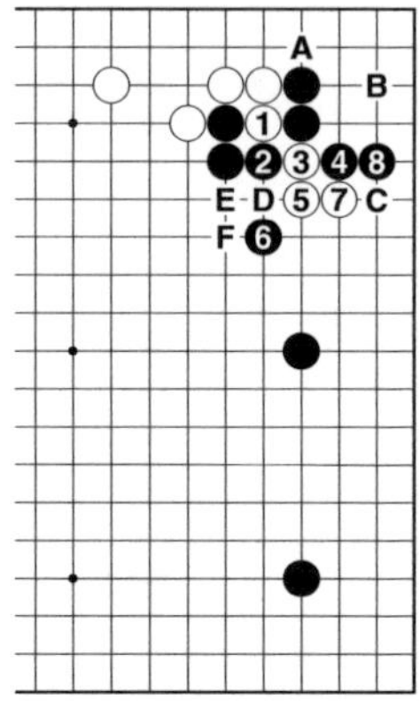

Abbildung 7

Abbildung 8

Abbildung 7: Was passiert, wenn der markierte Stein einen Punkt näher steht? Schwarz muss nur 2 und 4 spielen. Der Schnitt bei A ist nicht mehr möglich, doch Schwarz kann auf B schieben oder manchmal auf C klammern.

Abbildung 8: Doch mit der engeren Ausdehnung ist der Schnitt mit 1 und 3 eine stärkere Drohung. Schwarz A ist nun keine Vorhand mehr, deshalb ist nach Schwarz 4 bis 8 die Drohung Weiß B sehr beunruhigend. Falls Weiß C Vorhand gegen die Ecke ist, kann Weiß mit D, Schwarz E, Weiß F zum Angriff übergehen.

Abbildung 9: Will Schwarz die Situation einfach halten, dann muss er nur mit 2 und 4 nachgeben. Die beiden schwarzen Steine außen verkümmern jetzt zwar, doch damit muss man leben.

Abbildung 10: Spielt Weiß die ganz enge Ausdehnung mit dem markierten Stein hier, dann antwortet Schwarz auf 1 wieder mit 2 und 4. Er plant das Kikashi auf A; wenn Weiß mit B antwortet, dann bekommt Schwarz einen guten Zug auf C. Aus diesem Grund ist Schwarz 4 stärker als die Bambusverbindung mit D.

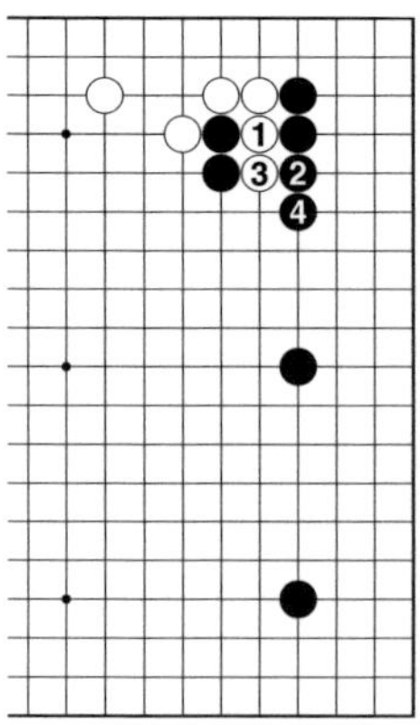

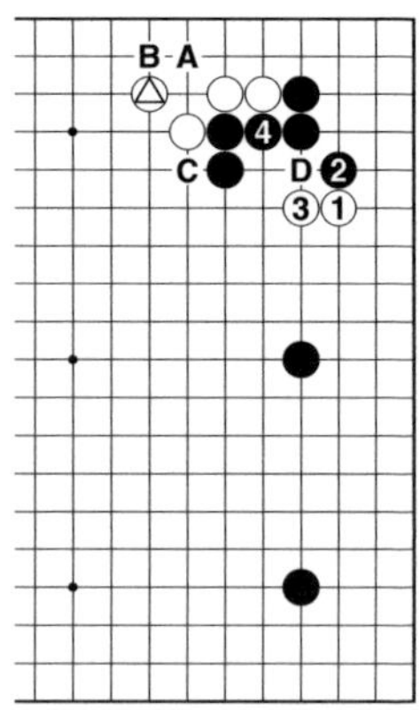

Abbildung 9

Abbildung 10

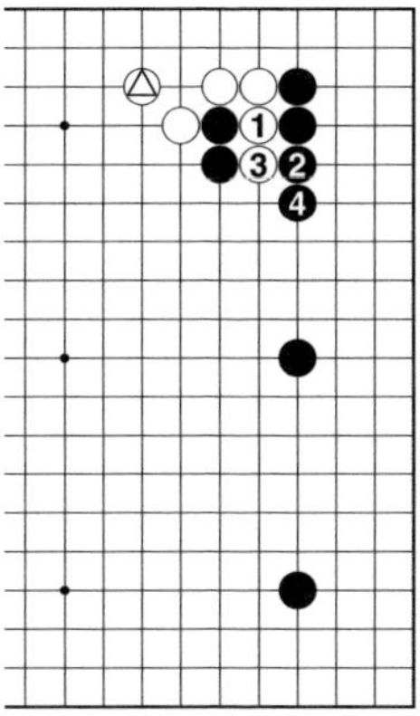

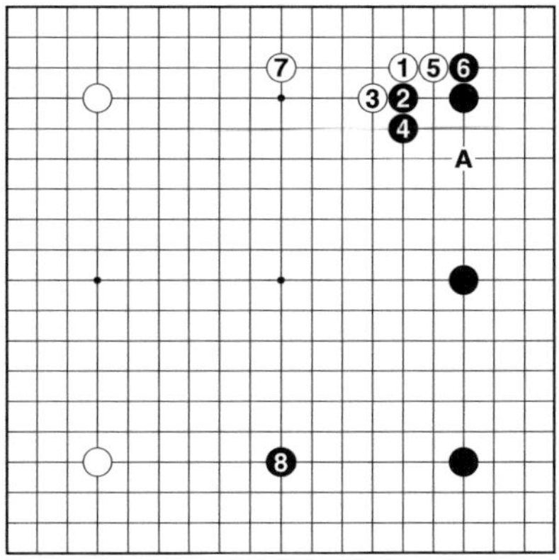

Abbildung 11 *Abbildung 12*

Abbildung 11: Ist der Schnitt mit dem Tigerrachen gedeckt, so antwortet Schwarz auf Weiß 1 wieder nachgiebig. Wenn Weiß die beiden schwarzen Steine einfängt, steht der markierte Stein überkonzentriert.

Abbildung 12: Ausgehend vom Sanren-sei mag das Tsuke-Nobi-Joseki ein wenig unbefriedigend sein, aber wenn es schon gespielt ist, können Sie versuchen, das Beste daraus zu machen. Nach 7 sollten Sie statt des schwerfälligen Zugs auf A lieber mit 8 Stellung beziehen. Das ist eine auf rasche Ausbreitung angelegte Strategie, die zum Charakter des Sanren-sei passt.

Es sieht so aus, als ob Schwarz ein großes dreidimensionales Moyo bekommt, das sich vom rechten Rand nach unten und ins Zentrum erstreckt. Schwarz 8 ist ein guter Punkt, mit dem das Moyo am rechten Rand Tiefe und Weite bekommt. Deshalb ist diese Spielweise viel stärker als der rein defensive Zug auf A.

Abbildung 13: Nach 8 in der vorigen Abbildung kann Schwarz planen, sein Moyo mit 1 und 3 auszuweiten. Das mag nicht besonders raffiniert sein, ist aber eine kraftvolle Strategie. Ich habe diese Stellung einmal in einer Amateurpartie gesehen. Als ich mich fragte, wo Schwarz als Nächstes setzen würde, invadierte er auf A, anstatt auf 1 zu spielen. Nach einem merkwürdigen Abtausch bekam er einen Stein auf B und invadierte daraufhin aggressiv auf C. Er zeigte hier löblichen Kampfgeist, und C ist ein Schlüsselpunkt, aber trotzdem wird das schwarze Schicksal durch die Zukunft seines Moyos entschieden.

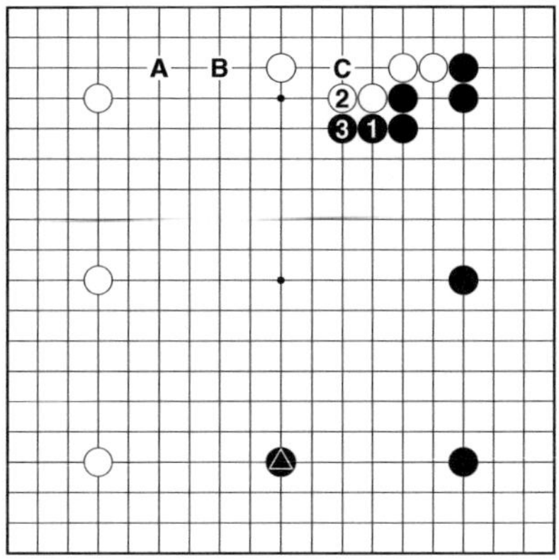

Abbildung 13

Variante 3. Das Tsuke-Nobi-Joseki (2)

Weiß 5 ist eine verbreitete Variante in diesem Joseki. Sie ist für Weiß interessanter, da er hier mehr Tricks zur Verfügung hat.

Schwarz 6 ist der Schlüsselpunkt, die Züge bis 13 sind ein Joseki. Die Zugfolge ist jedoch in Gleichaufpartien selten zu sehen, weil sie Weiß stärkt und den Druck von ihm nimmt. Weiß ist mit der Zugfolge bis 13 recht zufrieden. Wenn er später auf A schneidet, bekommt er viel Gebiet.

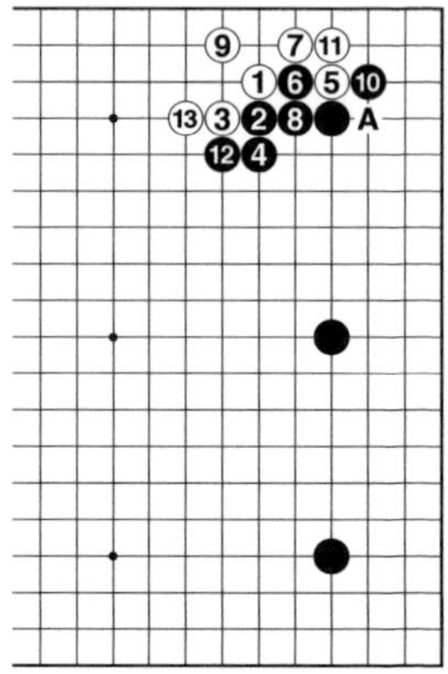

Variante 3

Abbildung 1: Auf Schwarz 2 folgen die Züge Weiß 3 und 5. Im Vergleich zu *Abbildung 2* ist Weiß eine Linie weiter in das schwarze Gebiet vorgedrungen und hat gleichzeitig die eigene Schwäche bei A gemildert. Das schwarze Eckgebiet entsteht jetzt auf der dritten Linie anstatt auf der vierten. Daraus lässt sich schließen, dass Schwarz mit 2 auf 3 dazwischengehen sollte. Abbildung 1 mag in einer Vorgabepartie angehen, doch für Gleichaufpartien ist diese Zugfolge zu behäbig.

Abbildung 3: Weiß könnte auch mit 3 einen Tigerrachen spielen. Nach 4 ist die Verbindung mit 6 ein wichtiger Zug. Wegen seines Schnittpunkts bei A muss Schwarz mit 8 verteidigen. Schwarz 6 mag uninteressant aussehen, doch es kommt nicht in Frage, dass Weiß den Stein auf 4 fangen darf. Wenn Schwarz mit 6 auf A spielte, dann würde Weiß wahrscheinlich sofort mit 6 fangen und dann die Invasion auf B anpeilen. Verbinden mit Schwarz 6 ist ein extrem großer Zug.

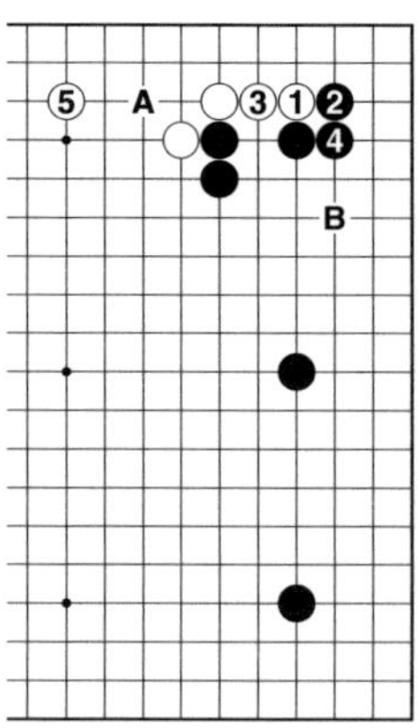

Abbildung 1

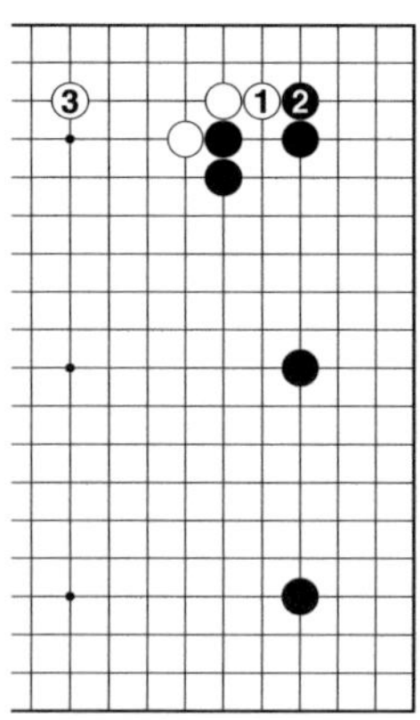

Abbildung 2

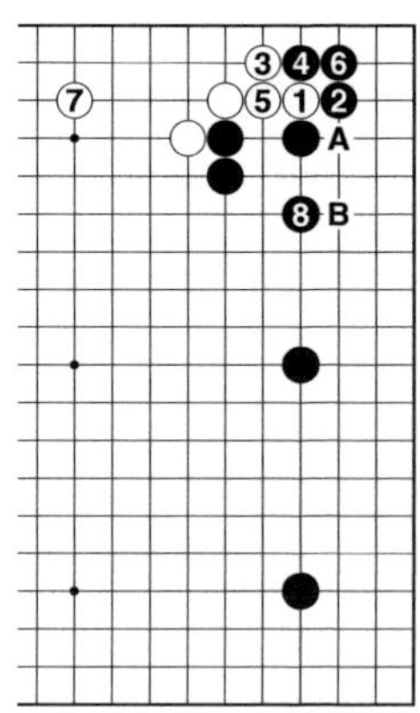

Abbildung 3

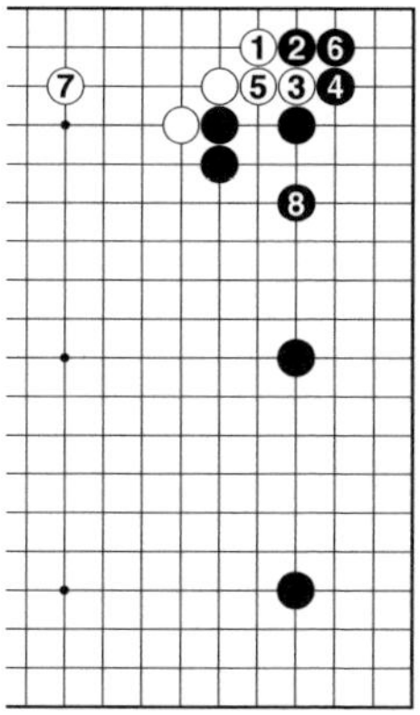

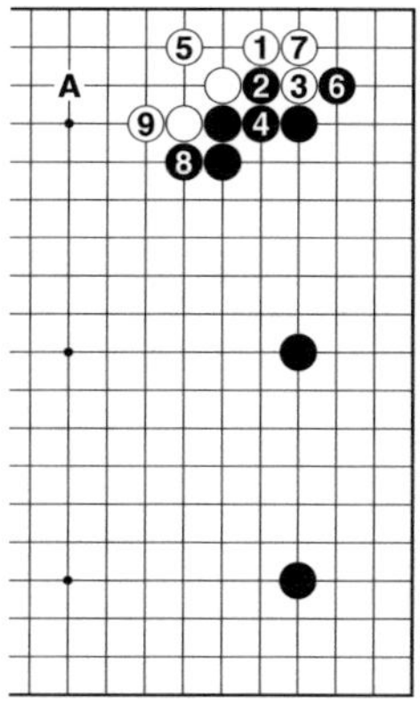

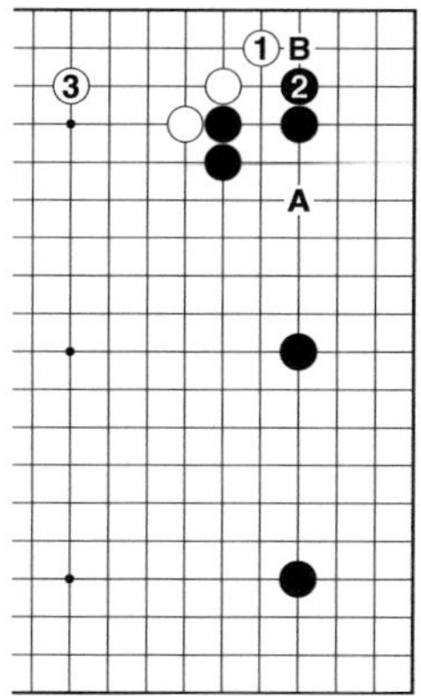

Abbildung 4 *Abbildung 5* *Abbildung 6*

Abbildung 4: Weiß könnte auch den Diagonalzug auf 1 spielen, doch wenn Schwarz mit 2 anlegt, dann entsteht unausweichlich dieselbe Form wie in Abbildung 3.

Abbildung 5: Spielt Schwarz auf 2, so ist die Fortsetzung bis 9 normal. Es entsteht wieder das Ausgangsdiagramm zu Variante 3.

Wir sollten nicht dem Glauben verfallen, ein Joseki sei immer die beste Spielweise. Unser Gegner kann eine Variante aufs Brett bringen oder jederzeit fernbleiben. Zum Beispiel spielt Weiß manchmal Tenuki bei Weiß 7 in Abbildung 5 (Rin Kaiho hat das erprobt). In manchen Partien spielte Weiß Tenuki bei 9 und ließ ein schwarzes Atari zu, wenn er schon einen Stein bei A hatte.

Abbildung 6: Meine Empfehlung gegen Weiß 1 ist Schwarz 2. Dieser Zug wird nicht oft gespielt, hat aber den Vorzug, dass die Form noch nicht stabilisiert wird. Schwarz bekommt keine klar definierte Stellung, aber Weiß ist auch schwach. Meiner Meinung nach passt das zum Sanren-sei. Schwarz kann den Zug auf A jetzt getrost weglassen – vergleichen Sie das mit Abbildung 4. Falls es Sie beunruhigt, dass die schwarze Stellung so weit offen ist oder dass Weiß auf B hineinkriechen kann, dann ist dieser Zug vielleicht nicht der richtige für Sie. In diesem Fall empfehle ich Ihnen, wie in Abbildung 5 zu spielen oder auch das Tsuke-Nobi-Joseki ganz zu vermeiden.

Abbildung 7: Weiß könnte sich auch zu der Invasion auf 1 entschließen. Lokal gesehen kann Schwarz mit dem Trennen auf 2 zufrieden sein. Wenn sich Weiß auf 3 ausdehnt, dann bröckelt zwar ein Teil der schwarzen Sanren-sei-Stellung, doch wenn Schwarz mit 4 am oberen Rand einen Stein fängt, bekommt er hier eine sehr dicke Position.

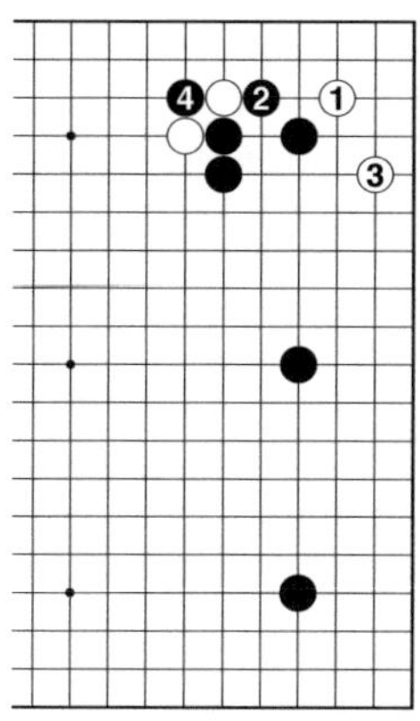

Abbildung 7

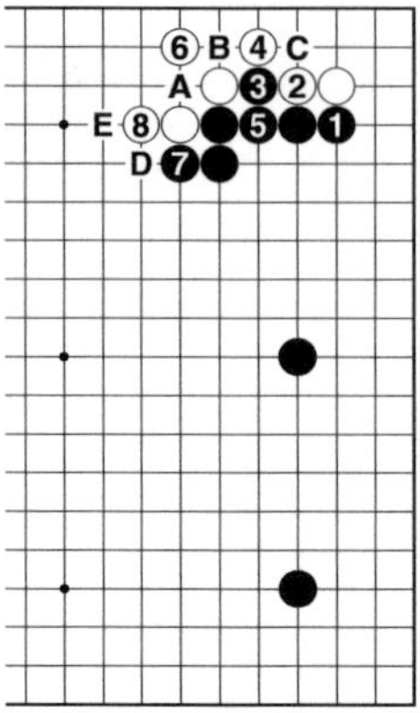

Abbildung 8

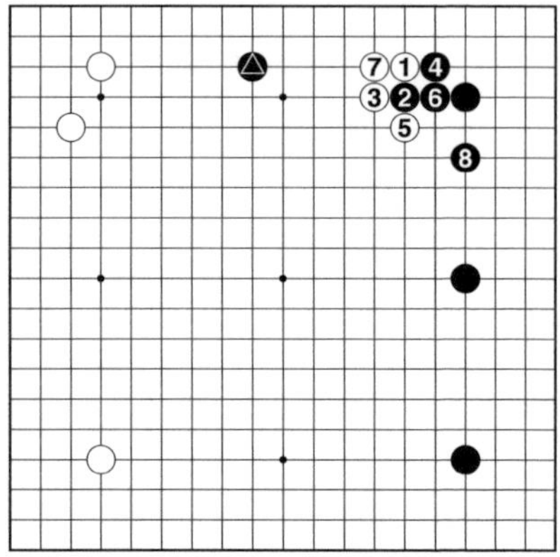

Abbildung 9

Abbildung 8: Doch so sehr Schwarz auch darauf bedacht sein mag, sein Sanren-sei auszubauen und ein Moyo anzulegen, hier muss er die Grenze ziehen und mit 1 dagegenstellen. Der Grund ist, dass Weiß sonst in der Ecke zuviel Gebiet bekommt. Man darf nicht beliebig viel Gebiet hergeben, nur um ein Moyo zu bauen.

Weiß 6 ist ein guter Zug. Würde Weiß auf A spielen, dann hätte Schwarz eine gute Fortsetzung mit B, Weiß C, Schwarz 7. Spielt Weiß danach auf D, dann schneidet Schwarz auf 8; falls Weiß stattdessen E spielt, dann streckt Schwarz auf D.

Abbildung 9: Das Tsuke-Nobi-Joseki passt zur Ausrichtung des Sanren-sei ins Zentrum, doch das Tsuke-Osae-Joseki (Schwarz 2 und 4) ist offensichtlich nicht mit ihr vereinbar. Bis 8 sichert Schwarz 20 Gebietspunkte in der Ecke, allerdings um den Preis einer dicken weißen Außenposition. Hätte Schwarz allerdings den markierten Stein schon gesetzt, dann könnte dieses Joseki zuweilen mithelfen, die vier weißen Steine zum Angriffsziel zu machen. Doch auch dann muss es als eine Sonderstrategie angesehen werden. Alles in allem ist es besser, dieses Joseki zu vergessen, wenn Sie Sanren-sei spielen. Wenn Ihnen das schwarze Gebiet hier groß vorkommt, dann sollten Sie Ihre Vorstellungen über Gebiet nochmals überdenken.

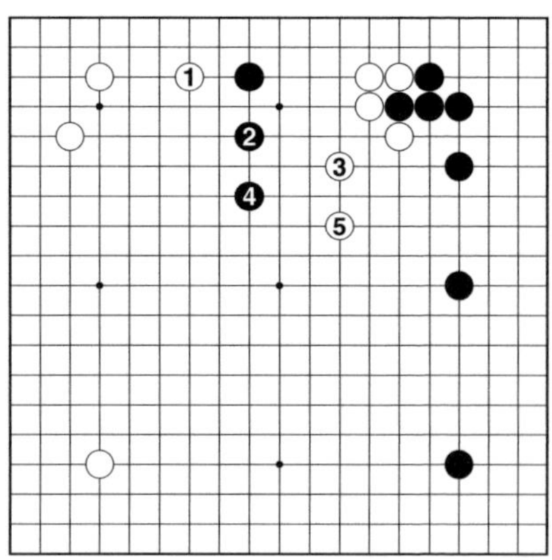

Abbildung 10

Abbildung 10: Wenn Weiß nach Abbildung 9 mit dem Angriff auf 1 fortsetzt, dann springen beide ins Zentrum. Ein dreidimensionales Moyo ist für Schwarz schon nicht mehr erreichbar, deshalb ist das Tsuke-Osae-Joseki nicht zufriedenstellend.

Variante 4. Der Ein-Punkt-Sprung

Schwarz 2 ist die konventionelle Antwort auf Weiß 1. Jeden Lehrer wird es erfreuen, wenn Sie diese Strategie an Stelle des Tsuke-Nobi-Josekis anwenden. Mit 5 ist das Joseki abgeschlossen, und beide Seiten sind zufrieden.

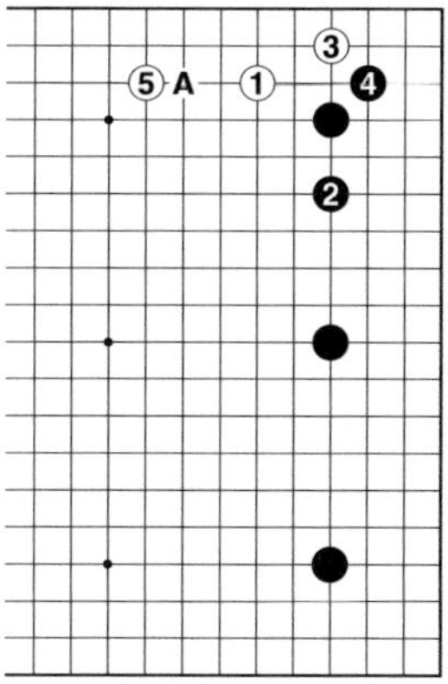

Variante 4

Schwarz kann anstatt 4 einen Klemmzug auf A spielen, wenn er ein Moyo bauen will. Doch für eine Moyo-Strategie ist es sinnvoller, sofort mit 2 auf A zu klemmen. Dieser Zug wird später im Einzelnen diskutiert werden.

Abbildung 1: Die Kombination Schwarz 1 und 3 ist tabu. Zunächst einmal hilft Schwarz 1 fast gar nicht dabei, die Ecke zu sichern, weiterhin erlangt Weiß mit 4 eine ideale Drei-Punkte-Ausdehnung von seiner Zwei-Steine-Mauer. Die weiße Stellung harmoniert auch gut mit seinem Stein in der Ecke oben links. Manche mögen einwenden, dass Schwarz jetzt mit A oder B ein großes Eckgebiet sichern könne, doch diese Logik ist fehlerhaft. Die Ecke ist nicht groß genug, als dass eine solche Stärkung des markierten Steins gerechtfertigt wäre. Außerdem: Wenn Sie so sehr um Gebiet besorgt sind, dann sollten Sie nicht Sanren-sei spielen.

Abbildung 2: Schwarz 1 ist nur zulässig, wenn Schwarz den markierten Stein bereits gespielt hat. Denn jetzt ist Weiß gezwungen, eine enge Ausdehnung von seiner Mauer zu spielen, was sehr schmerzhaft ist. Die Ecke ist noch auf A offen, doch Schwarz sollte sich den Konter mit B vornehmen. Er lässt Weiß in der Ecke leben und greift dafür die äußere Gruppe an. Schwarz wird sich also nicht damit aufhalten, durch einen zusätzlichen Stein die Ecke zu sichern, solange diese weiße Gruppe noch verwundbar ist.

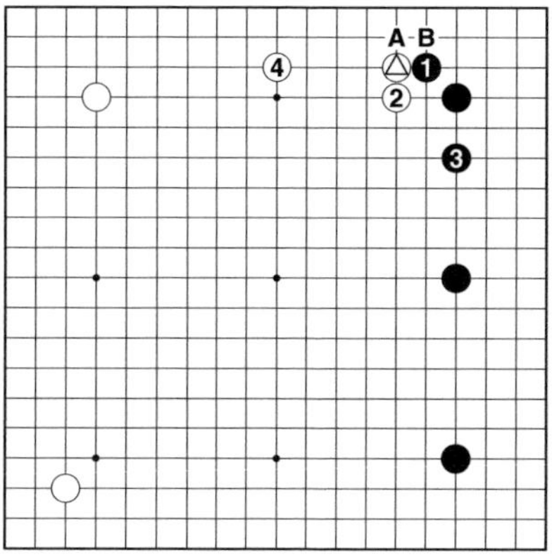

Abbildung 1

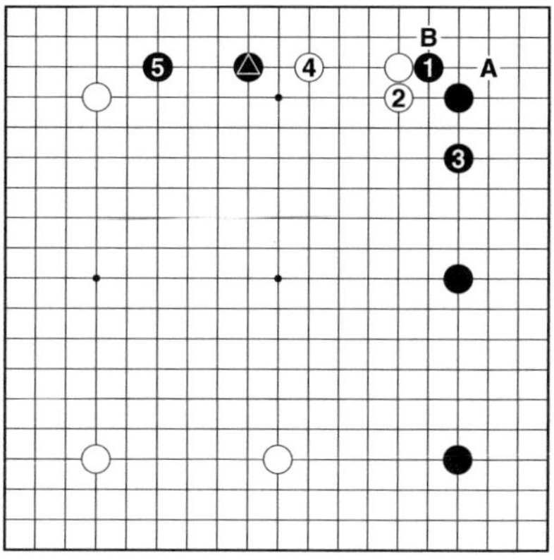

Abbildung 2

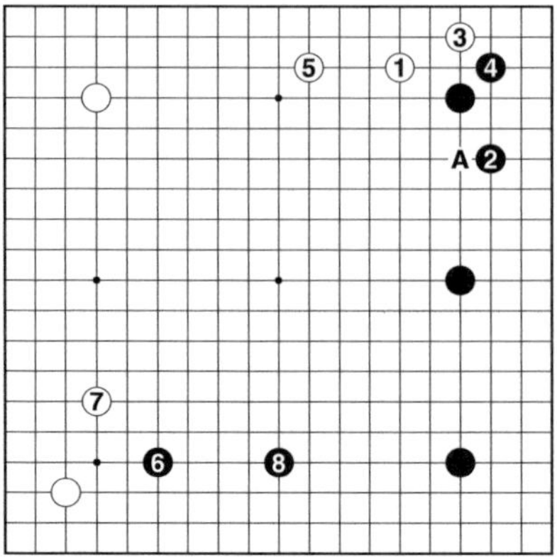

Abbildung 3

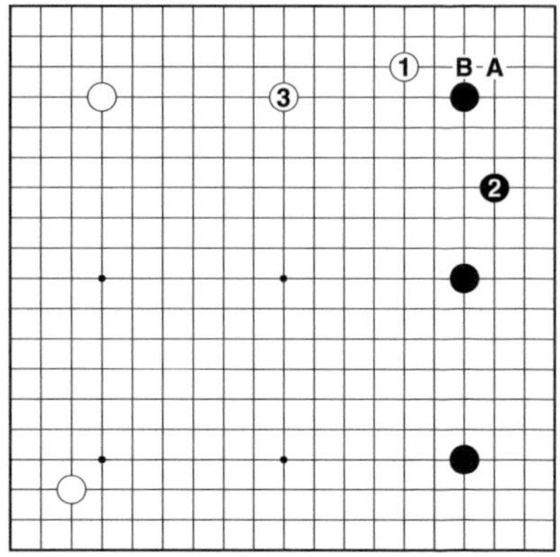

Abbildung 4

Abbildung 3: Wie schon früher einmal erwähnt, stehen die Rösselsprung-Züge im Widerspruch zur Idee des Sanren-sei. Nehmen wir zum Beispiel an, die Partie würde wie hier fortgesetzt. Für die eingeschlagene Moyo-Strategie würde Schwarz 2 auf A offensichtlich mehr leisten.

Abbildung 4: Spielt Schwarz auf 2 hier, so bezieht Weiß mit 3 Position. Dadurch wird A ein sehr großer Punkt und Schwarz B ein dringender Zug. Doch in einer so frühen Partiephase drei Züge zur Sicherung der Ecke aufzuwenden, widerspricht klar der Ausrichtung des Sanren-sei auf schnelle Entwicklung. Schwarz B wird Weiß die Gelegenheit geben, irgendwo einen anderen großen Punkt zu besetzen, was wiederum Schwarz daran hindern wird, sein Moyo ins Zentrum zu entwickeln. Die Rösselsprünge gehören allesamt in den Papierkorb.

Abbildung 5: Schwarz 2 ist ein schneller, aber zweifellos auch dünner Zug. Mit einem Zug auf A könnte Schwarz jetzt mehr Gebiet sichern als mit B in Abbildung 4, jedoch –

Abbildung 6: Weiß wird ohne Umschweife auf 1 invadieren und problemlos leben, und das auch noch in Vorhand. Manche mögen behaupten, dass das gut für Schwarz sei, weil er starken Außeneinfluss bekommt und gleichzeitig Weiß nur sechs Punkte in der Ecke gibt. Aber glauben Sie das nicht: Zum einen steht der markierte Stein überkonzentriert, zum anderen kann Weiß seinen Gegner mit der Drohung auf A beunruhigen.

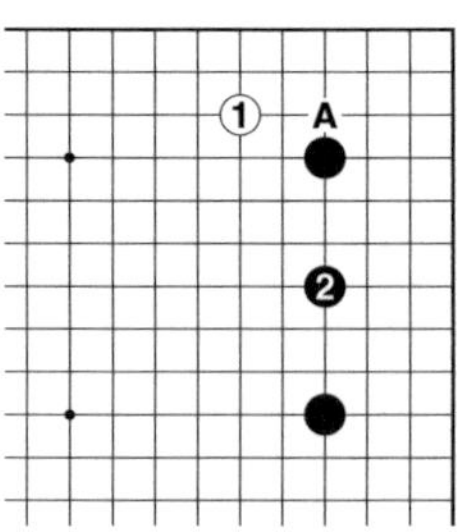

Abbildung 5

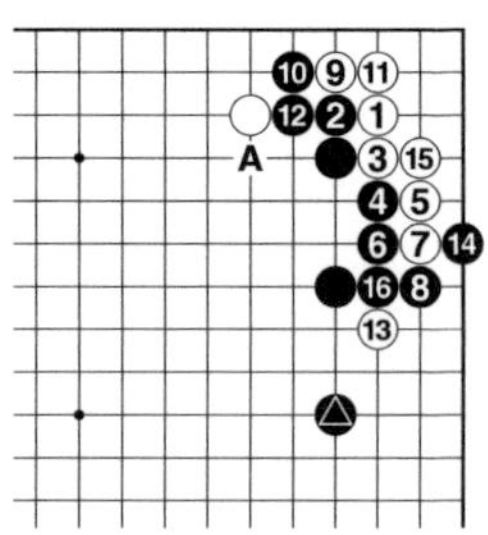

Abbildung 6

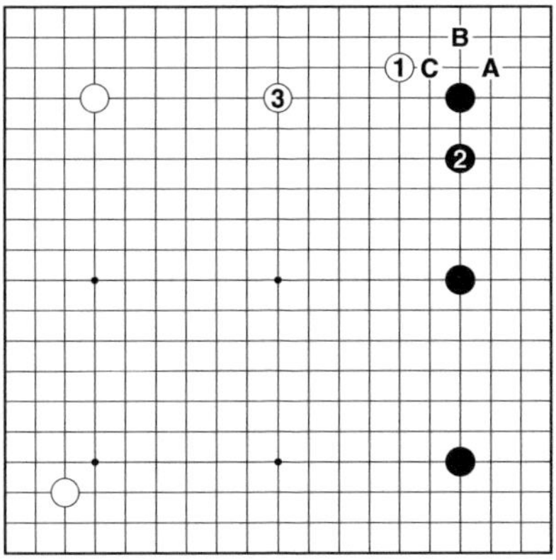

Abbildung 7

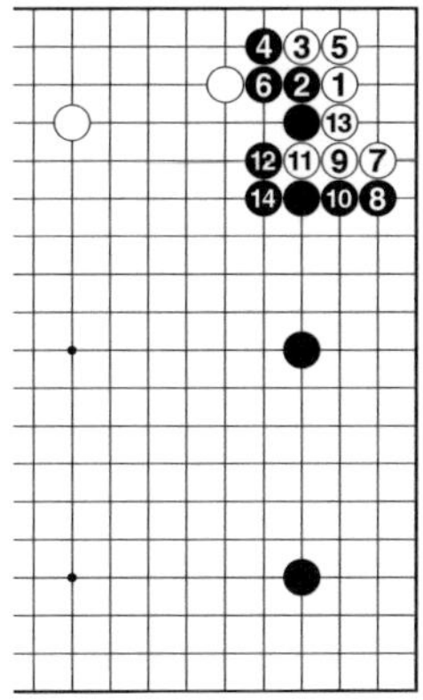

Abbildung 8

Abbildung 7: Die großräumige Ausdehnung auf 3 ist eine sehr effektive Strategie für Weiß. Er gleitet nicht mit B in die Ecke, um die Stellung offen zu lassen und später eventuell auf A zu invadieren. Die Überlegung ist: Schwarz bekommt nach einer Eckinvasion außen eine dicke Position, und je weiter Weiß 3 von dieser entfernt ist, umso besser. Wenn man diese Hintergedanken des Weißen im Blick hat, dann wird Schwarz B ein guter Zug, aber nicht C.

Abbildung 8: Falls die Invasion kommt, sollte Schwarz mit 2 und 4 trennen. Danach setzt er Weiß mit dem Anleger auf 8 unter Druck. Weiß lebt natürlich, doch Schwarz ist mit seiner dicken Position zufrieden. Beachten Sie, dass die Züge Weiß 11 und 13 notwendig sind.

Abbildung 9: Wenn diese Züge weggelassen werden, dann erreicht Schwarz mit 1 und 3 Ko.

Zusammenfassend kann man sagen: Der markierte Stein ist leicht, deshalb wird die Ecke für beide Seiten wichtig.

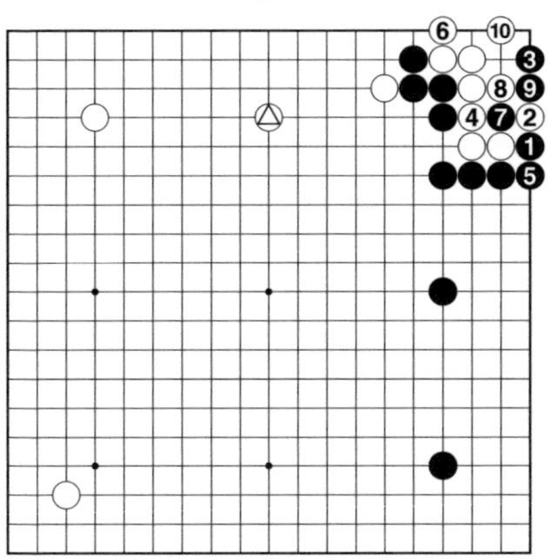

Abbildung 9
(Schwarz 11: Ko)

Abbildung 10: Wenn Schwarz das Gefühl hat, dass das Trennen zu nichts führt, dann nimmt er mit 2 bis 6 Vorhand und setzt woanders fort. Schwarz 2 auf 4 zu spielen ist schlecht, weil Weiß 2 zu viele Punkte macht. Lässt Schwarz das Atari auf 6 weg, so erhält Weiß mit A Vorhand.

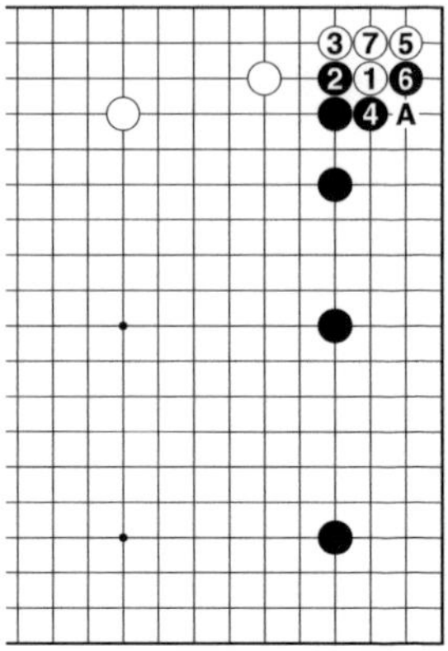

Abbildung 10

Schwarz steht also vor einer schwierigen Entscheidung: Soll er eine dicke Position in Nachhand anstreben wie in Abbildung 8, oder besser Vorhand nehmen wie in Abbildung 10, wobei ihm Weiß einiges Gebiet wegschnappt?

Ist der rechte Rand uninteressant für den Aufbau eines schwarzen Moyos, dann wird Schwarz nicht auf 8 in Abbildung 8 anlegen. Falls der obere Rand nicht reizvoll ist, wird er wohl wie in Abbildung 10 spielen. Das ist insbesondere dann attraktiv, wenn es woanders einen großen oder einen dringenden Zug geben sollte.

Abbildung 11: In dieser Stellung ist es kein kleiner Zug, mit A die Ecke zu sichern. Doch in einer Moyo-Partie hat Schwarz mehr zu bedenken als die Größe der Ecken. Er kann sich zum Beispiel dazu entscheiden, sein Moyo mit 1 und 3 zu entwickeln. Diese Kombination kann zuweilen sehr effektiv sein.

Kageyama Toshiro 7-Dan nennt die Form, die Schwarz 1 mit den beiden markierten Steinen bildet, einen „Pferdekopf". Dies ist sicher einer der Schlüsselpunkte, um das schwarze Moyo auszuweiten. Wenn Schwarz mit 3 fortsetzt, dann nimmt ein gigantisches Moyo vom rechten und unteren Rand aus ins Zentrum hinein Gestalt an. Sollte Weiß später auf B invadieren, so muss Schwarz statt C mit D dem rechten Rand Vorrang geben. Die Entscheidung zwischen diesen beiden Zügen fällt jetzt nicht schwer.

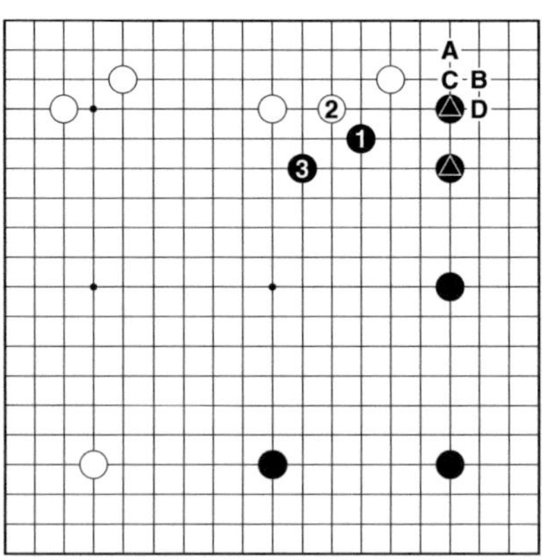

Abbildung 11

Variante 5. Der Ein-Punkt-Klemmzug

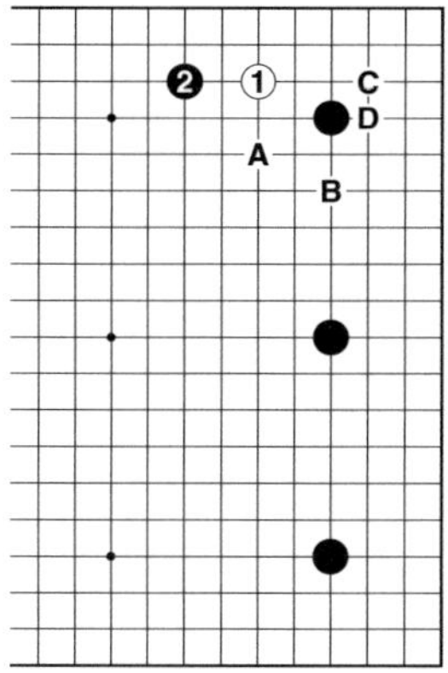

Variante 5

Beginnen wir nun mit der Untersuchung der Klemmzüge, unter denen Schwarz 2 den schärfsten darstellt. Die Strategie, die hinter Schwarz 2 steckt, kann kurz so umrissen werden: Spielt Weiß jetzt A, dann springt Schwarz auf B und bekommt ein besseres Ergebnis, als wenn er nur 1 mit B beantwortet hätte. Spielt Weiß aber auf C, dann stellt Schwarz auf D dagegen und baut sein starkes Sanren-sei-Moyo.

In letzter Zeit ist dieser Klemmzug in der Sanren-sei-Eröffnung sehr beliebt geworden. Die Vorliebe, die Kato, Takemiya und Cho Chikun für diesen Zug zeigen, ist der Grund für seine Popularität. Doch eigentlich hatte er schon in früheren Zeiten Konjunktur, als ich ihn anwandte.

Abbildung 1: Sehen wir uns zuerst den Zug Weiß 1 an: Nach Schwarz 2 wird das Niederdrücken mit Weiß 3 als Joseki betrachtet. Doch aus einem gewissen Grund ist diese Zugfolge im professionellen Go nicht oft zu sehen: Nach 12 hat Schwarz vor, sich mit A dazwischenzukeilen, so dass Weiß die Verstärkung auf B benötigt. Da dieser Zug aber substanzlos ist, erscheint das ganze Joseki für professionelle Augen zu kraftlos für Weiß.

Es gibt noch andere Strategien. Beispielsweise kann Weiß mit 3 auf 7 springen oder auf C die Ecke invadieren, doch immer wieder erscheint der Zug Weiß 1 einfallslos.

Abbildung 2: Die Entgegnung mit Weiß 1 ist hier eine interessante Strategie. Wenn Schwarz mit 4 verteidigt, dann springt Weiß auf 5. Die Invasion Weiß 6 und das Erreichen guter Form mit 7 und 9 sind nun Miai.

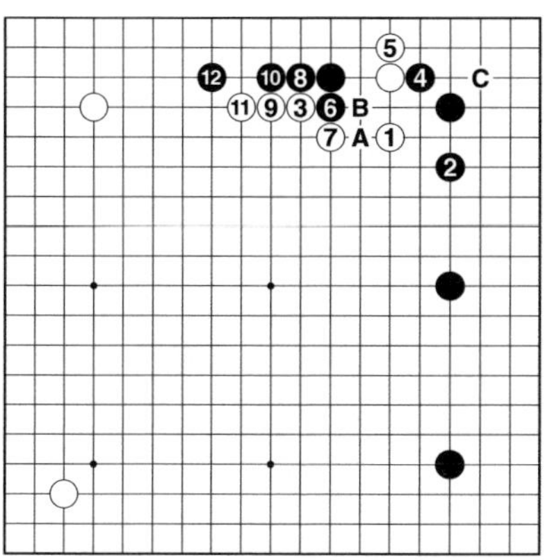

Abbildung 1

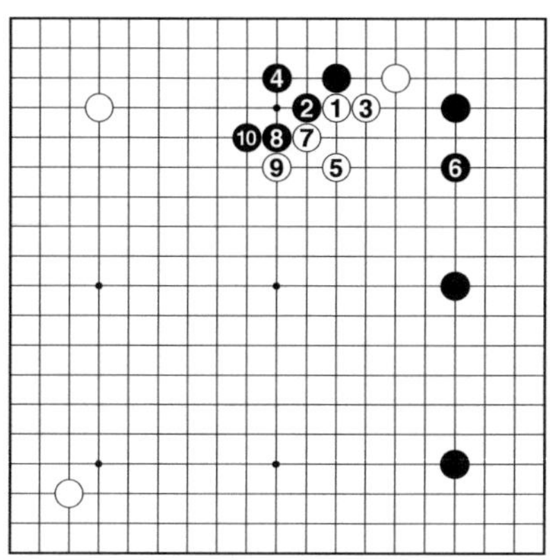

Abbildung 2

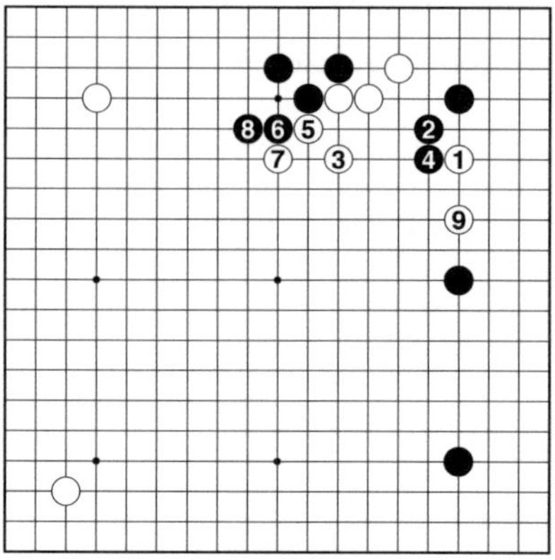

Abbildung 3

Abbildung 3: Ein Testzug auf 1 ist ein weiterer interessanter Ansatz. Auf Schwarz 2 kehrt Weiß wieder zu 3 zurück. Die Idee dabei ist, dass er mit 5 und 7 die gleiche Form im Zentrum bekommt wie in Abbildung 2 und zusätzlich mit 9 vorteilhaft seinen Stein herausziehen kann. Doch auch wenn es so kommen sollte, kann man natürlich nicht sagen, dass Abbildung 3 besser wäre als Abbildung 2.

Als Nächstes steht an, die Abbildungen 2 und 3 vom Standpunkt des Sanren-sei zu beurteilen. Dem Schwarzen wird der Kampf in Abbildung 3 wahrscheinlich willkommen sein. In Abbildung 2 hingegen bekommt Weiß gute Form, was darauf hindeuten könnte, dass das Sanren-sei hier geschickt pariert wurde.

Jedenfalls hat Schwarz in beiden Fällen am oberen Rand profitiert, und der einzelne weiße Stein oben links wirkt irgendwie geschwächt. Alles in Allem scheinen diese Varianten für Schwarz recht gut spielbar zu sein.

Abbildung 4: Der Sprung auf 1, der Weiß 2 zulässt, ist ebenfalls eine starke Strategie. Diese Spielweise könnte in der Tat für das Sanren-sei als die passendere angesehen werden. Weiß 6 fängt einen Stein, doch Schwarz bleibt ihm mit dem harten Zug 7 auf den Fersen. Der Plan ist Schwarz A, Weiß B, Schwarz C.

Abbildung 5: Die vernünftigste Antwort auf den Klemmzug ist die Invasion auf 3, um der eigenen Gruppe eine Basis zu verschaffen. Falls der markierte Stein schon bereitsteht, stellt Schwarz mit 4 dagegen. Die Zugfolge bis 8 ist ein Standardjoseki.

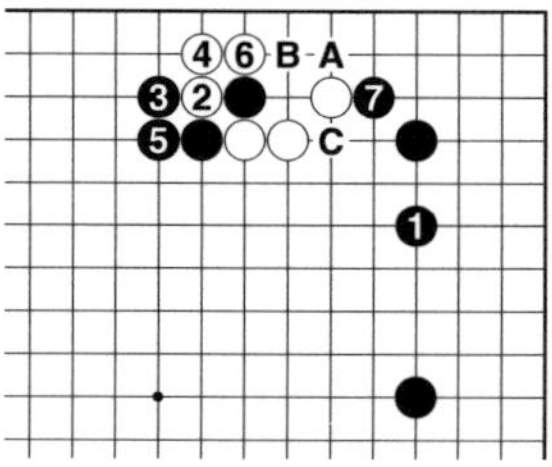

Abbildung 4

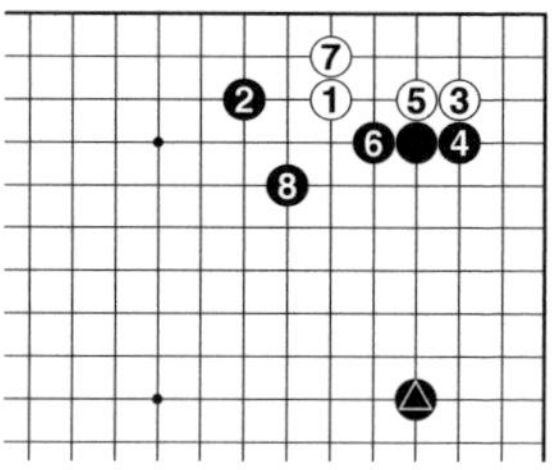

Abbildung 5

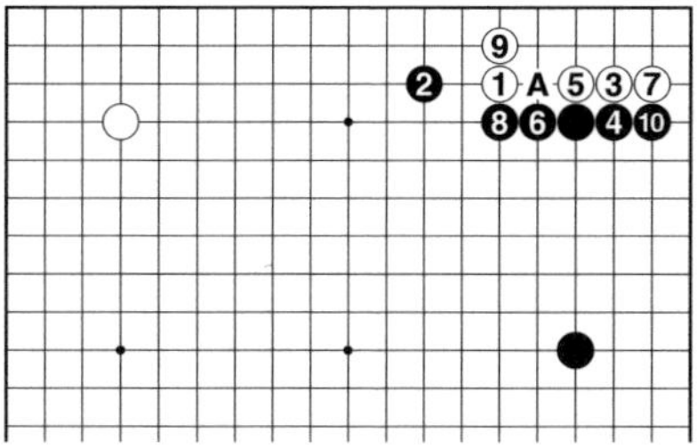

Abbildung 6

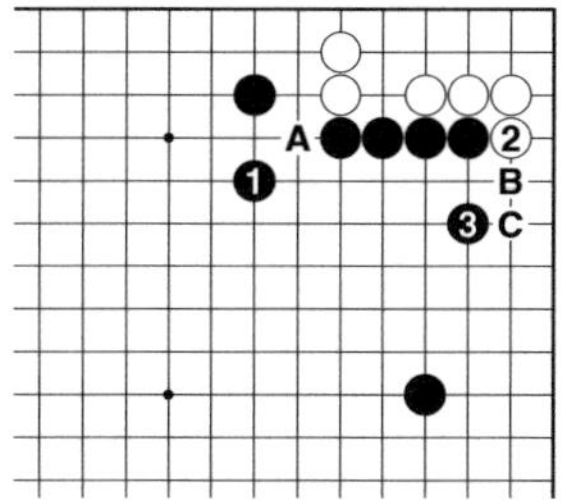

Abbildung 7

Abbildung 6: Jedoch ist in jüngerer Zeit die hier gezeigte Folge immer populärer geworden. Natürlich soll das nicht bedeuten, dass Abbildung 5 schlecht wäre. Doch die Popularität dieser Variante hat zwei Gründe: Zum einen ist Weiß 7 ein sehr fester Gebietszug, zum anderen hat Schwarz 10 einen kämpferischen Charakter.

Spielt Weiß mit 7 auf A, so antwortet Schwarz wieder mit 8. Weiß A ist solide, hat aber den Nachteil, dass nur wenige Fortsetzungen zur Verfügung stehen.

Abbildung 7: Ursprünglich war (statt 10 in Abbildung 6) der Sprung auf 1 hier Joseki. Er verteidigt gegen Weiß A. Weiß biegt auf 2 um, ein wichtiger Zug. Würde Schwarz auf B dagegenstellen, dann bekäme Weiß durch das Aji von Weiß C oder Weiß 3 einen Startpunkt, um Unheil im schwarzen Moyo zu stiften. Entsprechend wird Schwarz 3 als korrekte Form angesehen.

Abbildung 8: Falls Weiß in der Folge seine Form festigen will, so kann er 1 bis 5 in Vorhand spielen. In jüngster Zeit kamen Profis zu der Sichtweise, dass dieses Ergebnis für Schwarz zu schwach sei, womit wiederum Schwarz 10 in Abbildung 6 in den Blickpunkt rückte.

Abbildung 9: Der Nachteil ist jedoch, dass Weiß ihn mit dem Hane auf 1 herausfordern kann. Schwarz ist darauf natürlich vorbereitet, er hat vorsorglich mit dem markierten Stein seine Form stabilisiert und überdies Gebiet genommen. Er schneidet mit 2 und treibt Weiß ins Zentrum hinaus, wobei er sein Sanren-sei zum Angriff nutzen kann. Auf Weiß 5 verteidigt er mit A oder B.

Auch wenn Schwarz dieser Kampf willkommen ist, so muss Weiß doch auf 1 schneiden. Ansonsten wird Schwarz auf 2 spielen, was langsam aussieht, aber ziemlich solide ist. In den meisten Fällen ist ein Kampf im Zentrum unausweichlich.

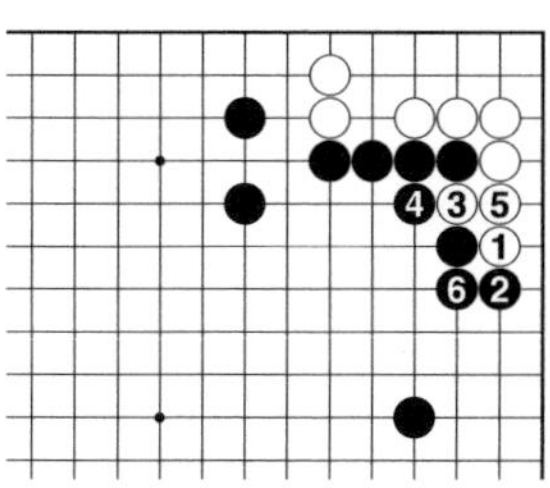

Abbildung 8

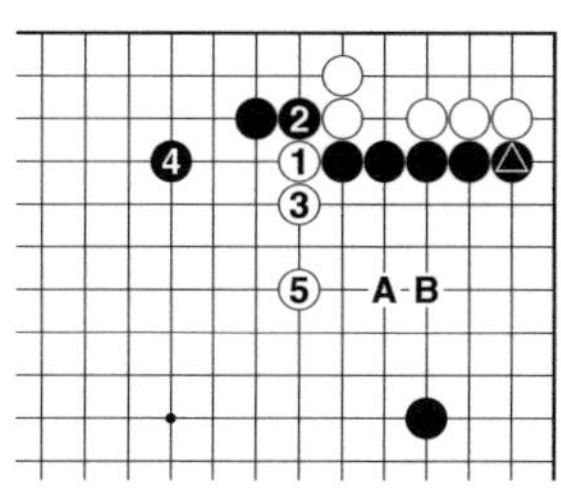

Abbildung 9

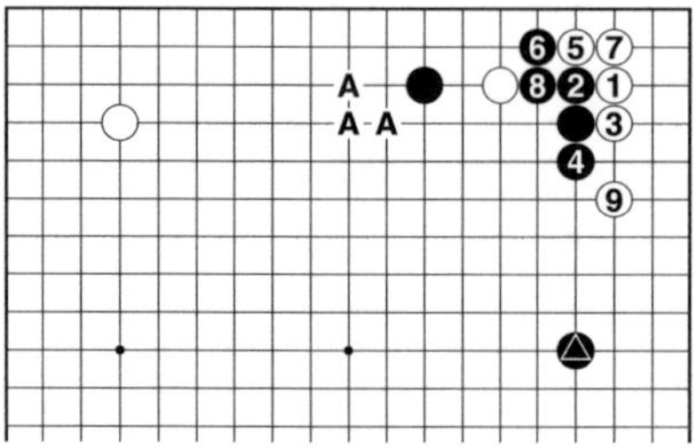

Abbildung 10

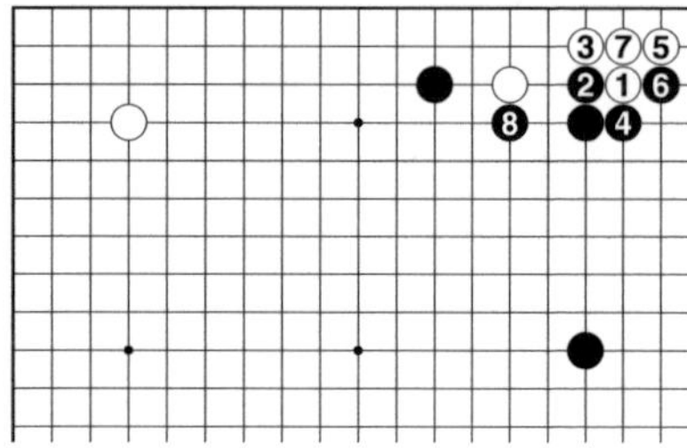

Abbildung 11

Abbildung 10: Was auch immer geschieht, Schwarz darf niemals auf 2 dagegenstellen. Indem Weiß seinen Kopf auf 9 herausstreckt, entkräftet er den markierten Stein. Schwarz ist sehr unzufrieden, da er mit seinem Stein nun weder angreifen noch Gebiet nehmen kann.

Schwarz blockiert nur dann auf 2, wenn der markierte Stein fehlt. Selbst dann steht die dicke Position, die er bis 8 aufbaut, zu nah am ursprünglichen Klemmzug, den man sich jetzt bei A wünschen würde. Kurz gesagt blockiert Schwarz nach einem weiten Klemmzug auf 2. Nach einem engen Klemmzug muss er in fast allen Fällen auf 3 dagegenstellen und Weiß das Verbinden seiner Steine erlauben.

Abbildung 11: Diese Zugfolge sollte eigentlich nie aufs Brett kommen, doch wenn Schwarz den schlechten Zug auf 2 und Weiß den noch schlechteren auf 3 gespielt hat, wie soll Schwarz ihn bestrafen? Die Antwort ist einfach: mit 4 und 6 dagegenstellen und mit 8 einschließen.

Die Grundidee hinter dem Ein-Punkt-Klemmzug im Sanren-sei ist, dass Schwarz ein Moyo am rechten Rand errichtet.

Variante 6. Der hohe Zwei-Punkte-Klemmzug

Obwohl er einen Punkt weiter entfernt steht, verfolgt dieser Klemmzug ein ähnliches Ziel wie der Vorgänger: Auf Weiß A folgt Schwarz B und auf Weiß C folgt Schwarz D. Beide schwarzen Züge versuchen, den Rückhalt durch die markierten Steine auf die effizienteste Weise zu nutzen.

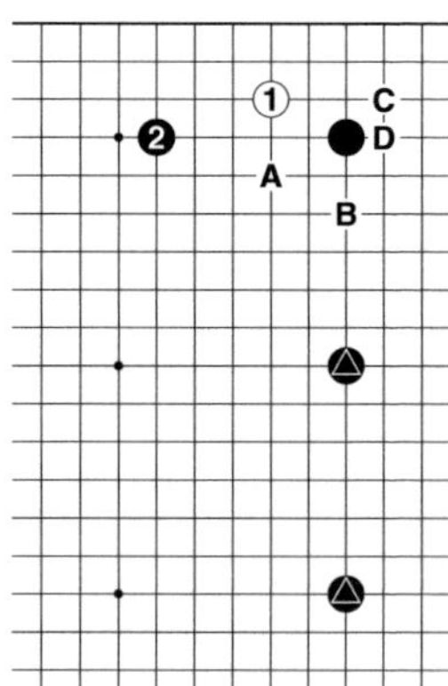

Variante 6

Abbildung 1 (nächste Seite): In diesem Joseki sichert Weiß sofort eine Basis. Schwarz kann später auf A Nozoki spielen und dann bei B anlegen, doch das ist ein Manöver für die ferne Zukunft. Viel bedeutsamer ist im Moment für beide die Frage, wer zuerst auf C spielen kann. Wenn wir annehmen, dass Schwarz mit 6

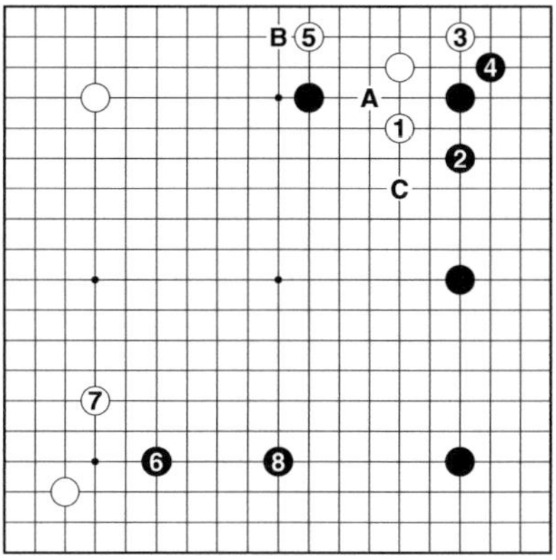

Abbildung 1

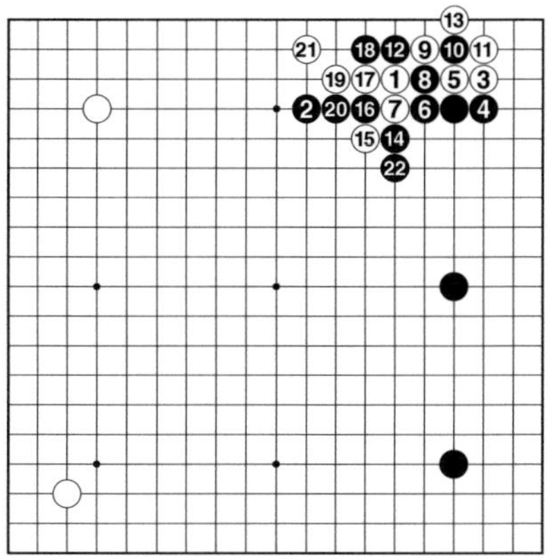

Abbildung 2

und 8 fortsetzt und ein Moyo am unteren Rand aufbaut, dann ist C der Punkt, an dem sich die zwei Moyos begegnen. Und damit ist C der logische Platz für den nächsten weißen Stein. Lässt Weiß diesen Zug weg, so wird Schwarz keine Zeit verlieren und selbst auf C spielen.

Abbildung 2: Wenn Weiß die Ecke invadiert, ist es wichtig, auf 4 dagegenzustellen. Das Joseki bis 22 ist zwar lang, jedoch begegnet es den meisten Spielern früher oder später. Beachten Sie das Timing: Sobald Weiß auf 7 herausdrückt, schiebt Schwarz den Schnitt mit 8 und 10 ein. Würde Schwarz stattdessen auf 12 schneiden, dann könnte Weiß mit 18 fangen und die zwei Steine in der Ecke opfern, was schlecht für Schwarz wäre.

Schwarz 18 ist ein Tesuji. Sollte Weiß auf 20 fangen, so bricht seine Position nach Schwarz 19 zusammen. Nachdem Schwarz mit 22 seine Form gestärkt hat, ist das Joseki beendet, und die Frage ist, was danach geschieht.

Abbildung 3: Schwarz hat am rechten Rand ein starkes Moyo gebaut und Weiß wird es zurechtstutzen wollen. Ein vitaler Punkt ist A, für die Antwort ist Schwarz B korrekte Form. Alternativ kann Weiß auch auf C oder D invadieren.

Nach einer weißen Invasion wird Schwarz einen heftigen Angriff versuchen, um den Druck auf seinen Gegner aufrechtzuerhalten. In diesem Zusammenhang ist zu beachten, dass alle mit E markierten Punkte Vorhand sind, weil sie Schwarz F drohen. Deshalb darf Schwarz dieses Aji nicht durch ein Atari auf G zerstören.

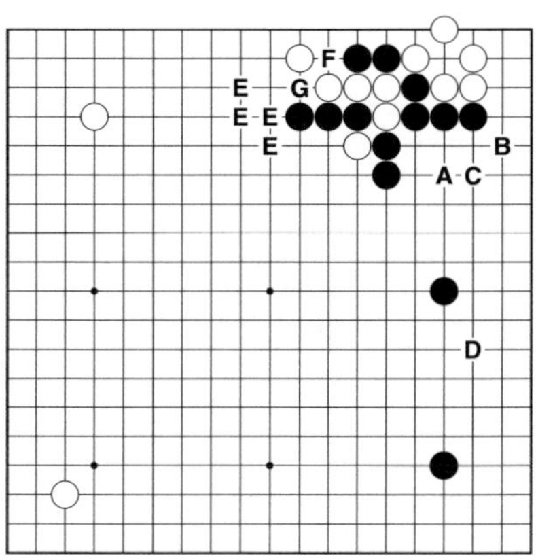

Abbildung 3

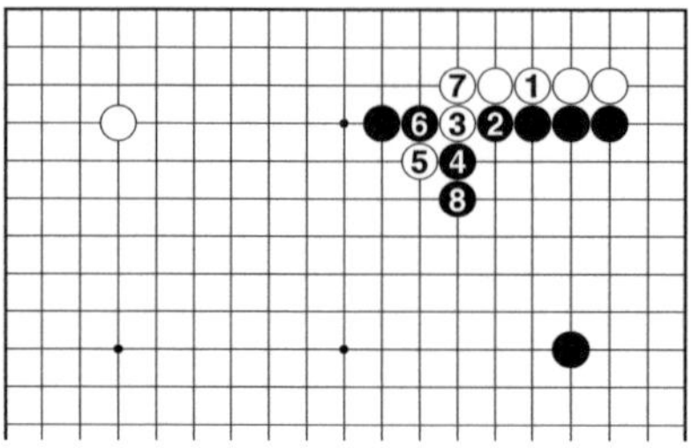

Abbildung 4

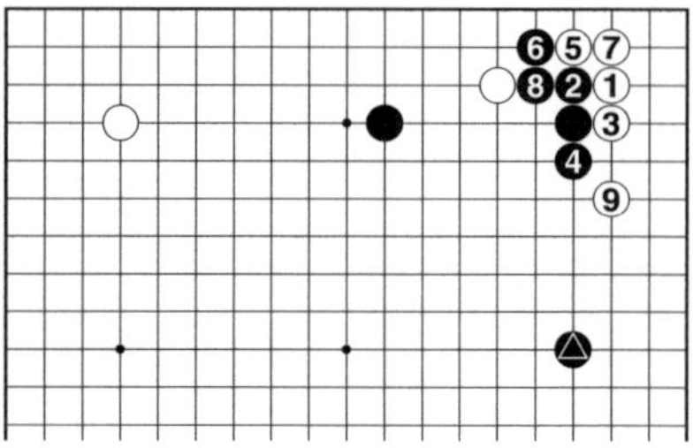

Abbildung 5

Abbildung 4: Der Verbindungszug auf 1 sieht passiv aus, ist aber sehr dick. Er ist ebenfalls Joseki, es folgen die Züge bis 8. Das Ergebnis ähnelt dem in Abbildung 2, doch im Unterschied dazu hat Weiß weniger Gebiet und Schwarz steht dicker. Eigentlich deutet das darauf hin, dass Weiß Abbildung 2 folgen soll, doch das Gegengewicht ist die große Beweglichkeit des weißen Steins auf 5. Diesen Stein sofort herauszuziehen ist ein scharfer Zug, die Drohung verheißt Ungemach für Schwarz.

Abbildung 5: Das Dagegenstellen auf 2 ist auch bei diesem Klemmzug ein Fehler. Nach der Joseki-Zugfolge bis 9 steht der markierte Stein schlecht. Sich gemütlich ein bisschen Gebiet am oberen Rand zu nehmen, widerspricht der grundlegenden Strategie des Sanren-sei. Schwarz muss mit 2 auf 3 blocken. Das hier gezeigte Joseki könnte nur dann sinnvoll sein, wenn der markierte Stein nicht auf dem Brett läge oder wenn Weiß eine Position am rechten Rand hätte.

Variante 7. Der hohe Drei-Punkte-Klemmzug

Zuweilen spielt Schwarz den weiten Klemmzug auf 2. Auf Weiß A ist wie vorher die Antwort Schwarz B ausreichend. Da Schwarz 2 weiter entfernt steht, ist es für Weiß schwieriger, seine Gruppe zu festigen. Deshalb entscheidet sich Weiß normalerweise für die sichere Variante und invadiert auf C, man könnte fast sagen, dass C der einzige Zug ist. An dieser Stelle ist Schwarz mit der Entscheidung zwischen D und E konfrontiert, und beim Drei-Punkte-Klemmzug fällt diese Entscheidung schwer.

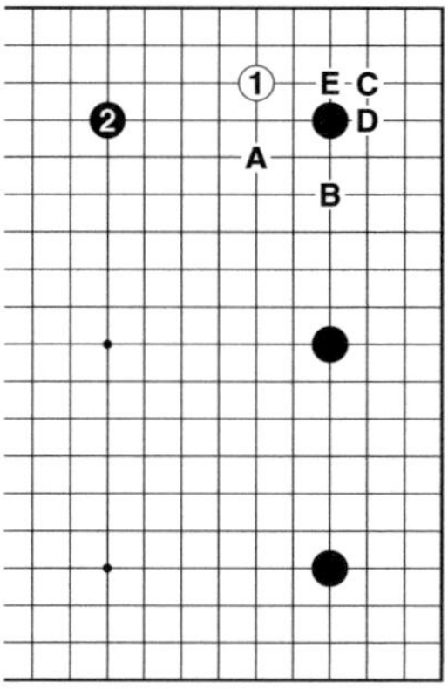

Variante 7

Abbildung 1: Sehen wir uns zuerst das Dagegenstellen mit 2 an. Wie bei den engeren Klemmzügen betont diese Spielweise das Moyo-Potenzial des Sanren-sei, nur wie gut ist sie wirklich?

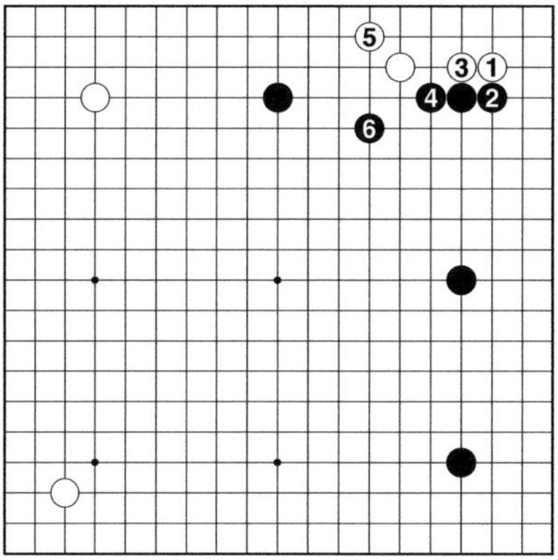

Abbildung 1

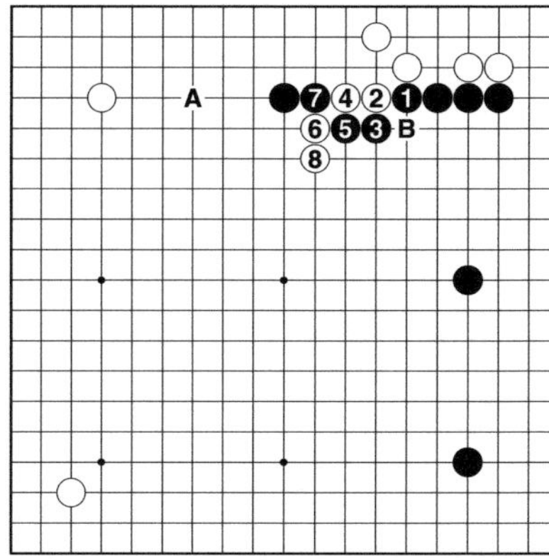

Abbildung 2

Es folgt das Joseki bis 6. Schwarz bekommt jetzt nicht so schöne Form wie nach den engeren Klemmzügen. Sogar sein Moyo rechts ist ein bisschen dünner. Deshalb ist Schwarz 2 beim Drei-Punkte-Klemmzug nur zweite Wahl.

Abbildung 2: Anstatt 6 in Abbildung 1, wodurch eine eher schwache Form entsteht, könnte Schwarz mit 1 und 3 aggressiver spielen und Weiß einschließen. Wenn es funktioniert, dann dürfte dieses Manöver einen großen Beitrag zu seinem Moyo beisteuern, doch wird das so einfach? Weiß wehrt sich mit 4 und 6. Da dieser Gegenangriff Erfolg versprechend ist, läuft die Sache nicht gut für Schwarz. Nach 8 möchte Schwarz sich gern auf A ausdehnen, doch der Schnittpunkt bei B macht seine Stellung dünn. Weiß sollte diese Schwachstelle ausnützen können, um einen großen Teil des Moyos zu zerstören. Im Ergebnis ist der hohe Drei-Punkte-Klemmzug nicht sehr passend für das Sanren-sei.

Abbildung 3: Dieser Klemmzug wird benutzt, wenn man vorhat, auf 1 zu trennen. Nach den Zügen bis 8 hat der markierte Stein eine größere Wirkung als einer bei A oder B, weil er weiter von der dicken schwarzen Position entfernt steht. Jedoch macht die weiße Schwertspitze, die sich auf 8 ausstreckt, den Stein auf dem rechten Randhoshi sinnlos. Obwohl dieses Joseki also lokal zufriedenstellend sein mag, so leistet es folglich doch nichts im Zusammenhang mit dem Sanren-sei.

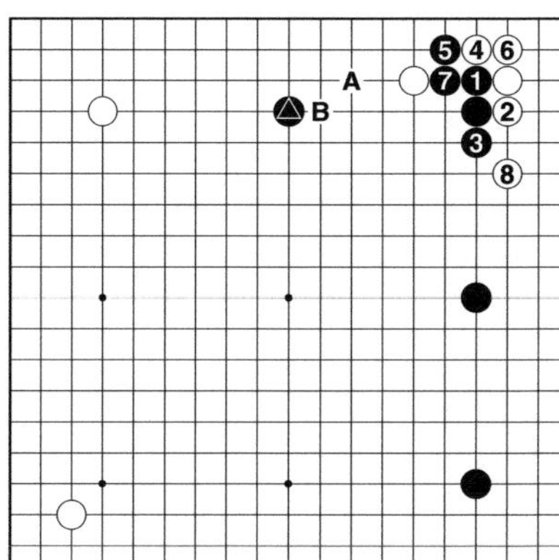

Abbildung 3

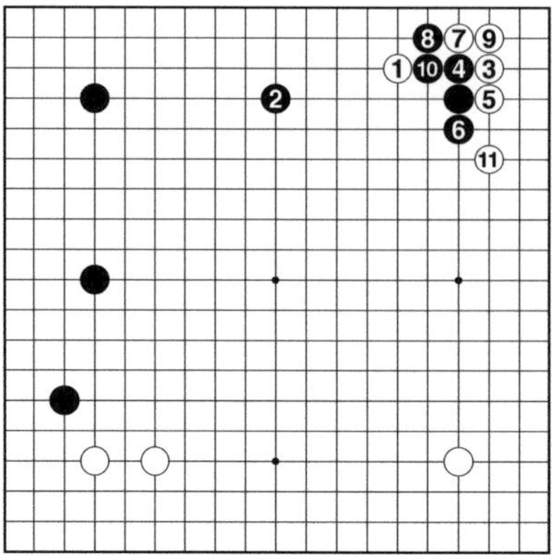

Abbildung 4

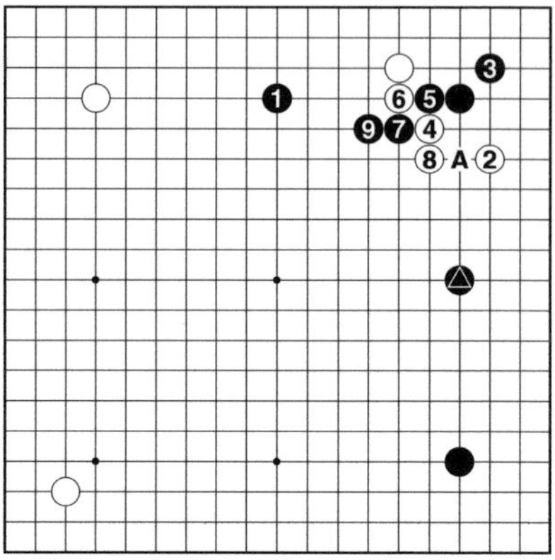

Abbildung 5

Abbildung 4: So sieht ein Fuseki aus, in dem dieser Klemmzug seine Vorteile zeigt. Die bis 10 entstandene dicke Position ist nützlich, um ein Moyo vom oberen zum linken Rand aufzubauen. Da Schwarz 2 hier so gut funktioniert, wird klar, dass Weiß 1 keine gute Wahl gewesen ist. Weiß zieht es normalerweise vor, auf 11 Kakari zu spielen.

Abbildung 5: Über das Doppelkakari mit Weiß 2 wird Schwarz erfreut sein. Tatsächlich ist dieser Zug unverantwortlich, wenn der markierte Stein auf der Lauer liegt. Schwarz 3 ist die stärkste Entgegnung. Anlegen mit 6 oder A würde Weiß nur helfen, sich zu stabilisieren. Versucht Weiß mit 4, die Ecke einzuschließen, so kontert Schwarz energisch mit 5 und 7. Schwarz lebt bereits in der Ecke, deshalb wird der Kampf nach 9 hart für Weiß werden, da er sich um zwei schwache Gruppen sorgen muss. Schwarz 1 und der markierte Stein arbeiten mit einem Wirkungsgrad von 100 %.

Variante 8. Das Keima Boshi

Das Boshi auf 2 ist ein unternehmender, kraftvoller Zug. Er mag nicht so üblich sein, doch ist er eine interessante Alternative für Ihr Repertoire. Zumindest ist er meiner Meinung nach besser als das Tsuke-Nobi-Joseki. Die Ecke des Schwarzen ist dünn, doch das stört ihn nicht weiter. Auf Weiß A folgt Schwarz B: Das ist ein guter Weg, aus dem Sanren-sei ein Moyo zu machen.

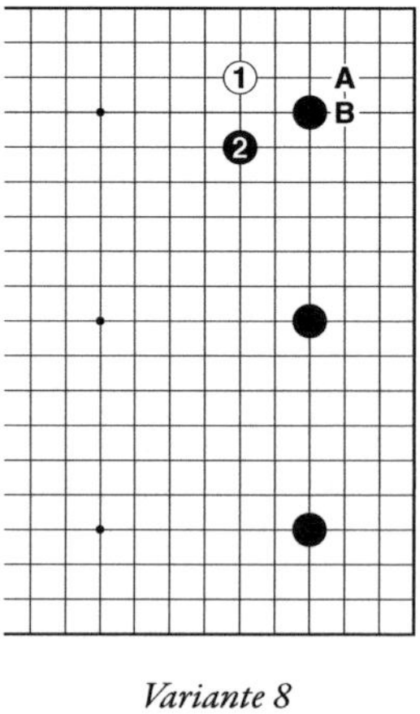

Variante 8

Abbildung 1: Dieses „Joseki" hat verschiedene Varianten, doch 1 ist der normale Zug. Schwarz setzt im Geiste seines ersten Boshi mit 2 und 4 fort und spielt weiterhin „von oben". Wie jeder sehen kann, wird der obere Rand weißes

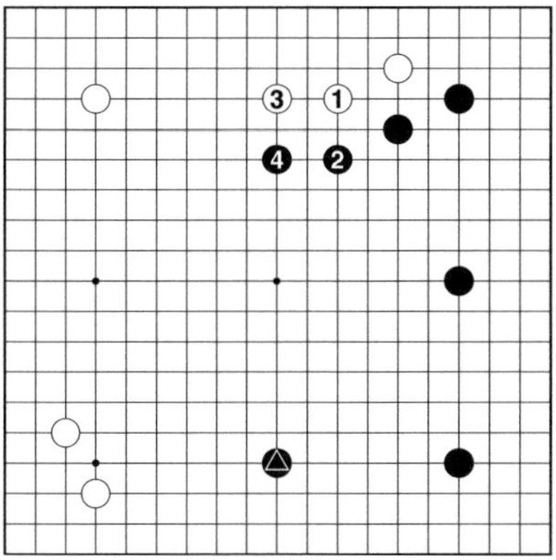

Abbildung 1

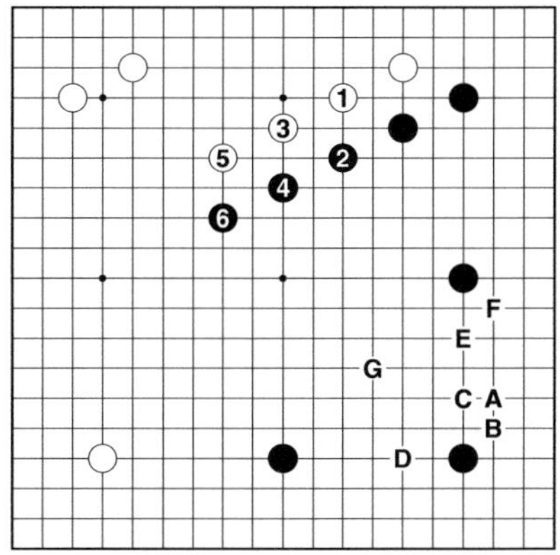

Abbildung 2

Gebiet, doch das ist in Ordnung. Im Gegenzug baut Schwarz nämlich in der Brettmitte ein Moyo der 100-Punkte-Kategorie. Wenn wir uns vorstellen, dass der markierte Stein an Ort und Stelle wäre, dann sind die 100 Gebietspunkte kein Traum. Schwarz setzt alles auf eine Karte, doch Weiß hat ebenso viel Grund zur Sorge. Dies ist eine Strategie, die ich empfehlen möchte.

Abbildung 2: Hat Weiß beispielsweise in der Ecke oben links ein Keima Shimari, dann könnte er kompromisslos auf 3 spielen. Schwarz kann jetzt nicht mehr zurück, er dehnt sich mit 4 und 6 weiter aus und stellt einen klassischen Wettstreit zwischen Moyo und Gebiet her. Jedoch ist die weiße Stellung am oberen Rand ideal, und Schwarz wird das nicht ausgleichen können. Weiß kann auf jedem der Punkte A bis G invadieren.

Hätte Weiß hingegen in der Ecke oben links statt des Keima Shimari nur einen Stein auf dem Hoshi, dann könnte Schwarz auf eine Möglichkeit hoffen, im weißen Gebiet Unruhe zu stiften. Das würde seine Spielweise rechtfertigen.

Abbildung 3: Wenn Schwarz seine Anlage verstärken will, so scheint 1 ein guter Zug zu sein. Auf Weiß A macht Schwarz B gute Form. Spielt Weiß stattdessen B, so stellt Schwarz auf C dagegen und nimmt das Hane auf A in den Blick. Auf jeden Fall stärkt Schwarz seine Position hier, wodurch eine weiße Invasion auf D im Keim erstickt wird. Dies wiederum bedeutet, dass Weiß schon früh wird auf D spielen wollen.

Bitte beachten Sie, dass diese Strategie nur aufgrund des markierten Steins am unteren Rand wirksam ist. Ohne diesen Stein ist sie nicht zu empfehlen.

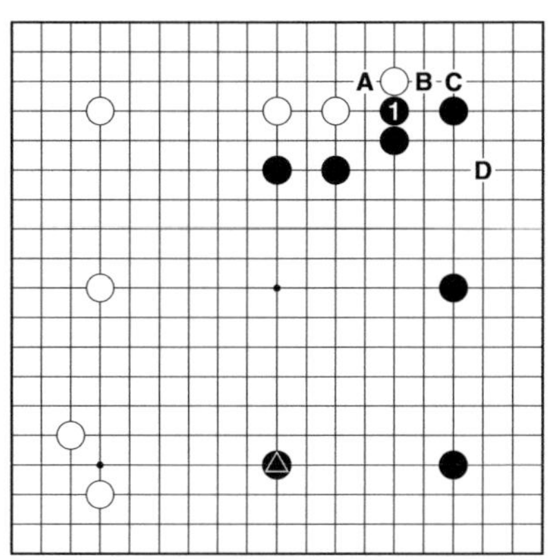

Abbildung 3

Variante 9. Die 3-3-Invasion

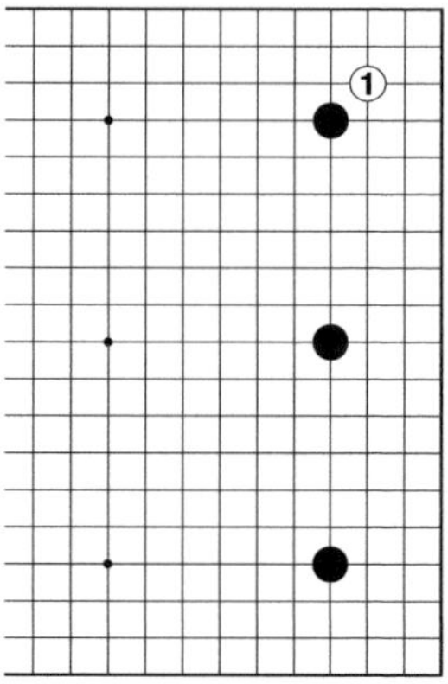

Variante 9

Wie in Kapitel 1 schon zu sehen war, bilden die beiden 3-3-Invasionspunkte die Achillesferse des Sanren-sei. Jedoch ist eine voreilige Invasion ungünstig für Weiß, da die entstehende Ausweitung des schwarzen Moyos das kleine weiße Gebiet überwiegt.

Eine solche Invasion ohne Unterstützung ist dann effektiv, wenn das Moyo dreidimensional ist und sich über den oberen und den unteren Rand ins Zentrum erstreckt. Das Ziel ist, das Moyo zu konterkarieren, indem man beiläufig hineinspringt und eine Ecke wegschnappt.

Abbildung 1: Eine Invasion zu dem Zeitpunkt, an dem Schwarz sein Sanren-sei gerade aufgestellt hat, ist gelinde gesagt vorschnell. Weiß kann sich zwar zehn Punkte in Vorhand schnappen, doch dadurch wird die schwarze Mauer viel zu stark. Die Zugfolge bis 12 ist ein Joseki. Es bestehen Varianten mit Schwarz 4 auf 11 oder Schwarz 6 auf 7 und so fort, doch lokal gesehen hat Schwarz keinen Anlass, mit dem Ergebnis bis 12 unzufrieden zu sein. Wie vorher dargestellt würde das Blocken auf 3 statt 2 den markierten Stein zur Sinnlosigkeit verurteilen.

Abbildung 2: Falls Weiß den markierten Stein bereits gespielt hat, ist Weiß 1 ein schlechter Zug. Nach der Zugfolge bis 12 stellt sich die Frage, ob der markierte Stein gut steht oder schlecht.

Manche mögen behaupten, der markierte Stein stehe gut, um die schwarze dicke Stellung zu entwerten. Ein Profi jedoch wird diese Meinung nicht teilen. Für ihn wird es so aussehen, dass dieser Stein in eine unsinnige Position gebracht wurde: er steht zu nah an der schwarzen Mauer und ist daher schwach.

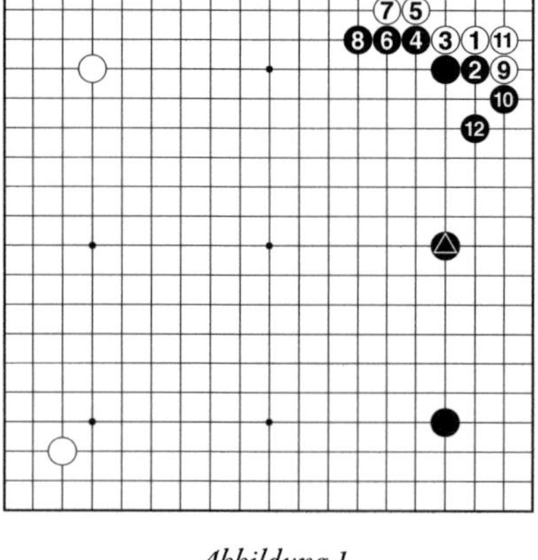

Abbildung 1

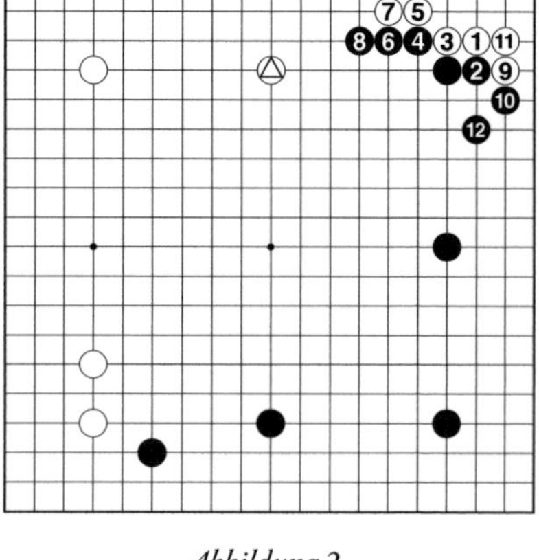

Abbildung 2

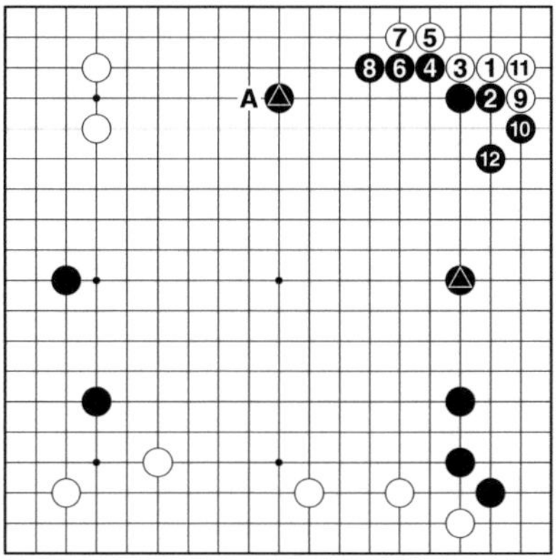

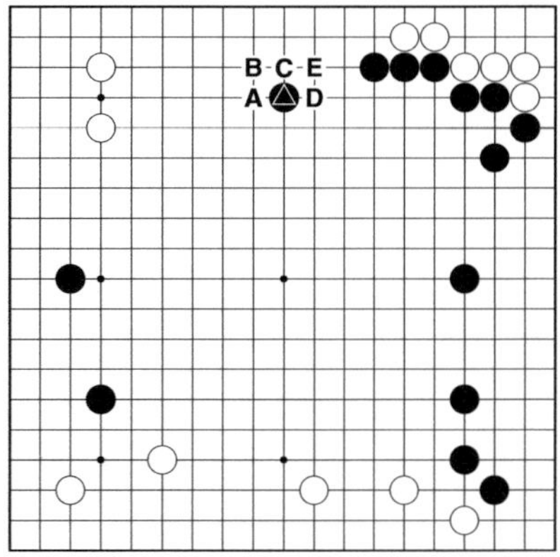

Abbildung 3 *Abbildung 4*

Abbildung 3: Was passiert, wenn Schwarz die Zwei-Flügel-Position mit den beiden markierten Steinen aufgebaut hat und Weiß dann auf 1 invadiert? Die Invasion fühlt sich ein wenig voreilig an, doch wenn wir von der Fortsetzung bis 12 ausgehen, wer hat das bessere Ende? Das ist schwer zu sagen! Der Grund ist, dass der schwarze Stein am rechten Rand gut steht, der am oberen Rand aber ein wenig unbefriedigend – einen Punkt weiter weg, bei A, wäre er effizienter.

Es gibt Profis, die gern wie hier gezeigt sofort auf dem 3-3-Punkt invadieren und Gebiet nehmen. Ich bin jedoch überzeugt, dass Schwarz mit dem Gesamtergebnis zufrieden sein kann, weil er ein so schönes Moyo am rechten Rand bekommt. Den richtigen Zeitpunkt für eine 3-3-Invasion zu finden, ist keine leichte Aufgabe.

Abbildung 4: Es wäre naiv, wenn Weiß jetzt in Jubel ausbräche, nur weil er das Eckgebiet zerstört hat. Die eigentliche Aufgabe besteht darin, die entstandene Stellung zu bewerten. Im vorliegenden Fall ist die Position des markierten Steins am oberen Rand das Hauptproblem: Sie ist nur mittelprächtig. Schwarz A wäre am besten, die nächstbesten sind B und die markierte Position, gefolgt von C, D und E. Je enger die Ausdehnung, umso schlechter. Und naturgemäß trägt ein Stein auf der vierten Linie mehr zu einem zentralen Moyo bei als einer auf der dritten.

Abbildung 5: Das ewige Problem für den Verteidiger ist die Frage, auf welcher Seite er blocken soll. Das Sprichwort rät: „Blockiere auf der Seite mit der weiteren Ausdehnung“, um das Moyo so groß wie möglich anzulegen.

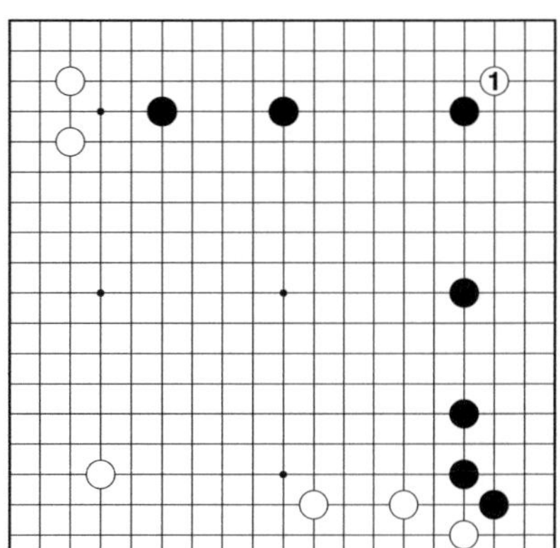

Abbildung 5

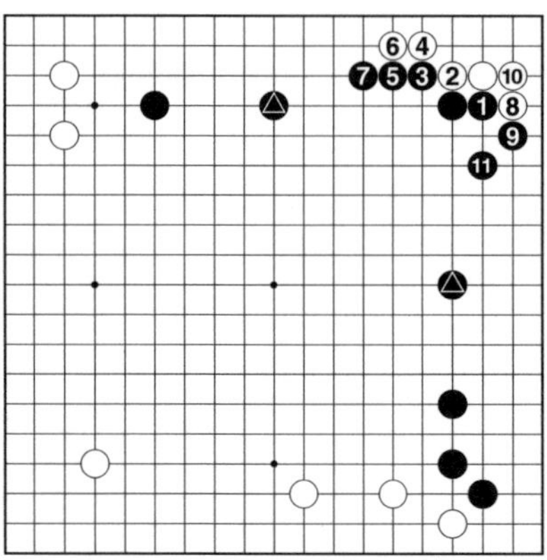

Abbildung 6

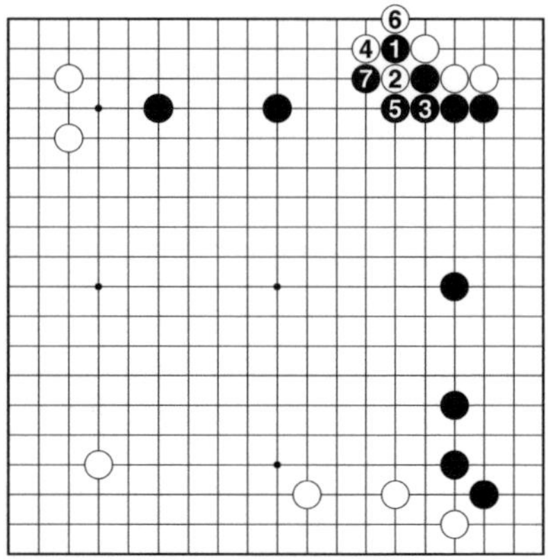

Abbildung 7 (8 deckt)

Die Frage ist hier, welche Seite die größere ist: oben oder rechts? Doch die Antwort sollte offensichtlich sein.

Abbildung 6: Die rechte Seite ist größer. Beide markierten Steine sind zwar fünf Linien entfernt, doch die schwarze Gesamtposition hat entlang des rechten Rands eine weitere Ausdehnung als am oberen. Dagegenstellen auf 1 ist daher korrekt.

Jetzt kann Schwarz sich damit begnügen, das unkomplizierte Joseki bis 11 zu spielen. Manche Spieler sind ab einer gewissen Spielstärke mit der Vorstellung unzufrieden, dass sie Weiß so einfach in Vorhand leben lassen sollen. Wenn sie noch stärker werden, dann sehen sie ein, dass dies tatsächlich das Vernünftigste ist, was man tun kann.

Abbildung 7: Man könnte zum Beispiel auch das Doppelhane auf 1 versuchen, doch das ist hier unangebracht. Schwarz hat vor, bis 8 Vorhand zu behalten und dann woanders einen großen Punkt zu nehmen, doch so wird das nicht laufen.

Abbildung 8: Weiß wird mit dem Hane auf 1 kontern und mit 3 schneiden. Die Züge bis 8 bilden mehr oder weniger ein Joseki. Weiß 9 sichert die Gruppe mit dem Ergebnis, dass der rechte Rand, der ursprünglich für Schwarz der wertvollste Bereich des Bretts war, zerstört ist. Im Vergleich zu Abbildung 6 ist das unbefriedigend.

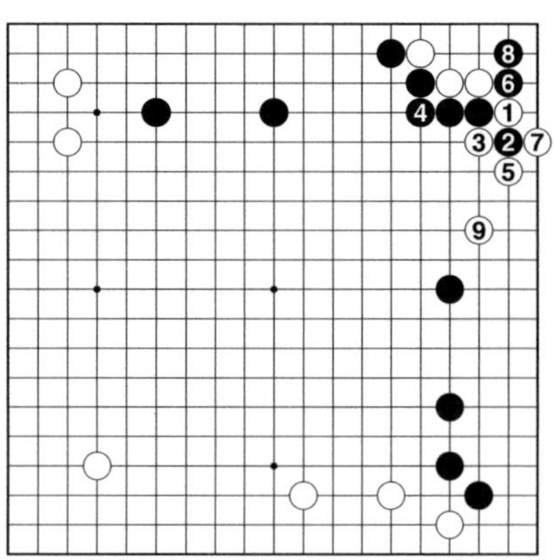

Abbildung 8

Abbildung 9 (nächste Seite): Mit 1 auf der engeren Seite zu blocken, geht komplett daneben. Im Ergebnis nach 11 ist Schwarz am oberen Rand offen, Weiß kann auf A hineinschlittern. Zudem hat Weiß den beunruhigenden Zug auf B am wichtigen rechten Rand.

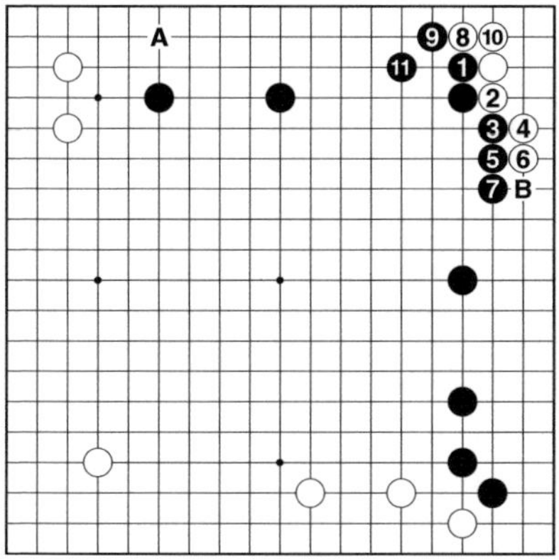

Abbildung 9

Vergleichen Sie dieses Ergebnis mit Abbildung 6. Wenn Sie erkennen können, wie groß der Unterschied ist, dann ist Ihre Wahrnehmung von weiter und enger Ausdehnung recht gut entwickelt.

Nachdem wir einige typische Sanren-sei-Josekis betrachtet haben, ist es Zeit für ein grobes Resümee:

1. Der Ein-Punkt-Sprung ist eine hervorragende Antwort auf ein weißes Kakari und gibt Schwarz keinen Anlass zur Unzufriedenheit.
2. Das Moyo-Potenzial des Sanren-sei lässt sich mit dem Ein-Punkt-Klemmzug oder dem hohen Zwei-Punkte-Klemmzug am besten maximieren.
3. Der Drei-Punkte-Klemmzug, die Rösselsprungzüge und das Tsuke-Nobi-Joseki sind allesamt unbefriedigend.

Kapitel 3:
Das Sanren-sei in der Praxis

Kampfgeist und strategisches Geben und Nehmen

Die Hauptvorzüge des Sanren-sei sind sein Moyo-Potenzial und sein kämpferischer Charakter. Wenn Sie das gründlich verstanden haben, dann haben Sie eine gute Basis, um eine Strategie für Ihre Partien zu entwickeln. Falls Ihr Gegner invadiert, nehmen Sie Gebiet, während Sie ihn angreifen. Sie müssen sich keine Gedanken darüber machen, wie Sie seine Gruppen töten. Invadiert er nicht, dann legen Sie ein großes Moyo an. In einem Moyo-Wettstreit wird er allerdings mit dem Sanren-sei nicht mithalten können, so dass er früher oder später invadieren muss.

Wenn Sie das Sanren-sei in einer Partie ausprobieren, dann werden diese beiden Merkmale auf jeden Fall zum Vorschein kommen, in impliziter und in expliziter Form. Hier kommen Kampfgeist und strategisches Geben und Nehmen ins Spiel.

In einer Partie ist es wichtig, keine Angst zu haben: Wenn Ihr Gegner dem Sanren-sei aggressiv entgegentritt, dann sollten Sie genauso aggressiv spielen. Ich möchte Ihnen zeigen, worüber Profis nachdenken, wenn sie Sanren-sei spielen. Dazu verwende ich Beispiele aus meinen eigenen Partien: In Figur A, B und C war ich derjenige, der Sanren-sei spielt. Meine Gegner sind Sakata Eio in A und Ishida Yoshio in B und C.

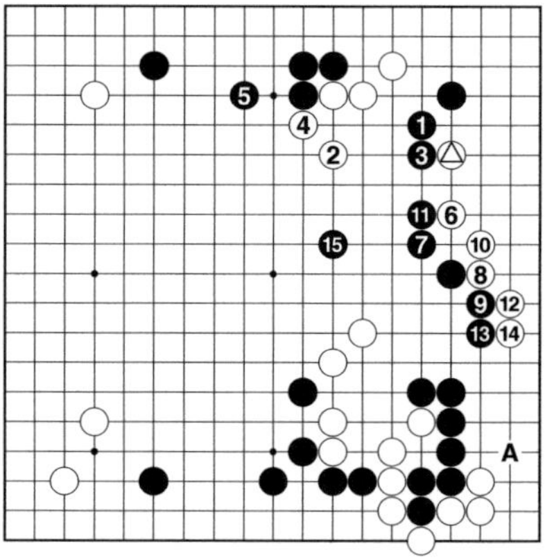

Figur A

Figur A: Als Weiß mit dem markierten Stein invadierte, hatte er bereits einiges an Profit mitgenommen; Schwarz konnte ihn bezüglich Gebiet nicht einholen. Somit musste er angreifen.

Schwarz 15 ist ein Doppelangriff (karami): er zielt gleichzeitig auf die fünf Steine oben und die Gruppe unterhalb. Wenn Schwarz zu einem Zug auf A kommt, wird diese Gruppe verwundbar.

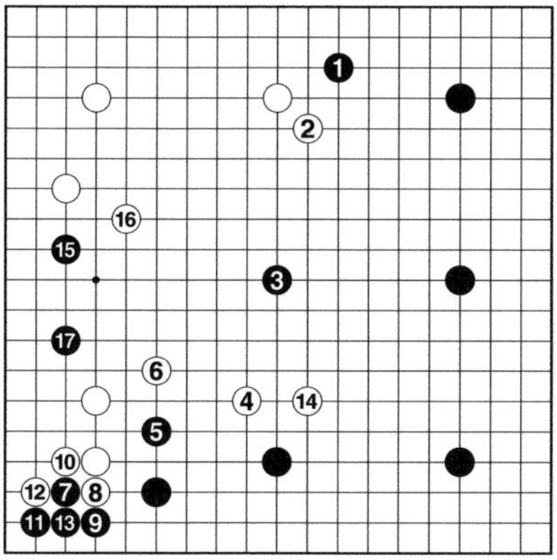

Figur B

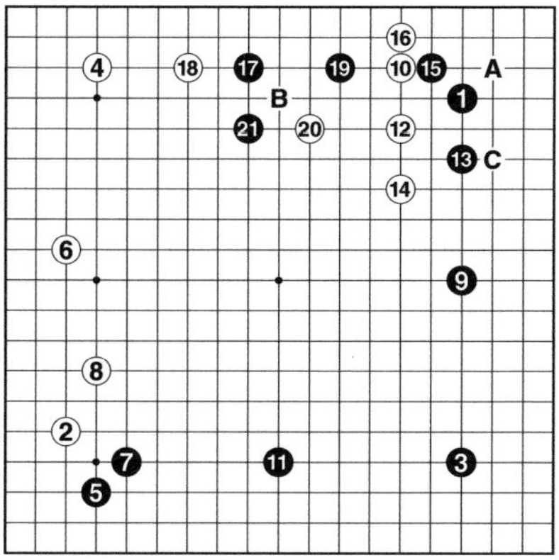

Figur C

Figur B: Schwarz 1 war in dieser Stellung der einzige Zug. Weiß 2 war ebenfalls ein extrem guter Punkt, der sich auf die Moyos beider Seiten auswirkte. Ich besetzte daraufhin mit 3 den Brettmittelpunkt. Er ist ein Schlüsselpunkt an der Grenze der beiden Moyos, außerdem reduziert er den Einfluss von Weiß 2 im Zentrum.

Weiß 4 war ein sorgfältig geplanter Zug: Nicht zu nah und nicht zu weit entfernt, reduziert er das Moyo von Schwarz und sondiert, was er vorhat. Ich invadierte auf 7, worauf Weiß mit 14 weiter eindrang. Es folgte meine tiefe Invasion auf 15. Jeder Spieler war mit dem gegnerischen Moyo beschäftigt, und bei ihrem Schlagabtausch konnte man die Funken fliegen sehen.

Figur C: Auf Weiß 10 spielte ich 11 am unteren Rand. Die Beziehung dieses Steins zu 3 und 7 ist ähnlich wie die in einem Sanren-sei. Die weiße Strategie mit 12 und 14 ist einen prüfenden Blick wert: Weiß nimmt bewusst Abstand davon, auf A zu invadieren oder mit B eine Position abzustecken (ein zweites Kakari auf C wäre unvernünftig). Vielmehr weitet er sein Moyo bis zum Äußersten aus und ist bereit zum Gegenangriff, wenn Schwarz invadiert. Ich kann Ihnen nur empfehlen, mit solchen innovativen Strategien zu experimentieren, anstatt sich lediglich an die abgedroschenen, altehrwürdigen Spielweisen zu klammern.

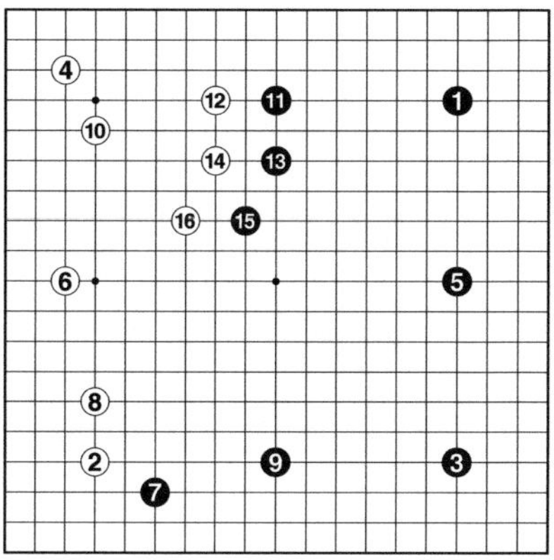

Figur 1

Beispiel 1. Konkurrierende Moyos

Figur 1: Die weißen Steine in dieser Partie hat Fujisawa Hosai, ein eigensinniger Spieler, der sich hier dazu entschließt, in einen Wettkampf um Gebiet

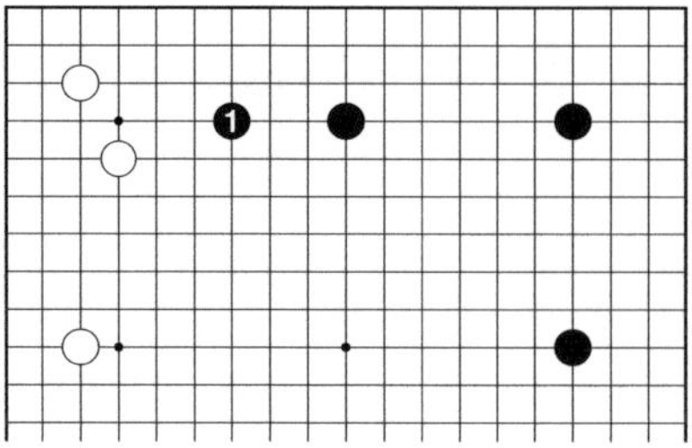

Abbildung 1

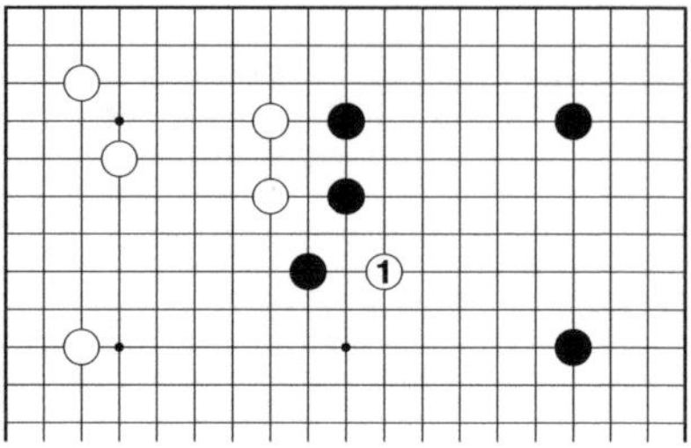

Abbildung 2

einzusteigen. Normalerweise sollte das günstig für Schwarz sein, weil er das größere Moyo bekommt, doch wegen seiner schieren Ausdehnung weist dieses Moyo auch Lücken auf. Für Schwarz ist die strategische Entscheidung einfach, doch Weiß bekommt die festere Stellung. Somit ist schwer zu sagen, wer hier im Vorteil ist.

Die Ausdehnung mit Weiß 12 ist ein großer Punkt im Fuseki. Der Unterschied zu Schwarz 1 in *Abbildung 1* ist enorm. Weiß 12 ist einer der Schlüsselpunkte für die Ausdehnung beider Moyos.

Weiß verfolgt mit 16 eine kompromisslose Gebietsstrategie. Der Testzug 1 in *Abbildung 2* wäre eine interessante Alternative. Die Idee ist, den das Moyo erweiternden Zug 15 zu konterkarieren, indem man einen Ankerpunkt zur Zerstörung des Moyos etabliert. Danach entstünde eine Partie, in der beide Seiten das gegnerische Moyo reduzieren.

Figur 2: Beide fuhren fort, ihre Moyos zu umschließen, doch dann setzte Hosai mit 4 einen Eindringling in meine Anlage. Ich war damit einverstanden, invadierte auf 5 und begann danach, mit seiner Stellung am linken Rand herumzuspielen. Später unterlief Hosai ein Lesefehler und Schwarz war erfolgreich.

Abbildung 3: Es wurde die Meinung geäußert, dass Weiß anstatt 4 in der Figur vielleicht an seiner Moyostrategie hätte festhalten und es mit 1 und 3 abschließen sollen. Nach Weiß 3 verbleibt praktisch kein schlechtes Aji in

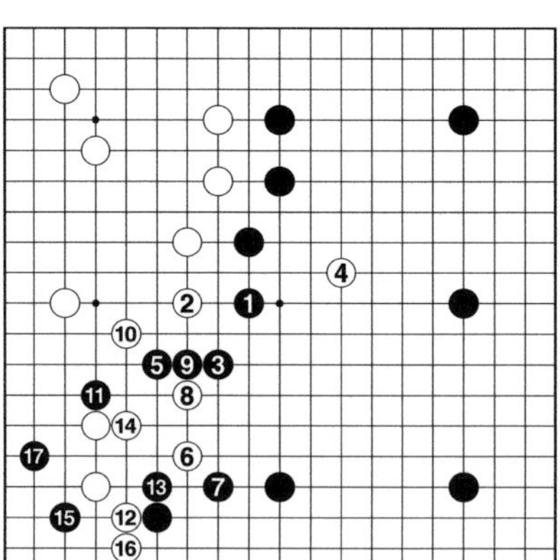

Figur 2

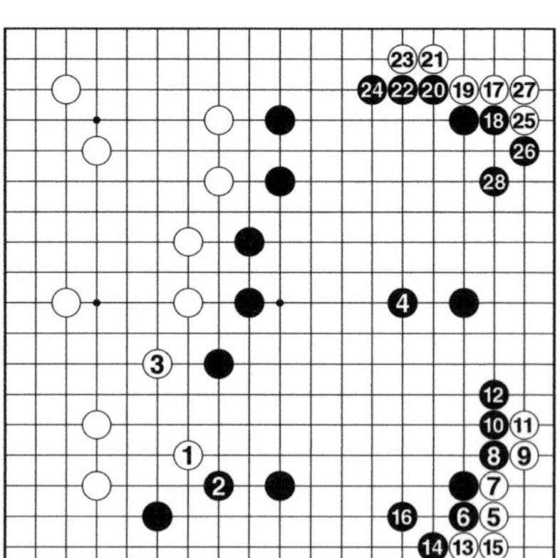

Abbildung 3

seinem Moyo: Weiß umschließt sicher 80 Punkte Gebiet. Das Problem ist also nur noch das schwarze Moyo. Es sieht korrekt aus, mit 4 Stellung zu beziehen. Nehmen wir an, dass Weiß nun beide Ecken invadiert. Wenn wir jetzt zählen, so steht die Partie knapp – ein sehr schwieriges Problem.

Anstelle der Invasion auf 5 könnte Weiß genauso gut anderswo Unheil anrichten. Doch auch dann ist das Moyo des Schwarzen so riesig, dass er wohl mit seinem Gegner mithalten kann.

Beispiel 2. Angriff und Etablierung einer Gruppe

Figur 1: Shimamura (Schwarz) gegen Takagawa. Nachdem links unten eine Variante des großen Lawinenjosekis ausgespielt wurde, baut Schwarz mit 1 ein Sanren-sei. In dieser Stellung wird jedoch die Ausweitung des Moyos ins Zentrum durch den weißen Außeneinfluss links unten gehemmt werden.

Wie wir bereits gesehen haben, hat der Klemmzug auf 3 den Zweck, das Sanren-sei-Moyo zu stärken.

Die solide Ausdehnung auf 8 wurde in der Vergangenheit gelegentlich gespielt. Heutzutage ist das Joseki mit Weiß 14, Schwarz 9 und dem Schnitt Schwarz 12 am gebräuchlichsten.

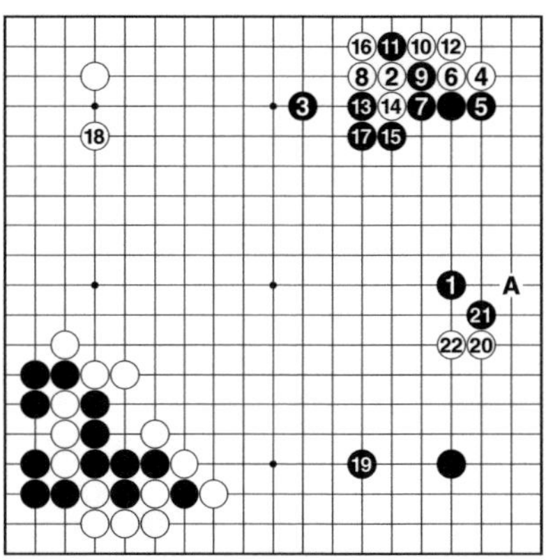

Figur 1

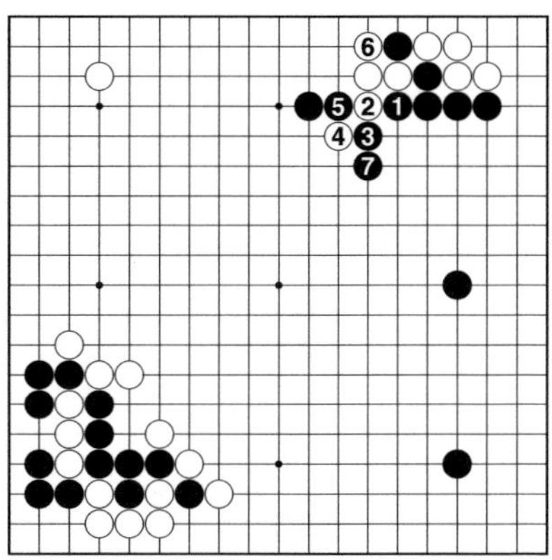

Abbildung 1

Im Übrigen war Schwarz 13 ein Ergebnis angestrengten Nachdenkens von Shimamura. Hätte er nur mit 1 in *Abbildung 1* weitergeschoben, dann wären wahrscheinlich die Züge bis 7 gefolgt. Bei diesem Ergebnis droht Unheil durch den weißen Schnittstein bei 4.

Die Fortsetzung bis 17 ist jedoch nicht erzwungen, es gibt einige spielbare Varianten.

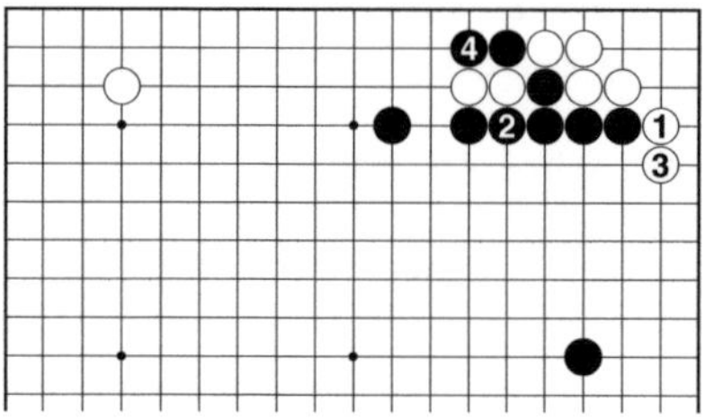

Abbildung 2

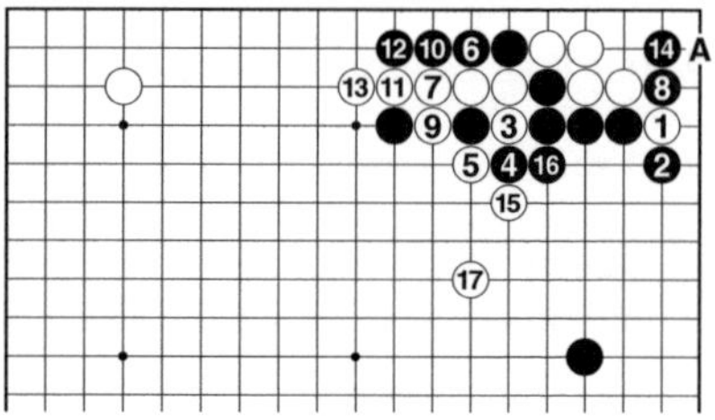

Abbildung 3

Abbildung 2: Anstatt 14 ist auch das Hane auf 1 eine gute Strategie. Falls Schwarz auf 2 verteidigt, folgt ein Tausch. Schwarz wird dick, jedoch ist Weiß 3 sehr effektiv, was einen fairen Ausgleich bedeutet. Die Variante ist für Weiß spielbar, weil 3 den schwarzen Einfluss neutralisiert.

Abbildung 3: Wenn Schwarz auf 2 dagegenstellt, scheint ein heftiger Angriff möglich zu sein. Falls Schwarz nach Weiß 5 auf 9 verbindet, spielt Weiß auf 16. Schwarz scheint zusammenzubrechen, doch in Wirklichkeit hat er die gute Antwort auf 6, die hier gezeigt ist. Weiß opfert die Ecke und nimmt dafür Außeneinfluss, mit ausgeglichenem Ergebnis. Wenn Weiß mit 11 auf 14 Atari gibt, dann kann er danach mit A leben. In diesem Fall spielt Schwarz anschließend auf 11.

Nachdem Weiß 14 in der Figur gespielt hat, ist die Fortsetzung bis 17 normal. Schwarz erreicht sein Ziel, ein Moyo zu bauen. Danach besetzen beide mit 18 und 19 große Punkte, dann invadiert Weiß. Ihm ist klar, dass Schwarz sein Sanren-sei zum Angriff nutzen wird – dies ist der erste maßgebliche Kampf in dieser Partie.

Schwarz beginnt mit dem Anleger auf 21 – er darf nicht abwarten, bis Weiß auf A hineintaucht.

Abbildung 4: Schwarz 1 zeigt eine gemächlichere Art des Angriffs. Weiß wird mit 2 und 4 versuchen, seine Gruppe zu stabilisieren. Falls er 2 auf A spielt, dann legt Schwarz auf 3 an und macht seine Steine schwer.

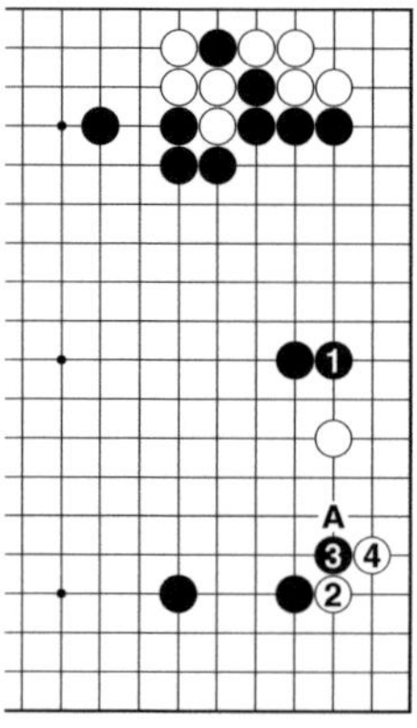

Abbildung 4

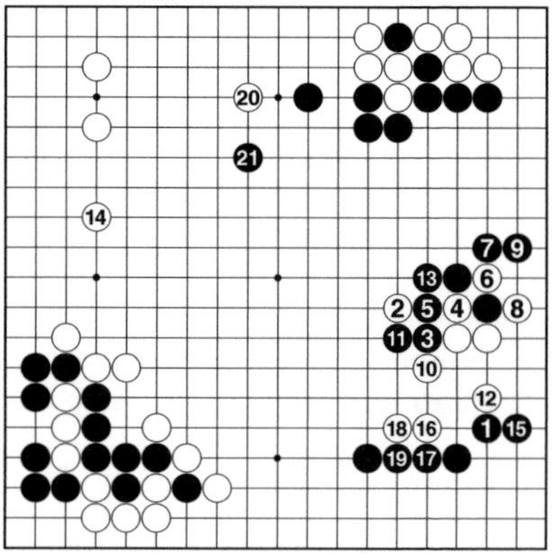

Figur 2

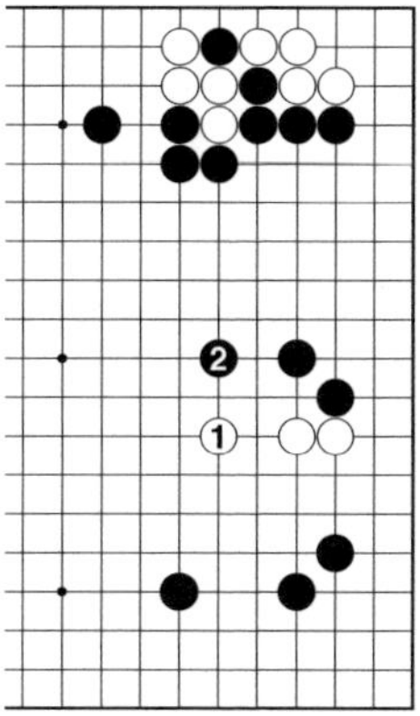

Abbildung 5

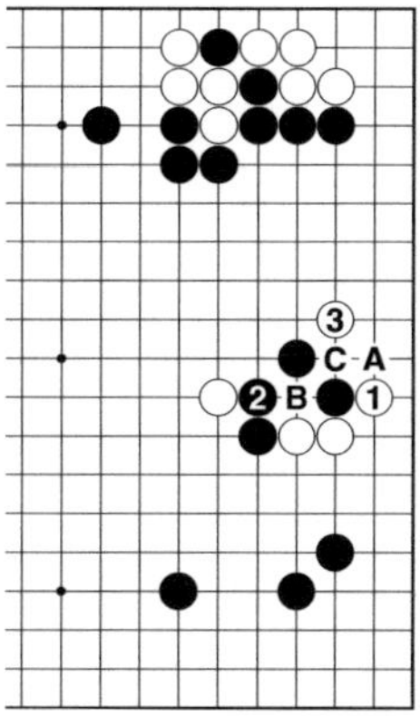

Abbildung 6

Figur 2: Nach 22 in Figur 1 spielt Schwarz auf 1, was während des Angriffs Gebiet sichert. Das Sanren-sei mag voller Angriffspotenzial sein, doch letztlich kommt es immer auf den Spieler an, dieses Potenzial zu nutzen, indem er mit der angemessenen Schärfe angreift.

Weiß 2 ist ein Tesuji, das sich auf das Kikashi Weiß 4 stützt. Der übliche Sprung auf 1 in *Abbildung 5* ist nicht einfallsreich genug, danach sieht Schwarz 2 gut aus.

Die günstige Treppe nutzend spielt Schwarz jedoch den bissigen Zug auf 3 in der Figur. Er zeigt die charakteristische Schärfe des Sanren-sei.

Ich fing mit 4 und 6 einen Stein, hätte aber auch das Hane auf 1 in *Abbildung 6* versuchen können. Auf Schwarz A folgt Weiß B. Wenn Schwarz danach 2 spielt, schließen sich Weiß C und Schwarz 3 an, womit sich Schwarz A als überzogen herausstellt. Somit folgt nach Weiß 1 ein Tausch mit Schwarz 2 und Weiß 3. Auch wenn Schwarz jetzt über das Hane auf A als Drohung verfügt, scheint dieser Tausch für Weiß praktikabel zu sein.

Nach Weiß 10 in der Figur wirkt Schwarz 11 nicht unternehmend genug. Nachdem Weiß seine Gruppe mit 12 gesichert hatte, bestand das Schnittaji auf 13, so dass Schwarz 13 unvermeidbar war. Und deshalb konnte Weiß zu dem guten Punkt 14 überwechseln.

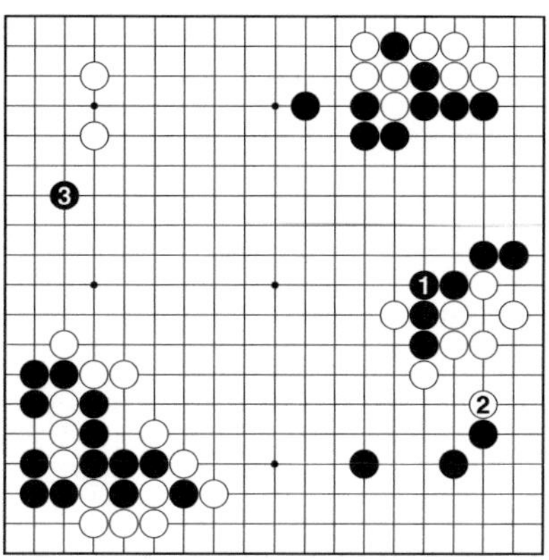

Abbildung 7

Abbildung 7: Wenn Schwarz anstatt 11 gleich auf 1 deckt, dann muss Weiß immer noch seine Gruppe mit 2 stabilisieren. Das gibt Schwarz die Gelegenheit, seinem Gegner mit 3 am linken Rand einen Schlag zu versetzen.

Es wäre auch eine exzellente Spielweise, anstatt 14 mit 1 und 3

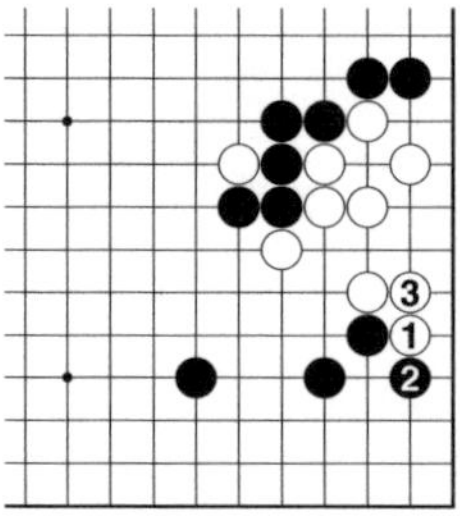

Abbildung 8

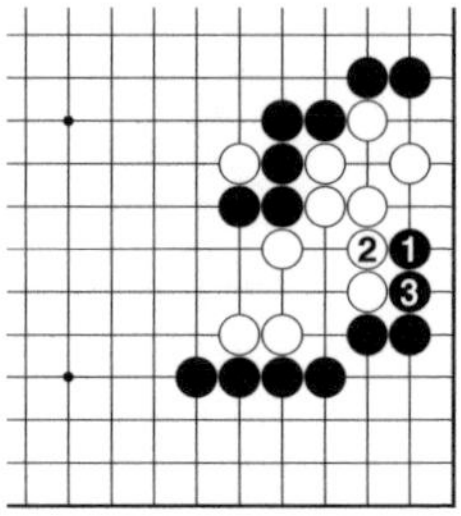

Abbildung 9

in *Abbildung 8* die weiße Gruppe endgültig zu sichern. Ich sage das, weil Schwarz 15 ein guter Zug war.

Abbildung 9: Nach 19 in der Figur droht Schwarz, mit 1 und 3 den Rand auszuhöhlen.

Wenn Schwarz diesen Angriff schon bei Zug 19 startet, bringt er Weiß in Verlegenheit.

Unabhängig davon macht das Sanren-sei-Moyo bei 11 und 21 Anstalten, sich großzügig ins Brettzentrum auszudehnen. Diese Partie zeigt deutlich den Kontrast zwischen Angriff durch Schwarz und Verteidigung durch Weiß.

Beispiel 3. Andere Position, anderer Schlüsselpunkt

Figur 1: Sugiuchi (Schwarz) gegen Takagawa. Schwarz spielte auf 5 Kakari, bevor er sein Sanren-sei aufbaute. Mit 9 verfolgt er eine Moyo-Strategie, um das Beste aus dem Sanren-sei zu machen. Aus schwarzer Sicht ist 5 ein leichter Stein: Er hat seinen Zweck, Weiß von einem Shimari abzuhalten, schon erfüllt. Weiß hingegen wird in Rückstand geraten, wenn er sich zu sehr auf 5 konzentriert.

Abbildung 1: Statt 10 wäre beispielsweise Weiß 1 hier lokal gesehen ein ausgezeichneter Zug, der das schlechte Aji aus der Stellung nimmt und die

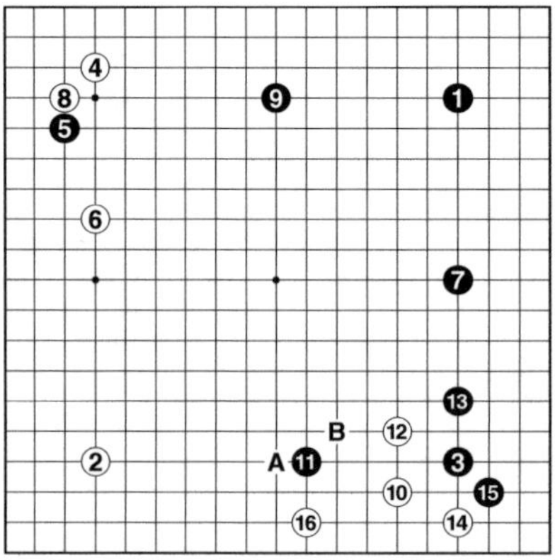

Figur 1

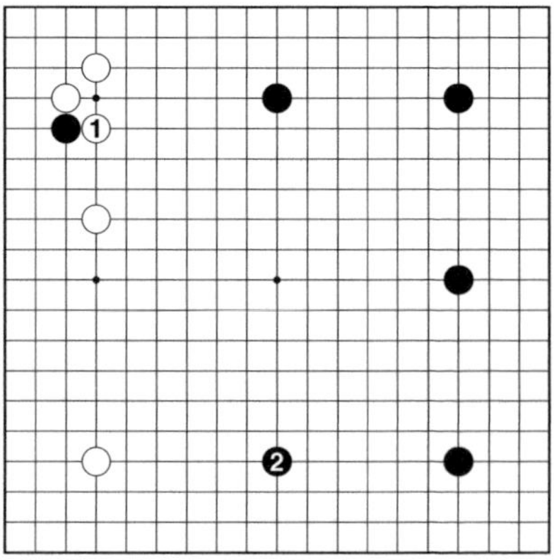

Abbildung 1

Ecke sichert. Doch dann bekommt Schwarz den großen Punkt 2, mit dem er sein Moyo weiter ausbaut. Beim Sanren-sei ist der Gesamtüberblick über das Brett besonders wichtig.

Nun wird klar, warum Weiß so eilig das Kakari auf 10 gespielt hat. Die Antwort mit dem Klemmzug auf 11 ist völlig normal, wenn Schwarz ein Sanren-sei hat. Wenn er nur auf 13 verteidigt, dann bezieht Weiß mit A Stellung und Schwarz 9 am oberen Rand bleibt wirkungslos. Natürlich sind auch andere Klemmzüge spielbar, doch der Zwei-Punkte-Klemmzug auf 11 und der Ein-Punkt-Klemmzug scheinen am besten mit dem Sanren-sei zu harmonieren.

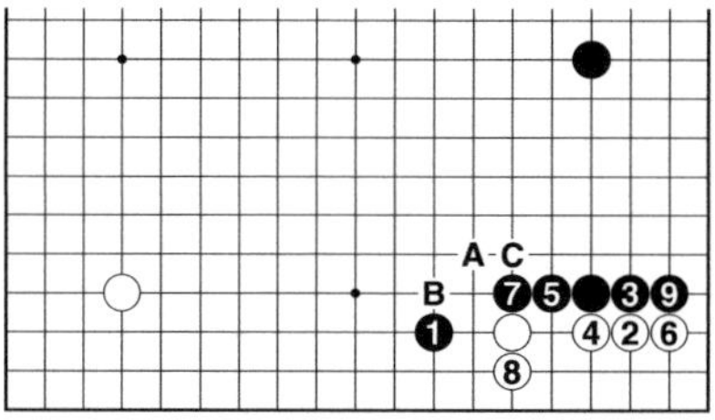

Abbildung 2

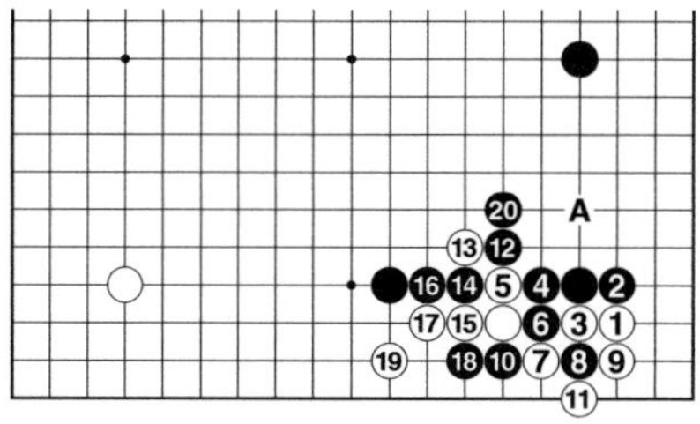

Abbildung 3

Abbildung 2: Spielt Schwarz auf 1, so ist die Sequenz bis 9 gebräuchlich, aber Schwarz baut ein fantastisches Moyo. Weiß 6 auf 8 zu spielen, mit der Antwort Schwarz A, macht keinen großen Unterschied. Dieses Ergebnis ist das, was Schwarz wollte, deshalb wird Weiß wahrscheinlich versuchen, mit Weiß 2 auf B oder C ins Zentrum zu kommen.

Abbildung 3: Wenn Weiß als Antwort auf Schwarz 11 die Ecke auf 1 invadiert, dann folgt das hier gezeigte Joseki. Weiß kann zwar den schwachen Punkt auf A anpeilen, doch im Großen und Ganzen ergibt sich mit der stählernen Mauer am rechten Rand ein ähnliches Ergebnis wie in Abbildung 2. Das wäre schlecht für Weiß.

Deshalb muss Weiß mit 12 in der Figur ins Zentrum laufen. Die Fortsetzung bis 16 ist normal, Weiß ist es mehr oder weniger gelungen, den schwarzen Plan zu durchkreuzen. Statt 12 könnte Weiß auch mit B auf die Schulter spielen, doch diese Variante wollen wir hier nicht vertiefen.

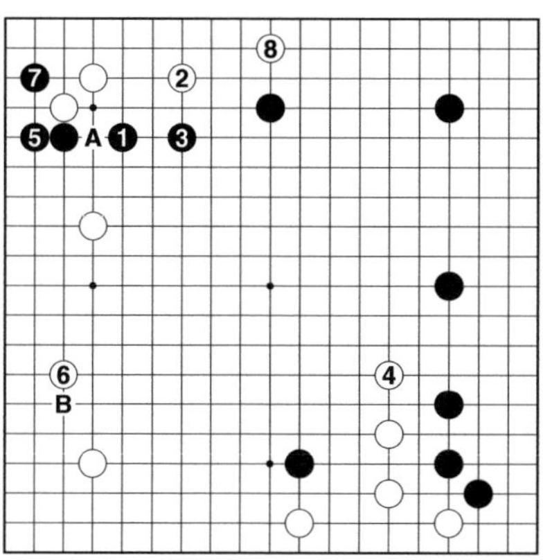

Figur 2

Figur 2: Schwarz lief mit 1 heraus. Nachdem die Form in der Ecke rechts unten mehr oder weniger gefestigt ist, wird die linke obere Ecke zum Brennpunkt der Partie. Das bestimmende Thema der Eröffnung war die Frage, ob Weiß dazu kommt, diese Ecke mit gutem Aji abzuschließen, indem er Hane auf A spielt. Der Sprung auf 1 ist leicht und fühlt sich hier richtig an.

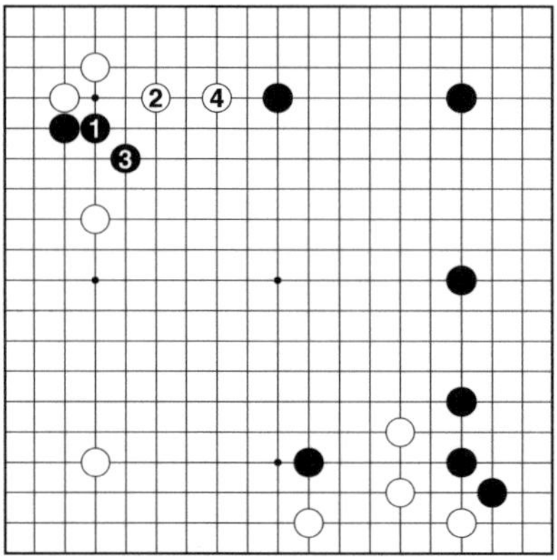

Abbildung 4

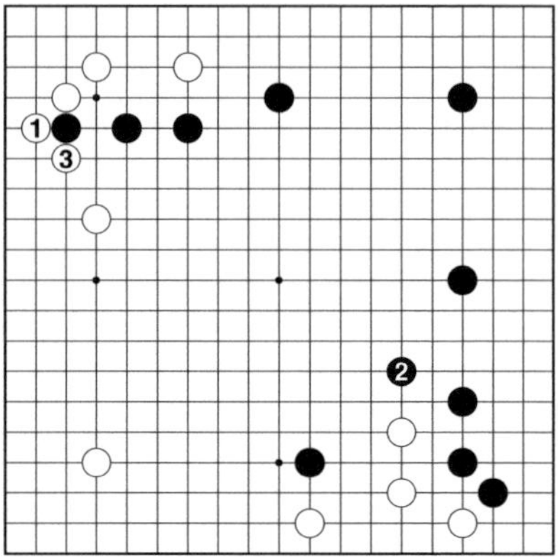

Abbildung 5

Abbildung 4: Spielt Schwarz auf 1, dann wird seine Gruppe nach Weiß 2 und 4 ein wenig schwer. Wenn Ihre Strategie auf einem Sanren-sei-Moyo beruht, dann sollten Sie möglichst leichte Gruppen etablieren, wo Sie schwach sind. Wenn Sie eine schwere Gruppe bekommen, dann riskieren Sie, dass Ihr Gegner Ihr Moyo reduziert, während er die schwere Gruppe angreift.

Nach dem Austausch 2 für 3 in der Figur sprang ich auf 4. Wie bewertet der Leser diesen Zug? Höre ich Sie sagen, dass es nachlässig ist, in einem solch kritischen Augenblick des Fusekis einen substanzlosen Zug wie 4 zu spielen? Nun, Weiß 4 ist der Schlüsselpunkt für das Moyo!

„Weiß 4 ist ein guter Zug, weil er die Grenze der konkurrierenden Moyos besetzt. Das ist der Schlüsselpunkt, um sich Gesamteinfluss zu sichern."

So weit ist der obige hypothetische Kommentar richtig. Jedoch, so verführerisch der Zug Weiß 4 hier aussah, er war trotz allem schlecht! Ich habe eine Vorliebe für solche Züge, deshalb bin ich nur meiner natürlichen Neigung gefolgt, als ich ihn spielte.

Warum war Weiß 4 schlecht? Mit Sicherheit ist es der Schlüsselpunkt, doch in dieser Eröffnung gab es eine dringendere Stelle: Das Herabsteigen mit Schwarz 5. Nachdem dieser Stein auf dem Brett lag, wäre ein Kakari auf B sehr ernst gewesen, also musste Weiß auf 6 spielen, worauf Schwarz auf 7 hineinsprang und Weiß zwang, unter Schmerzen nach 8 zu kriechen, um seine Gruppe irgendwie zu sichern.

Was auch immer danach geschieht, Weiß musste das Hane auf 1 in *Abbildung* 5 spielen. Damit lässt er zwar Schwarz 2 zu, doch dann legt er auf 3 nach. Weiß baut sich so eine solide Stellung auf und die Gesamtposition sieht ausgeglichen aus. Diese Partie ist der lebhafte Beweis dafür, dass es sogar noch wichtigere Punkte gibt als den „Schlüsselpunkt".

Es war sehr schmerzhaft, die Gruppe in der Figur durch den Zug 8 auf der zweiten Linie sichern zu müssen. Später stellte sich heraus, dass ich einen ungünstigen Kampf in der Region oben rechts aufnehmen musste, wodurch der Einfluss des Steins auf 4 zunichte gemacht wurde. Schon in dieser frühen Phase war die Partie für Weiß alles andere als einfach.

Beachten Sie, dass die Standardfortsetzung für Weiß in der Region rechts unten der Zug 1 in Abbildung 6 ist. Schwarz wird seine Gruppe mit 2 sichern, wonach Weiß sich mit 3 verstärken kann, was die Schwäche bei A beseitigt.

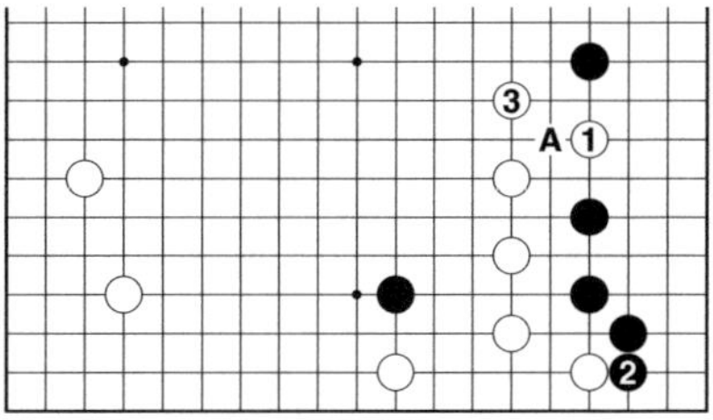

Abbildung 6

Beispiel 4. Kampf oder Moyo

Figur 1: Sugiuchi (Schwarz) gegen Takagawa. Die Spieler meiner Generation (Sugiuchi, Sakata, Fujisawa Hosai und andere) wuchsen in ihrer Jugend mit der Bewegung des Shin Fuseki der 30er Jahre auf, deshalb spielten wir oft Sanren-sei. Sugiuchi versucht sich auch in dieser Partie wieder daran.

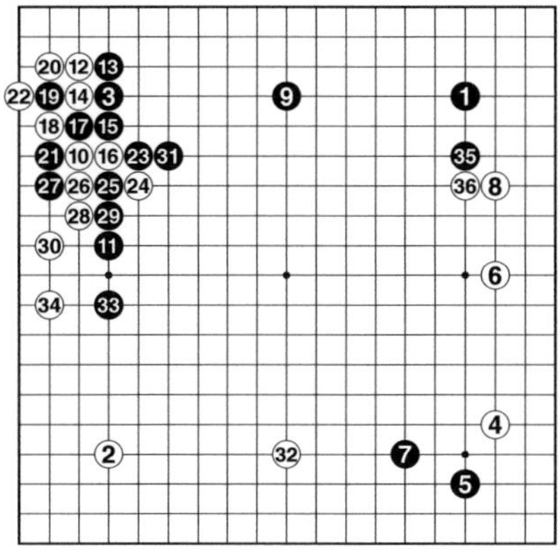

Figur 1

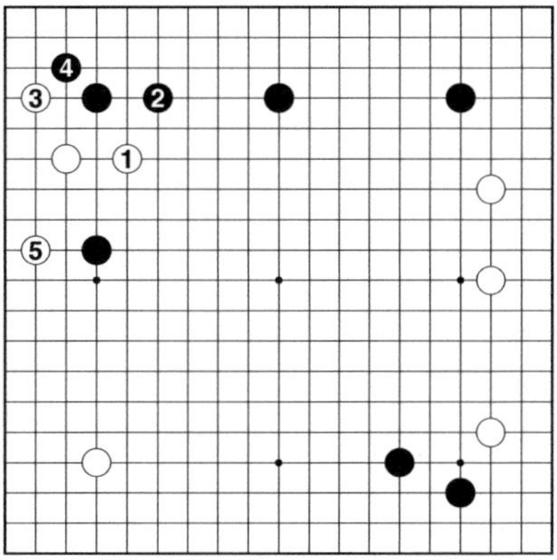

Abbildung 1

Der Zweck von Schwarz 11 ist selbstverständlich, das Sanren-sei-Moyo zu stärken. Dadurch kommt es im Fuseki zu einem kritischen Punkt. Weiß könnte auch das Joseki in *Abbildung 1* spielen. Stattdessen entscheidet er sich mit der Invasion auf 12 für Gebiet. Die weiße Strategie ist, dem Gegner mit seinem Moyo freie Hand zu geben, da Weiß mit 6 und 8 zwei Steine in guter Position hat, um es zu reduzieren.

Ich besetzte mit 32 den größten Punkt am unteren Rand. Dieser Zug ist so groß, dass niemand etwas daran auszusetzen haben kann. Jedoch gibt es noch einen weiteren großen Punkt: die Invasion auf 1 in *Abbildung 2*. Dieser Zug befasst sich mehr mit

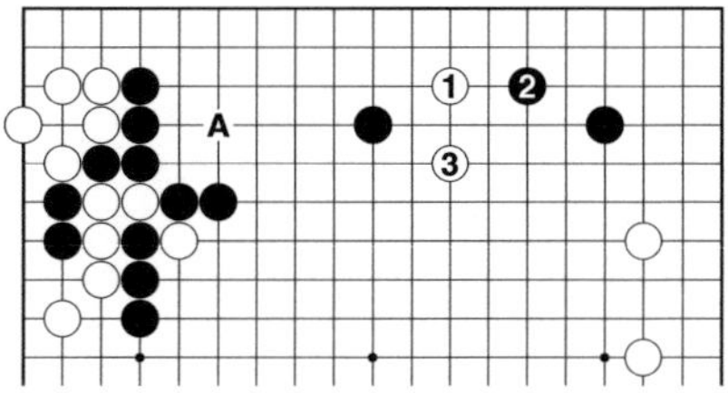

Abbildung 2

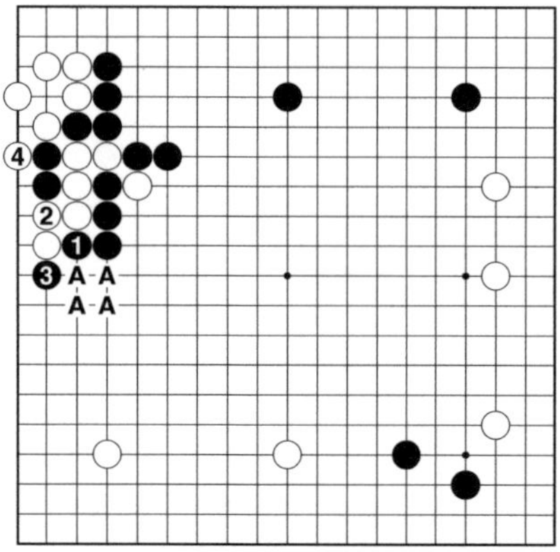

Abbildung 3

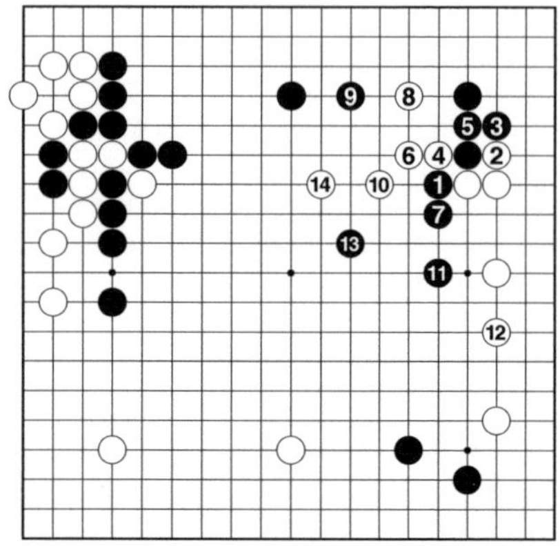

Figur 2

dem schwarzen Moyo am oberen Rand, Weiß versucht es so schnell wie möglich zu reduzieren. Falls Schwarz auf 2 spielt, so springt Weiß auf 3 und plant, später mit Weiß A Unruhe zu stiften. Das ist natürlich eine einleuchtende Strategie.

An dieser Stelle tauschte Schwarz 33 gegen Weiß 34 ab. Heutige Spieler würden es eher vermeiden, so ohne Weiteres diesen Abtausch zu spielen.

Abbildung 3: Je nach den Umständen könnten die unverblümten Kikashis 1 und 3 mehr einbringen. Wenn nicht, so kann sich Schwarz jeden der mit A markierten Vorhandzüge vornehmen, die allesamt Schwarz 2 drohen. Auf jeden Fall entspricht es der modernen Spielweise, sich das Kikashi in Reserve zu halten.

Allerdings ist Schwarz 33 eine Vorbereitung für den Schulterzug Schwarz 35, womit man diese beiden Züge als Teil einer einheitlichen Moyo-Strategie ansehen kann. Das Hochstrecken auf 36 ist normal. Schwarz steht jetzt vor einem schwierigen strategischen Wendepunkt: Wie soll er fortsetzen?

Figur 2: Schwarz muss mit 1 dagegenstellen. Nach 2 folgt der eigentliche kritische Punkt: Blockt Schwarz auf 3 wie in der Partie oder verbindet er einfach auf 4? Ersteres führt zu einer kämpferischen Partie, während Verbinden auf 4 einen friedlichen Moyo-Wettstreit zur Folge hat. Damit wird dieser eine Zug den Charakter der Partie von Grund auf ändern.

Abbildung 4: Ich hätte mit den schwarzen Steinen wohl mit 1 den friedlichen Weg gewählt. Weiß wird mit 2 bis 6 die Ecke nehmen,

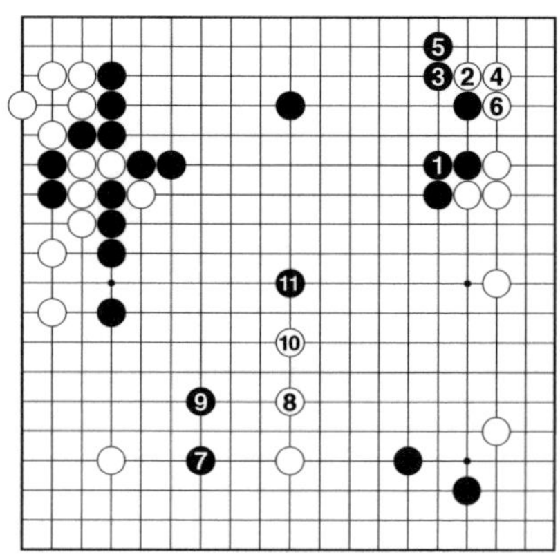

Abbildung 4

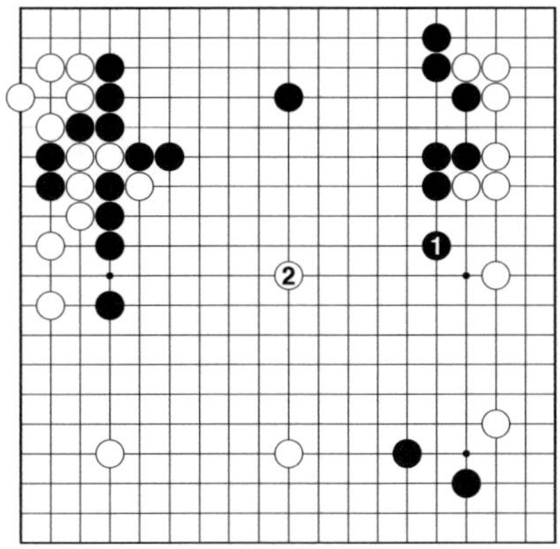

Abbildung 5

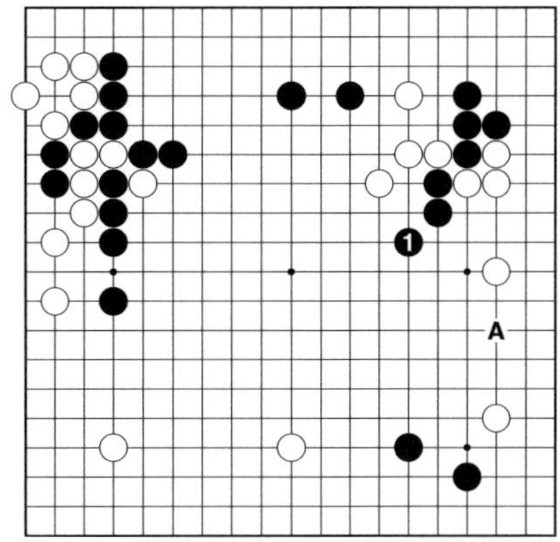

Abbildung 6

woraufhin die Invasion auf 7 interessant aussieht. Diesen Keil in die weiße Position zu treiben hat den Hintergedanken, ihn zum Hinausspringen auf 8 und 10 zu bewegen, um ihm dann mit dem starken Zug auf 11 den Weg zu versperren. Der Brettmittelpunkt scheint dafür am besten geeignet zu sein. Wie denkt der Leser darüber? Abgesehen von der Frage, welche Variante die bessere ist: Würden Sie nicht sagen, dass Schwarz hier eine gute Dynamik entwickelt hat? Wenn Sie zustimmen, dann sind Sie ein starker Spieler! Anstatt 7 –

Abbildung 5: Nur auf 1 zu springen, ist kraftlos. Dieser Zug hat keine Auswirkung auf die weiße Stellung am rechten Rand. Deshalb wird Weiß auf 2 reduzieren, ein guter Punkt, der nicht zu nah und nicht zu weit entfernt ist. Die Entwicklung der schwarzen Position ist deutlich schlechter als in Abbildung 4.

Jedenfalls stellte Sugiuchi nach längerem Nachdenken auf 3 in Figur 2 dagegen, wodurch ein Kampf unausweichlich wurde. Schwarz hat das „Moyo-Sanren-sei“ aufgegeben und setzt alles aufs „Kampf-Sanren-sei“.

Die Fortsetzung bis 9 ist am besten. Besonders Schwarz 9 ist ein wichtiger Zug: er besetzt den Schlüsselpunkt für Angriff und Verteidigung. Dagegen erscheint die Wahl des Zeitpunkts für 11 und 13 fragwürdig.

Abbildung 6: Ich hätte den Diagonalzug auf 1 viel unangenehmer gefunden. Er legt die Stellung nicht fest und visiert den Angriff auf A zu einem späteren Zeitpunkt an. Sobald Weiß seine Randgruppe mit 12 gesichert hat, sind die vier Steine oben seine einzige verbleibende Sorge, was ihn sehr entlastet.

Der Kampf jedoch geht weiter. Schwarz jagt die weißen Steine mit 13 hinaus und spielt dann 15, um ihnen eine Basis am Rand zu verwehren. Beide Seiten haben Grund zur Sorge: Weiß wegen seiner schwachen Gruppe und Schwarz, weil er seinem Gegner Gebiet zugestanden hat.

Beispiel 5. Eine Verlagerung des Schauplatzes im Sanren-sei

Figur 1: Sugiuchi gegen Takagawa (Schwarz). Schwarz baute sein Sanren-sei auf, nachdem das Joseki in der Ecke oben links abgeschlossen war. Das Joseki oben rechts ist für beide Seiten passend (8 auf A wäre ebenfalls gut). Mit 5 auf 1 in *Abbildung 1* zu trennen, wäre unsinnig: es widerspricht dem Geist des Sanren-sei. Schwarz bekommt zwar oben ein Moyo, doch der rechte Rand ist hier bedeutsamer.

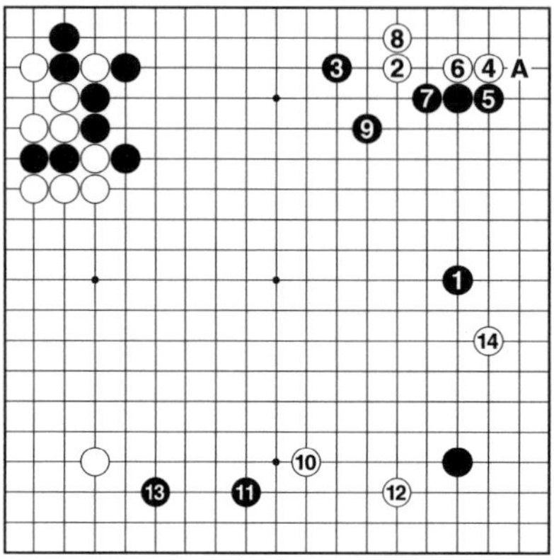

Figur 1

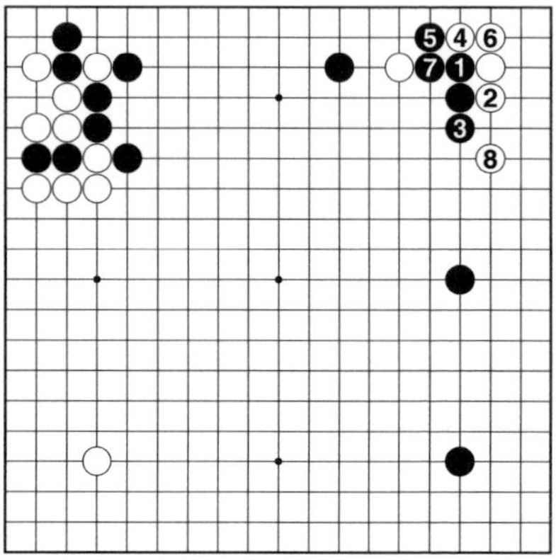

Abbildung 1

Bei 10 können wir erstmals eine individuelle Variation sehen, die von Stil und persönlicher Vorliebe geprägt ist. Weiß 10 ist eine kompromisslose Ausdehnung. Da Weiß so weit geht, invadiert Schwarz bei 11. Daraufhin sichern beide Seiten ihre Gruppen mit 12 und 13. Bei diesem Ergebnis kann man jedoch nicht erwarten, dass das Sanren-sei ein bedeutendes Moyo-Potenzial erlangt.

Figur 2: Schwarz muss die weißen Gruppen mit 3 getrennt halten, wenn er einen Kampf ermöglichen will. Schwarz 5 als Antwort auf 4 ist ein Tesuji. Falls Weiß mit 21 erwidert, wird der Schnitt auf A sehr hart. Leistet Weiß allerdings mit 1 in *Abbildung 2 (nächste Seite)* Widerstand, so kann Schwarz auf 2 kontern. Weiß mag versuchen, mit 3 seine Gruppe zu sichern, doch es ist nicht vorstellbar, dass Schwarz in dem Kampf nach 8 ein ungünstiges Ergebnis erzielen könnte.

Abbildung 3 (nächste Seite): Antwortet Weiß auf 1 hier, so spielt Schwarz mit 2 Kikashi, bevor er mit 4 zurückstreckt. Durch Verbinden auf A schlechte Form zu machen, wird jetzt untragbar für Weiß.

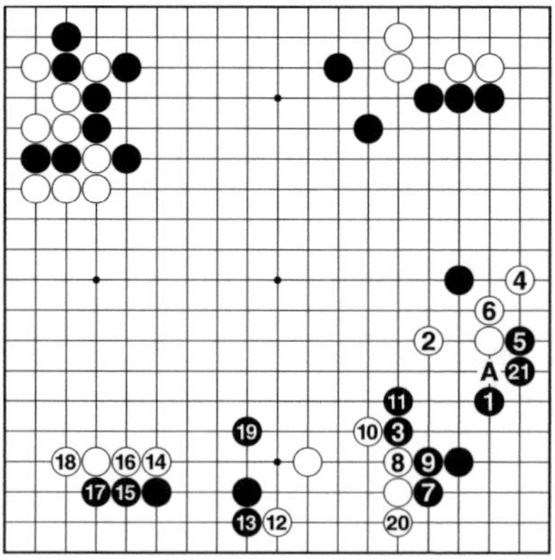

Figur 2

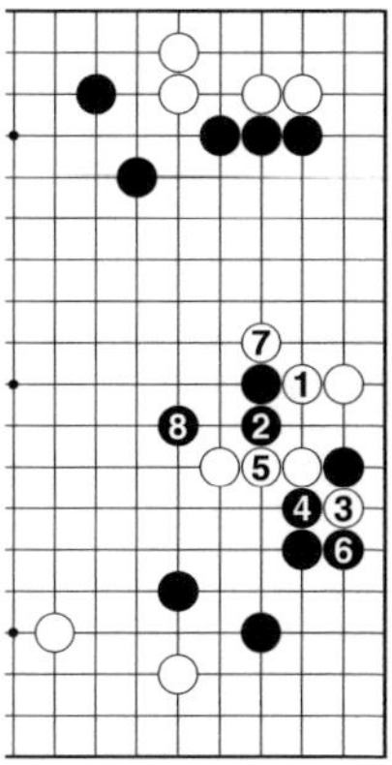

Abbildung 2

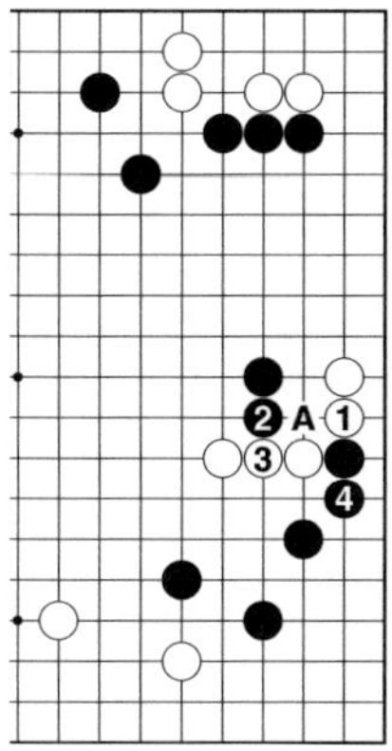

Abbildung 3

Aus all diesen Gründen ist Zurückziehen mit 6 in Figur 2 das Beste, was Weiß tun kann. Schwarz hebt sich das ungelöste Problem am rechten Rand für später auf und wechselt mit 7 den Schauplatz. Beide bringen ihre Form am unteren Rand in Ordnung, danach nimmt Schwarz seinen Angriff rechts mit 21 wieder auf.

In dieser Partie hatte das Sanren-sei zur Folge, dass an einer anderen Stelle des Bretts ein Kampf ausbrach.

Beispiel 6. Ein fehlgeschlagenes Sanren-sei

Figur 1: Miyashita (Schwarz) gegen Takagawa. Schwarz spielt das Lawinen-joseki bis 9 und wechselt dann zu 11. Diese Strategie ist oft zu sehen; das Ziel ist, danach mit A Stellung zu beziehen. In diesem Fall könnte Schwarz den Abtausch 5 gegen 10 als vorteilhaft ansehen. Weiß durchkreuzt diesen Plan mit den Zügen 12 bis 16. Deshalb ist statt Schwarz 13 auch Schwarz 1 in *Abbildung 1* vorstellbar. Der schwarze Plan ist hier, Vorhand zu behalten, damit er zur linken oberen Ecke zurückkehren und das Joseki mit A fortsetzen kann.

Nachdem Weiß die Form am unteren Rand mit den Zügen bis 27 gefestigt hat, macht er sich mit 28 daran, das Sanren-sei zurechtzustutzen. Weiß könnte stattdessen auch mit 1 und 3 in *Abbildung 2* eine dicke Position aufbauen, doch ist diese Strategie nicht verlockend. Weiß ist grundsätzlich bereit,

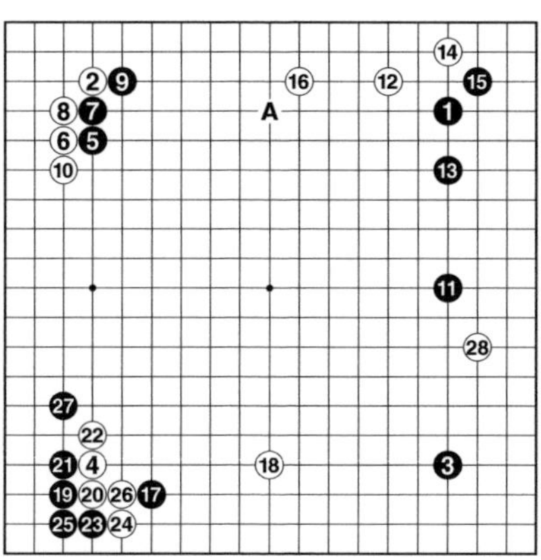

Figur 1

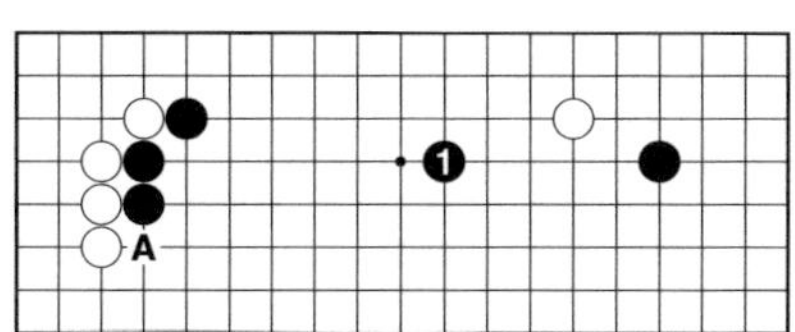

Abbildung 1

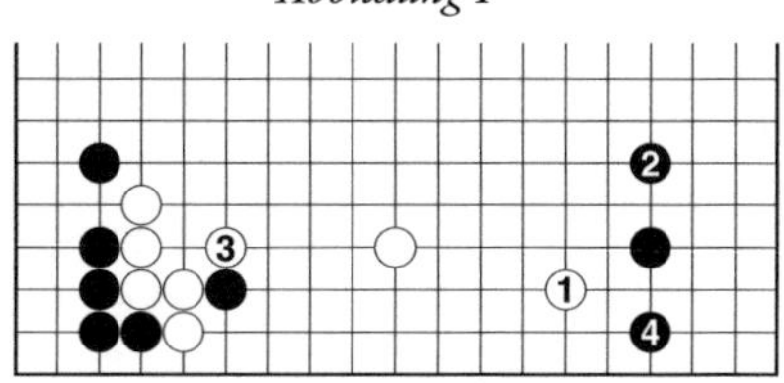

Abbildung 2

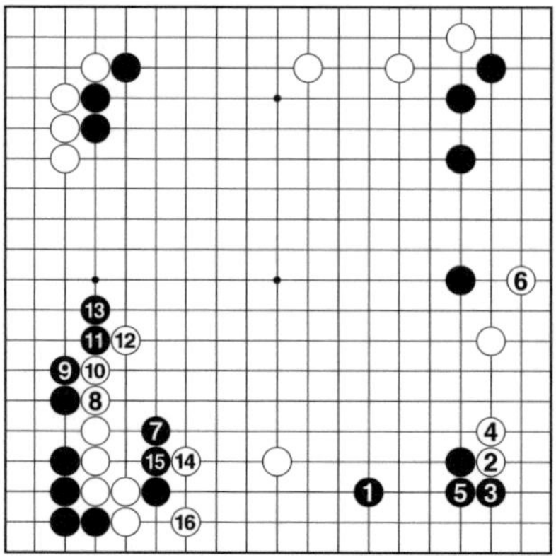

Figur 2

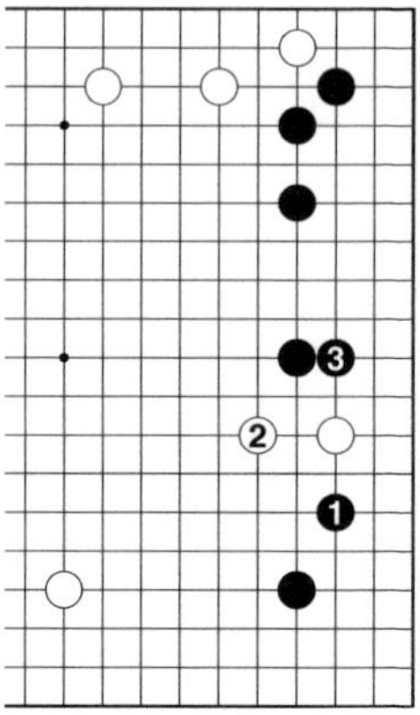

Abbildung 3

Schwarz seinen Stein auf 17 herausziehen zu lassen. Sein Hauptanliegen ist die Invasion auf 28, bevor Schwarz den rechten Rand verstärkt.

Figur 2: Schwarz scheint bei 1 einen strategischen Fehler gemacht zu haben. Wie man das Ergebnis auch betrachtet, es ist ein Erfolg für Weiß, wenn er mit 2 und 4 Kikashi spielt und dann auf 6 eintaucht. Der Einfluss des Sanren-sei ist zerstört.

Eine Alternative für Schwarz ist, mit 1 in *Abbildung 3* anzugreifen. Schwarz 3 hindert Weiß daran, seine Gruppe zu stabilisieren.

Abbildung 4: Oder Schwarz könnte einfach auf 1 herabsteigen in der Absicht, durch den Angriff mit 3 bis 7 Gebiet zu nehmen. Beide Varianten sind besser für Schwarz.

Weiß lebt mit den Zügen bis 6 in der Figur komfortabel. Dieses Ergebnis muss Schwarz mit aller Kraft verhindern, wenn er Sanren-sei spielt.

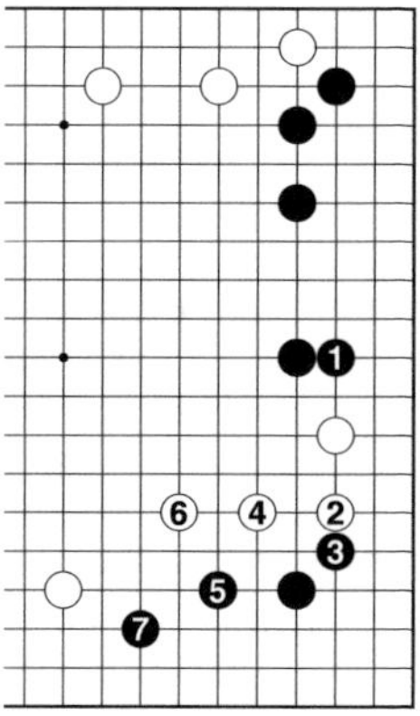

Abbildung 4

Beispiel 7. Ein brillantes Sanren-sei

Figur 1: Otake (Schwarz) gegen Sugiuchi. Diese Partie ist ein gutes Beispiel für die Freiheit und die Flexibilität des Sanren-sei. Sie demonstriert, dass diese Eröffnung nicht auf den seitlichen Rand beschränkt ist.

Mit den Zügen 11, 12 und 14 gehen beide Spieler ihrer Wege. Danach nimmt Schwarz in beiden Ecken auf der linken Seite Gebiet. Das erlaubt Weiß, ein riesiges Moyo zu bauen, doch die Überlegung des Schwarzen ist, dass sein Sanren-sei den Einfluss dieses Moyos zunichte macht.

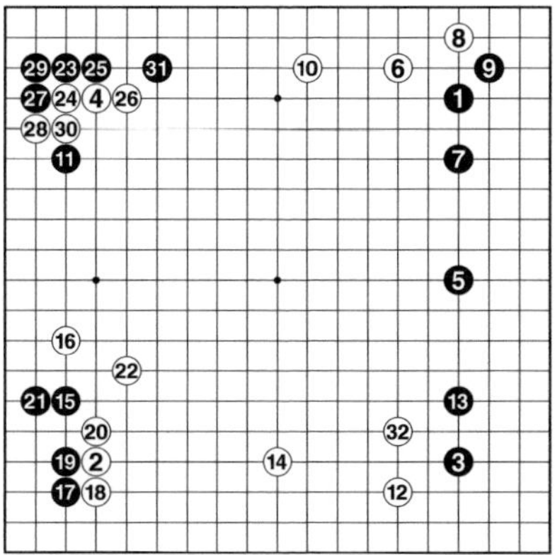

Figur 1

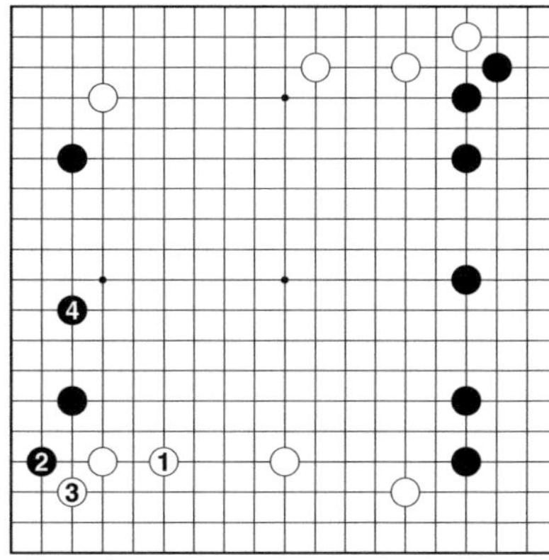

Abbildung 1

Abbildung 1: Anstatt 16 könnte Weiß sich auch mit der gewöhnlichen Antwort auf 1 zufriedengeben. Die Fortsetzung bis 4 ist zu erwarten, womit eine ausgeglichene Partie entsteht. Man könnte sagen, dass Weiß sich bis 31 der schwarzen Strategie angepasst hat.

Nachdem Schwarz vier Ecken besetzt hat, hat Weiß keine Wahl, außer mit 32 sein Moyo auszudehnen.

Statt 24 hätte Weiß auch auf 1 in *Abbildung 2* dagegenstellen können, diese Wahl ist sehr schwierig. Es folgen die Züge bis 5. Es gibt verschiedene Gründe dafür, dass Weiß diese Variante missfallen haben könnte: Schwarz kann mit A, Weiß B, Schwarz C schneiden. Außerdem ist die weiße Stellung am oberen Rand zu weit, so dass Schwarz sich vornehmen kann, sie mit D zu reduzieren oder auf dem vitalen Punkt E anzugreifen.

Wenn Weiß den Zug 32 weglässt, dann kann Schwarz sein Moyo mit 1 und 3 in *Abbildung 3* vergrößern. Er kann auch Schwarz A, Weiß B, Schwarz C anpeilen und so zusätzlich zu seinem Gebiet noch sein Moyo ausbauen. Das wäre für Weiß untragbar. Beachten Sie, dass Schwarz 1 und 3

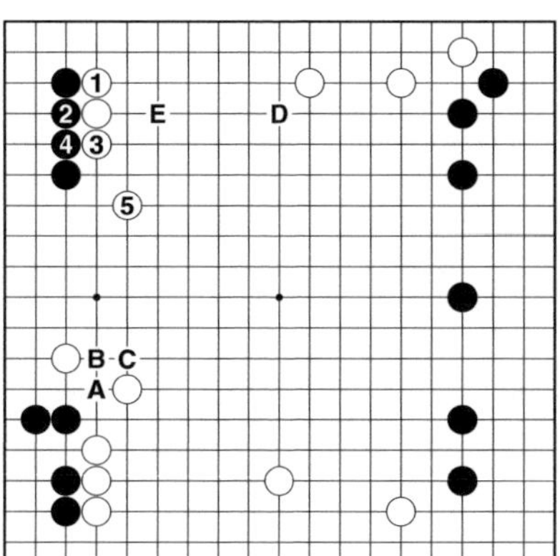

Abbildung 2

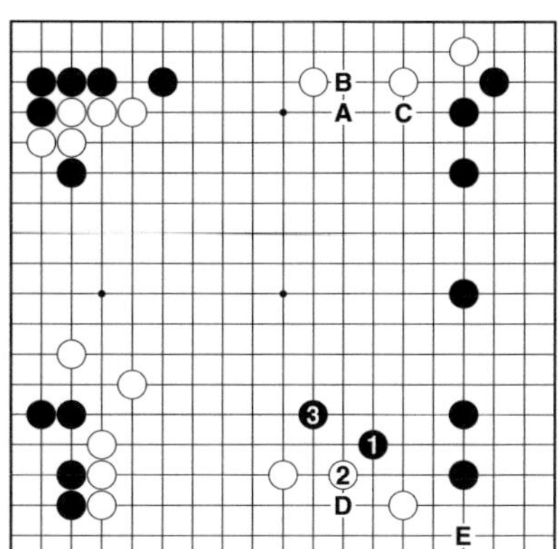

Abbildung 3

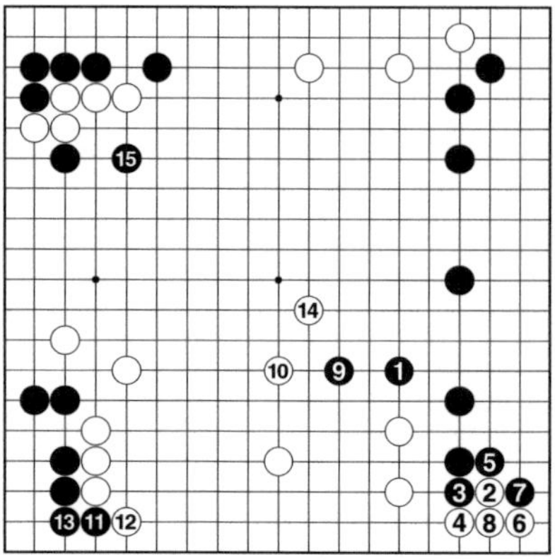

Figur 2

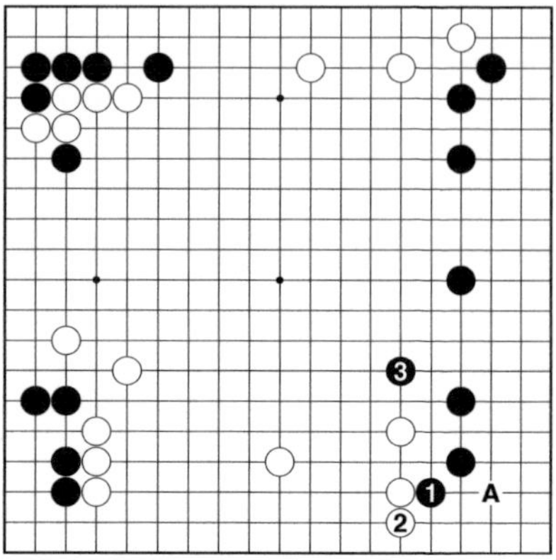

Abbildung 4

lokal die interessantesten Züge sind. Die Invasion bei D oder Verteidigen auf E würden Schwarz zu sehr auf Gebiet festlegen. Da Schwarz bereits auf der linken Seite Gebiet genommen hat, baut er hier eine dicke Position auf, was ihm eine ausgewogene Stellung verschafft.

Bei einer Stellungsbeurteilung nach Zug 32 können wir sehen, dass sich Schwarz schnell entwickelt hat. Das weiße Moyo jedoch ist auch nicht zu verachten und es ist zu früh zu behaupten, dass eine Seite einen Vorteil errungen hätte.

Figur 2: Als Nächstes besetzte Schwarz mit 1 den Schlüsselpunkt für beide Moyos. Als Weiß mit 2 invadierte, behielt Schwarz bis 8 Vorhand und sprang dann auf 9, um das weiße Moyo zu reduzieren. Nachdem er sein Gebiet gesichert hat, legt Schwarz Wert auf Ausgewogenheit im Großen. Statt sich um unbedeutende Gebietsstückchen zu kümmern, dehnt er seine Stellung ins Zentrum aus. Diese Balance ist wichtig.

Nach 10 wechselt Schwarz zu 11 und 13 über. Es ist ein Zeichen von perfektem Timing, dass er diese Kombination just in dem Moment spielt, in dem Weiß mit 10 sein Moyo umschließt. Diese Züge sind extrem groß. Als Weiß 14 spielt, wird Schwarz mit 15 aktiv. Es wird sich lohnen, die schwarze Technik in dieser Partie genau zu studieren – dies ist ein Sanrensei allererster Güte.

Abbildung 4: Es sieht effizient aus, erst Kikashi auf 1 zu spielen, bevor Schwarz mit 3 ins Zentrum läuft, da dies die Schwäche bei A entschärft. Doch so wird Schwarz vermutlich nicht die Gelegenheit bekommen, zu 9 in Figur 2 zu wechseln. Der Zug Schwarz 1 dort erwartet Weiß 2, und die schwarze Strategie zielt darauf ab, bis 8 Vorhand zu behalten, damit Schwarz 9 möglich wird.

Beispiel 8. Eine Strategie gegen das Sanren-sei

Figur 1: Hashimoto Utaro gegen Kato Masao (Schwarz). Weiß 8 und 10 zeigen eine spezielle Gegenstrategie. Wenn Weiß mit 8 auf 1 in *Abbildung 1* invadierte, dann würde Schwarz vermutlich mit dem Joseki bis 8 antworten. Früher oder später beginnt dann ein Kampf mit Weiß A und Schwarz B. Weiß glaubte, dass dies der schwarze Plan sei, und mied deshalb diese Variante.

Die Zugfolge in Abbildung 1 ist bei Spielern wie Kato und Takemiya sehr beliebt, vermutlich sind sie die Urheber. So wird klar, dass Hashimoto es vorzog, etwas anderes zu versuchen.

Wie antwortet Schwarz nun auf die weiße Sanren-sei-Entgegnung?

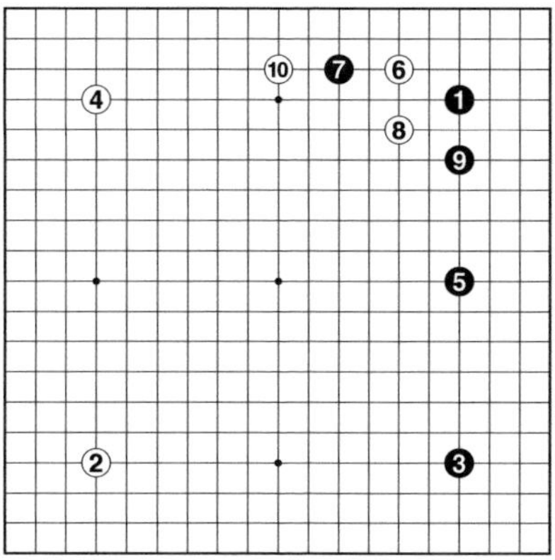

Figur 1

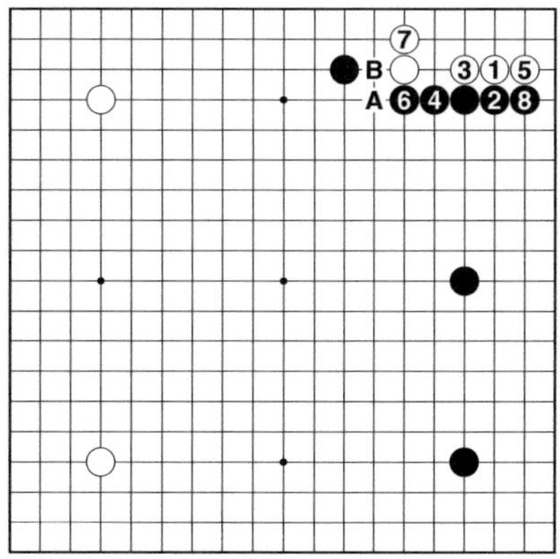

Abbildung 1

Figur 2: Schwarz spielte den Austausch 1 für Weiß 2, hier zu verbinden ist normal. Danach wechselte er den Schauplatz zum großen Punkt 3. Ich denke, dass dies eine angemessene Strategie ist. Schwarz möchte den Einfluss des Sanren-sei zum unteren Rand hin erweitern.

Abbildung 2: Doch wie wäre es, anstatt 3 in der Figur sofort Hane auf 1

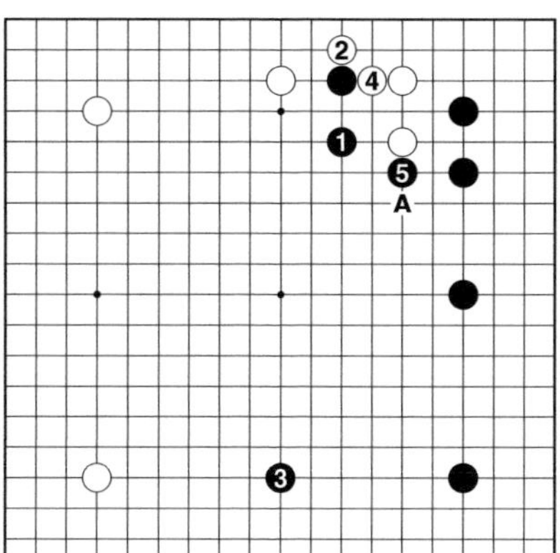

Figur 2

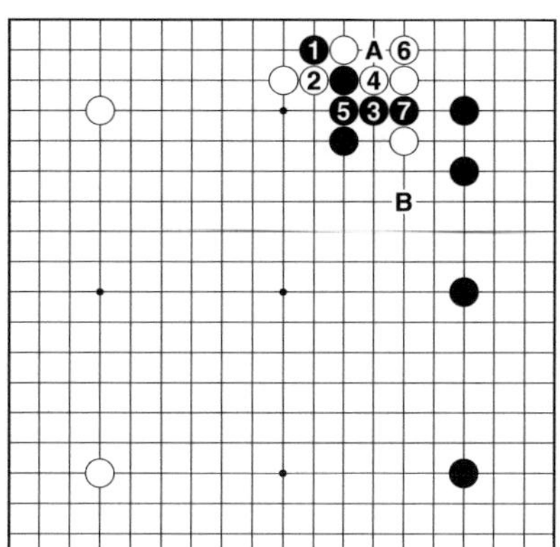

Abbildung 2

zu spielen? Schwarz 3 auf A wäre schlecht, da Weiß auf 5 Atari gibt, somit ist 3 ein guter Zug. In der Folge bis 7 schneidet Schwarz die weiße Gruppe entzwei. Er scheint dabei jedoch nicht viel zu gewinnen, da er Weiß den ersten Zug am unteren Rand spielen lässt. Wäre Weiß unvorsichtig genug, vor all diesen Zügen auf B zu springen, dann würde sich die perfekte Gelegenheit für das schwarze Hane auf 1 ergeben. Dann wäre nämlich im Ergebnis nach 7 der weiße Zug auf B völlig wertlos.

Weiß antwortete vorsichtig mit 4 in der Figur, worauf Schwarz ihn natürlich mit 5 vom Zentrum abschottete. Weiß hätte jedoch mit 1 in *Abbildung 3* Kikashi spielen und dann mit 3 herausspringen können. Das kommt dem Schnitt mit Schwarz A, Weiß B, Schwarz C zuvor.

Aber dennoch ist Weiß 1 in Abbildung 3 ein behelfsmäßiger Zug und lässt einiges an schlechtem Aji zurück. Beim Vergleich der Alternativen muss man anerkennen, dass 4 in der Figur der genaue Zug ist.

Nachdem Weiß einmal auf 4 gespielt hat, ist es nicht mehr tragbar, ihn auf A springen zu lassen. Deshalb sperrt Schwarz ihn mit 5 naturgemäß vom Zentrum ab, doch lokal wird die Form dadurch nicht festgelegt.

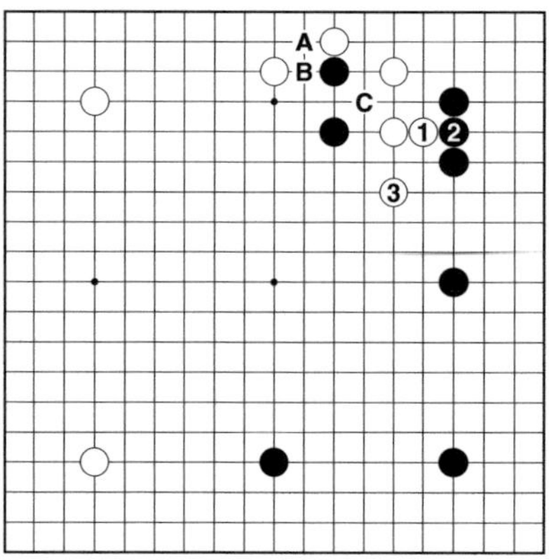

Abbildung 3

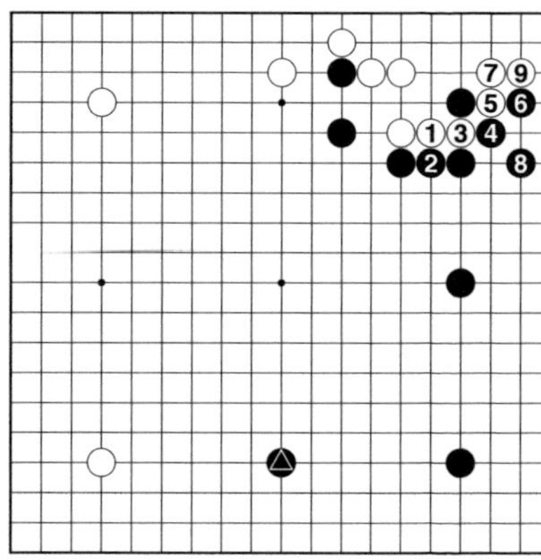

Abbildung 4

Abbildung 4: Später wird das Durchstoßen und Schneiden mit 1 bis 5 extrem groß werden. Die Ecke wird sofort in weißes Gebiet umgewandelt. Jedoch darf Weiß diese Sequenz nicht zu früh beginnen, da Schwarz seine Stellung am rechten Rand stärkt. Nach den Zügen bis 8 sprudelt der markierte schwarze Stein nur so vor Lebensfreude. Die Ecke oben rechts ist weit von der Arena entfernt, in der die Kämpfe dieser Partie stattfinden werden.

Nach 5 in Figur 2 wird das schwarze Moyo, das sich vom rechten zum unteren Rand und ins Zentrum erstreckt, zum Brennpunkt der Partie. Wie soll Weiß an die Reduktion herangehen? Er muss sofort invadieren, doch wo ist der richtige Punkt?

Figur 3 (nächste Seite): Hashimoto entschloss sich zu dem herkömmlichen Kakari auf 1. In diesem Fall bilden die Züge bis 8 die übliche

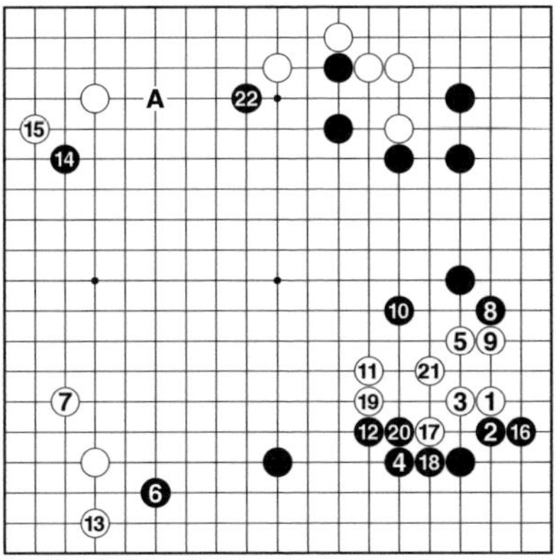

Figur 3

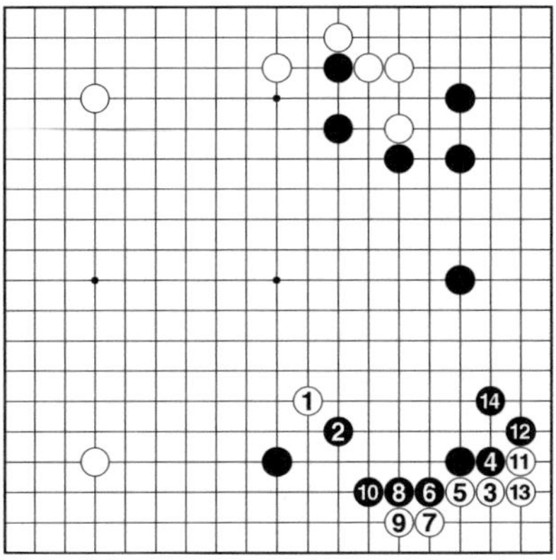

Abbildung 5

Angriffszugfolge. Schwarz setzt seinen Angriff danach mit 10 und 12 fort und ist zufrieden.

Eine interessante Idee wäre hier ein Zug wie 1 in *Abbildung 5*. Boshi- und Keima-Züge wie dieser sind häufig zu sehen, wenn sie gegen Steine auf der dritten Linie gerichtet sind, doch gegen Steine auf der vierten Linie sind sie unüblich. Die Idee dahinter ist, nach der Verteidigung mit Schwarz 2, auf 3 zu invadieren. Falls das Joseki bis 13 folgen würde, dann wäre der Austausch 1 gegen 2 offensichtlich vorteilhaft für Weiß. Wären die Züge 3 bis 13 vor Weiß 1 gespielt worden, dann würde Schwarz nicht im Traum mit 2 antworten. Jemand, der so spielte, wäre zu bemitleiden.

Natürlich wird Schwarz sich nicht so bereitwillig dem gegnerischen Diktat fügen wie in Abbildung 5, sondern ist gezwungen, etwas anderes zu versuchen.

Abbildung 6: Ein noch leichterer Zug, wie 1 hier, könnte ebenfalls interessant sein. Auch ein Boshi auf A sieht spielbar aus.

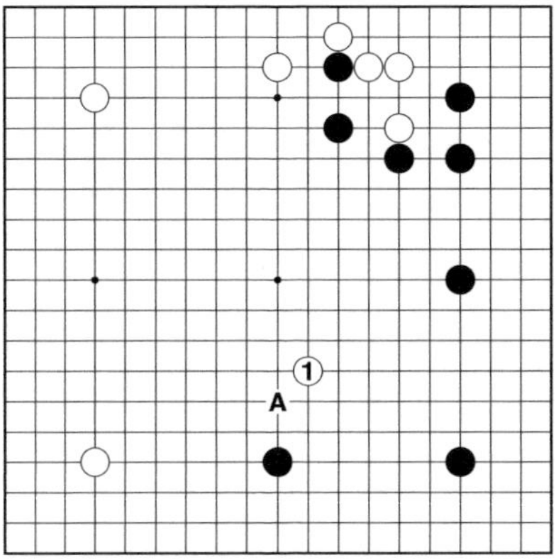

Abbildung 6

Wenn der Gegner eine Zwei-Flügel-Formation hat, so ist eine leichte Reduktion um die sechste Linie herum eine spielbare Strategie. Das wollte ich Ihnen mit den letzten beiden Abbildungen aufzeigen.

Zurück zur Figur: Weiß 9 ist ein Schlüsselpunkt, aber ein schwerer Zug. Mit anderen Worten: Weiß 9 ist schwer, besetzt aber einen Schlüsselpunkt. Kurz gesagt, es ist nicht entscheidbar, ob der Zug gut oder schlecht ist.

Abbildung 7: Weiß 1 ist leichter, nach Schwarz 2 macht Weiß mit 3 gute Form. Aber trotz allem ist das Hineinkriechen auf 2 ein guter Punkt.

Schwarz 10 und 12 sind beides vitale Angriffspunkte, aber Schwarz 12 ist besonders wichtig. Weiß 13 wirkt dummdreist, doch die weiße Strategie ist, den schwarzen Angriff „auszusitzen": er nimmt Gebiet und bietet einem scharfen schwarzen Angriff auf seine Gruppe unerschrocken die Stirn.

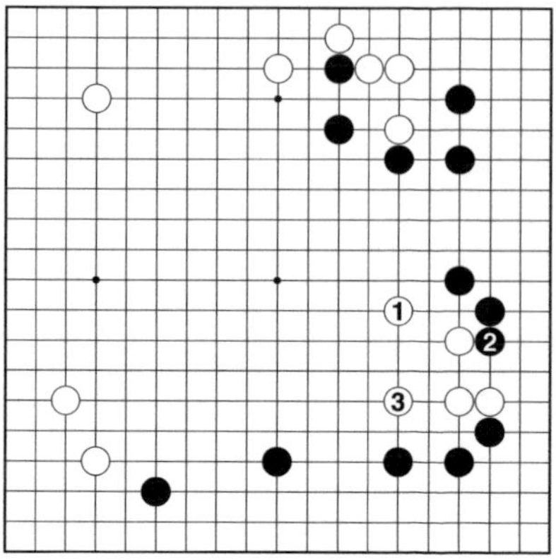

Abbildung 7

Auch Weiß 15 ist ein sehr lehrreicher Zug. Weiß hat eine dicke Position am oberen Rand, so dass er nach einer Antwort auf A im weiteren Sinne überkonzentriert stünde. Weiß 15 ist die aktivste Spielweise und fühlt sich hier richtig an.

Diese Partie zeigt, welche Vielfalt von Strategien die weiße Seite dem Sanren-sei entgegensetzen kann.

Beispiel 9. Spielen Sie so unerbittlich wie möglich

Figur 1: Sakata gegen Kato (Schwarz). Zum Abschluss wollen wir uns ein Beispiel für den Mittelspielkampf ansehen, der nach einem Sanren-sei folgt. Diese Stellung ist typisch für Sakata: Weiß steht dünn, hat aber schon überall Gebiet genommen.

Schwarz verstellt Weiß mit 1 und 3 massiv den Weg, deshalb muss Weiß rechts unten invadieren. Er springt auf 4 hinein, und für professionelle Augen sieht es natürlich aus, mit 5 seine Basis auszuhöhlen. Nicht einmal die Kombination 1 und 3 in *Abbildung 1,* die für gewöhnlich in solchen Stellungen

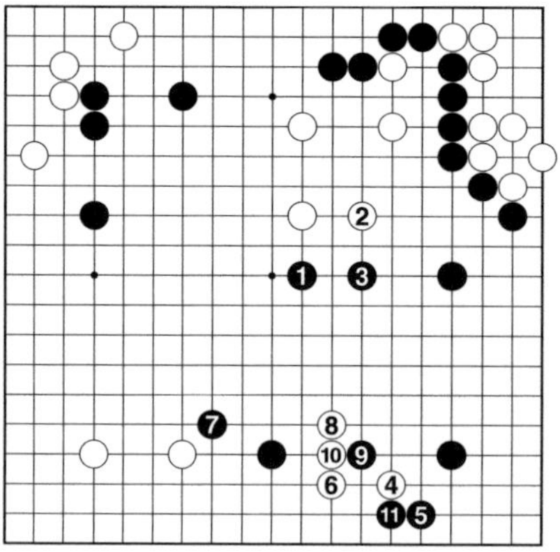

Figur 1

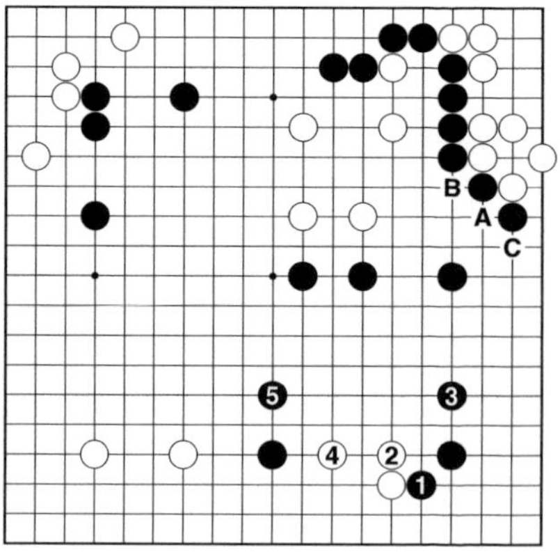

Abbildung 1

als die schlagkräftigste angesehen wird, ist hier zufriedenstellend. Das solide Strecken auf 2 leistet einen großen Beitrag zur Sicherung der weißen Gruppe. Schickt Schwarz sich weiterhin an, den rechten Rand mit 3 zu sichern, dann hat es sehr lästige Auswirkungen, wenn Weiß mit A, Schwarz B, Weiß C einen Stein fängt.

Kurz gesagt: Wenn Schwarz stur den rechten Rand verteidigt, dann sorgt er nur dafür, dass Weiß A gut wirkt – Weiß vergrößert sein Gebiet auf die unerfreulichste Weise. Deshalb kann Schwarz genauso gut auch härter angreifen, wie mit 5 in Figur 1.

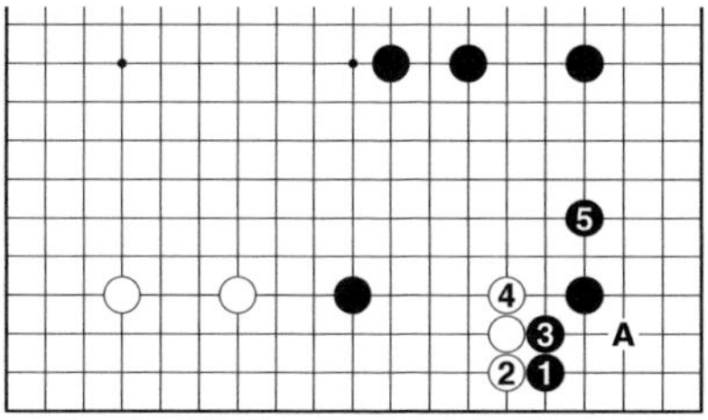

Abbildung 2

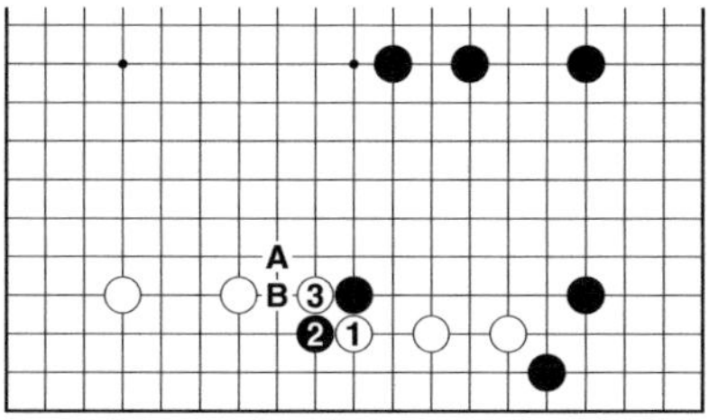

Abbildung 3

Abbildung 2: Auf Weiß 2 wird Schwarz wohl mit 3 und 5 erwidern. So beseitigt er die Invasionsdrohung auf A und ist deshalb zufriedener als in Abbildung 1.

Schwarz 7 in der Figur ist ein weiterer guter Zug, er plant einen indirekten Angriff auf die Gruppe rechts. Außerdem verhindert er, dass Weiß seine Gruppe mit dem Kreuzschnitt in *Abbildung 3* sichern kann. Hätte Schwarz jetzt einen Stein auf A, dann würde Schwarz B perfekt funktionieren.

Lassen Sie Ihren Gegner vor Furcht zittern!

Hoffentlich haben Sie nun eine Vorstellung davon bekommen, wie das Sanren-sei in der Praxis angewandt wird.

Hier soll nun Gelegenheit für einige Bemerkungen über die richtige Geisteshaltung für diese Strategie sein.

1. Spielen Sie entschieden und direkt. Machen Sie kein Aufhebens um Kleinigkeiten wie zum Beispiel eine 3-3-Invasion.

2. Lassen Sie sich nicht entmutigen, wenn eine gegnerische Gruppe Ihren Angriff übersteht. Niemand sieht es gern, wenn der Gegner sein Moyo invadiert und darin lebt. Falls Sie allerdings ein Moyo nur in dem engen Sinn von „Gebiet“ auffassen, so werden Sie den Mut verlieren. Wenn Ihr Gegner zum Leben gekommen ist, dann sollten Sie die Gebietsbilanz und die Gesamtposition auf dem Brett prüfen. Sie werden sehen, dass Ihre Stellung völlig in Ordnung ist. Auch wenn Sie ein wenig zurückliegen, können Sie Ihre dicke Position nutzen, um aufzuholen.

3. Das Sanren-sei führt oft zu einer Moyopartie. Und in einem Moyo-Wettstreit gibt es immer wieder Situationen, in denen ein bestimmter

Punkt des Bretts entscheidenden Einfluss auf das Stärkeverhältnis hat. Es ist wichtig, dass Sie Ihr Gespür dafür entwickeln, solche Punkte sofort zu erkennen.

4. Sie müssen Ihrem Gegner Furcht vor dem Sanren-sei einflößen. Er muss Angst bekommen, dass eine unbedachte Invasion zu einem Angriff führt, der seine Gruppe in Stücke reißt, dass er sich glücklich schätzen kann, wenn sie mit dem Leben davonkommt. Um das zu erreichen, sind Eröffnungskünste allein nicht genug, Sie werden umfassende Spielstärke benötigen.

Fuseki-Intermezzo

1. Hoshi und Niren-sei

Die ersten Experimente mit einem Zug auf den Hoshi wurden um 1840 gestartet. In einer Partie tauchte er zum ersten Mal kurz nach 1900 auf.

Abbildung A: Dieses Diagramm erschien in den 1720er Jahren in einem Buch mit dem Titel „Das neue, vollständige Sutra[1] des Go". Der Text dazu lautet: „Von diesen neun Zügen sind der auf 3-3, der auf 4-4 und der auf 5-5 schlecht. Die weißen Zügen sind gut, die schwarzen sollten nicht gespielt werden." Der Grund dafür war vermutlich, dass ein Stein auf der Symmetrieachse der Ecke keine gute Fortsetzung hatte.

Die althergebrachte Weisheit wurde vor etwa 140 Jahren[2] zum ersten Mal hinterfragt. Honinbo Shuwa, ein Spieler von Meijin-Stärke, spielte oft auf den Hoshi.

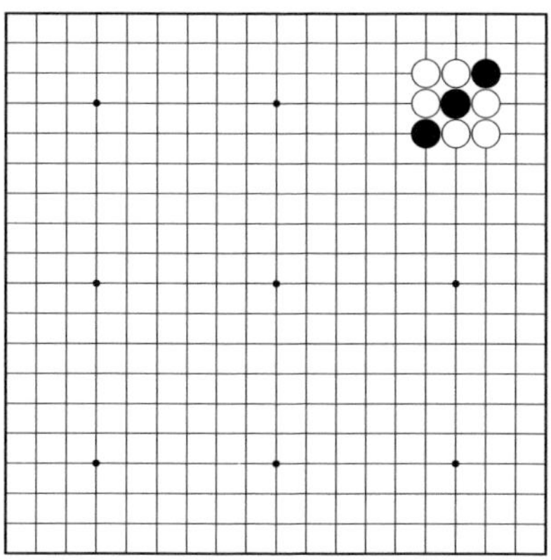

Abbildung A

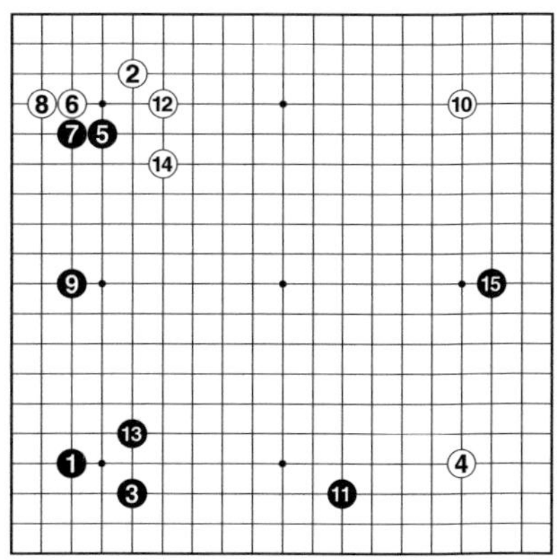

Abbildung B

Abbildung B zeigt eine seiner Partien mit Weiß. Sie wurde 1838 gespielt und ist meines Wissens das erste Beispiel eines Niren-sei. Interessant ist, dass es zuerst mit den weißen Steinen gespielt wurde. Das Potenzial des Niren-sei zur Sicherung von Einfluss und zum Moyobau scheint Shuwa sehr bewusst gewesen zu sein. An den Zügen 12, 14 und 15 ist zu sehen, wie sehr beide Spieler mit dem potenziellen Moyo befasst waren.

Danach wurde zwar zeitweilig auf den Hoshi gespielt, doch das Niren-sei war bis zur Zeit des Shin-Fuseki in den 1930er Jahren praktisch nirgends mehr zu sehen. Shuwas Niren-sei blieb ein isoliertes Experiment.

1 Das Wort kommt aus der indischen Sanskrit-Sprache und bedeutet in etwa „Leitfaden, Kompendium".

2 Das Original erschien 1975.

2. Das Sanren-sei

Der erste Spieler, der mit dem Sanren-sei experimentierte, scheint Kitani Minoru gewesen zu sein. 1933 brachte er zusammen mit Go Seigen das Shin Fuseki ans Licht der Welt. Kurz gesagt basierte diese revolutionäre neue Eröffnungsstrategie auf hoch gespielten, zentrumsorientierten Zügen im Gegensatz zu den auf der dritten Linie gespielten, gebietsorientierten Zügen der konventionellen Strategie. Bei Kitani nahm das Shin Fuseki die Form des Sanren-sei an.

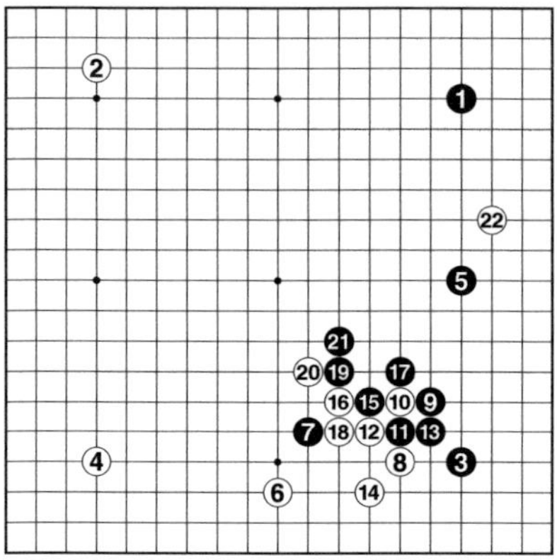

Abbildung A

Abbildung A zeigt die Premiere des „Neuen Fuseki" im September 1933. Schwarz war Kitani, damals 5-Dan, und Weiß Maeda Nobuaki, ebenfalls 5-Dan. Schwarz verlor zwar bei diesem ersten Experiment, doch Kitani versuchte sich auch danach in einigen Partien hintereinander mit dem Sanren-sei. Es wurde zur wichtigsten Eröffnung der Shin-Fuseki-Bewegung.

In seinen Anfängen war das Shin Fuseki vor allem eine aggressive Eröffnung. Die Partien zeichnen sich durch heftige Kämpfe aus, die schon mit den ersten Zügen beginnen. Die Strategie, auf solide Weise ein Moyo aufzubauen, wurde nur selten verfolgt, denn all das fand vor der Einführung der Komi statt. Kitani war bekannt für seine Kampfstärke, im Sanren-sei hatte er eine Eröffnung gefunden, die in idealer Weise zu ihm passte.

Insgesamt hatte also das ursprüngliche Sanren-sei einen leidlich anderen Charakter als das heutige mit seiner zweischneidigen Klinge „Kampf oder Moyo". Damals war es eine turbulente Eröffnung – von dem Moment an, in dem das Sanren-sei auf dem Brett lag, wurde die Partie in die Kämpfe des Mittelspiels gestürzt.

Viertes Kapitel
Kritische Punkte im Sanren-sei
Zwölf Tests: Finden Sie den nächsten Zug!

Ich hoffe, dass die bisherigen Kapitel Ihnen zu einem Verständnis der maßgeblichen Merkmale des Sanren-sei verhelfen konnten. Ich habe hier zwölf Probleme vorbereitet, mit denen Sie Ihr Verständnis überprüfen können. Wenn Sie sie alle lösen können, dann dürfen Sie sich Sanren-sei-Experte nennen.

In bestimmten Stellungen gibt es keinen Spielraum für persönliche Vorlieben oder individuellen Spielstil. Es gibt auf dem ganzen Brett nur einen Punkt, der in Betracht kommt. In solchen Stellungen müssen Sie Ihre Energie konzentrieren und das Ziel genau anvisieren.

Abbildung A: In einer solchen Stellung möchte Schwarz auf 1 spielen. Eine weitere Ausdehnung bis A ergäbe eine dünne Position, weil sich der weiße Stein der schwarzen Stellung wie eine Speerspitze entgegenstreckt. Jedoch wäre es unbefriedigend, aus Besorgnis wegen des markierten Steins eine niedrige Ausdehnung auf B oder zurückhaltend auf C zu spielen. Diese Züge schöpfen das Potenzial des Moyos am rechten Rand nicht aus.

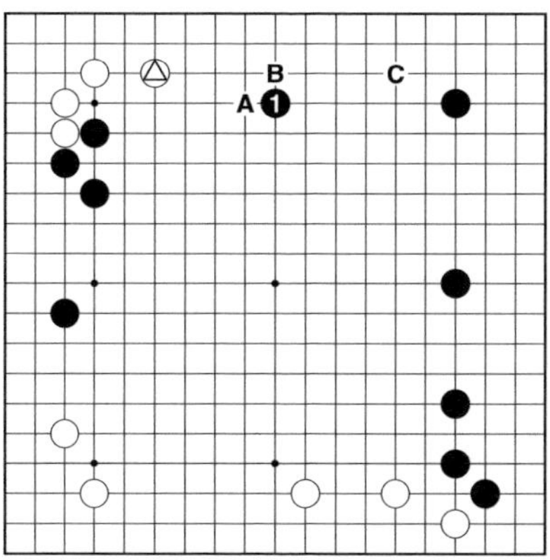

Abbildung A

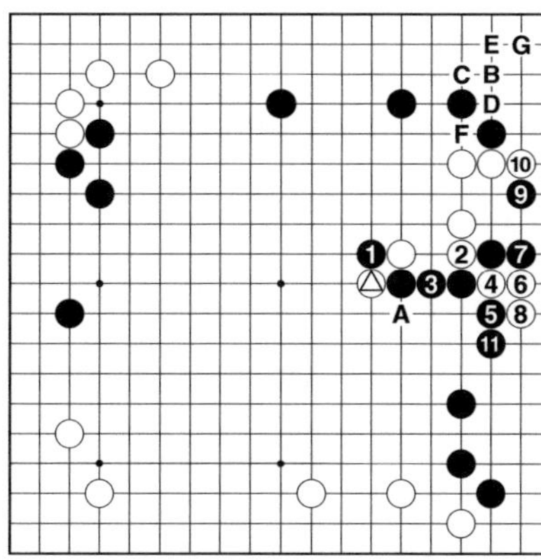

Abbildung B

Abbildung B: Die Partie hat sich seit Abbildung A nun ein wenig weiterentwickelt. Weiß hat soeben mit dem markierten Stein Hane gespielt, Schwarz muss zwischen dem Zurückstrecken auf A und dem Schnitt auf 1 wählen. Hier möchte man auf 1 schneiden. Schwarz A wäre solide, doch Weiß hat bereits einige Steine am unteren Rand gespielt, weshalb der Zug auf A nicht sehr effizient ist. Schwarz sollte seine dicke Position in der Umgebung nutzen, um auf 1 zu schneiden. Bis 11 werden die drei weißen Steine mehr oder weniger gefangen. Danach folgte in der Ecke die Sequenz Weiß B bis Schwarz G.

Test 1. Schwarz am Zug
Achten Sie auf Ihren schwachen Stein…

Weiß hat soeben den markierten Stein gesetzt. Schwarz hat nicht viele Möglichkeiten zu antworten. Er könnte diagonal anlegen, einen Ein-Punkt-Sprung spielen, das Tsuke-Nobi-Joseki versuchen oder...

Am oberen Rand steht ein isolierter schwarzer Stein, berücksichtigen Sie das, wenn Sie Ihre Antwort erarbeiten. Der Stein ist etwas schwach, weil er an sich abseits steht, das ist der Startpunkt für die Analyse.

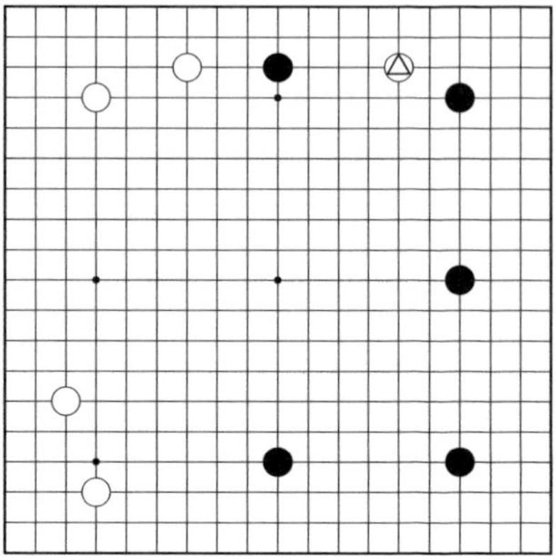

Test 2. Schwarz am Zug
Schauen Sie nach unten!

Weiß hat soeben den markierten Stein gesetzt, diverse Antworten sind spielbar. Ein Prinzip im Go lautet: Wenn Sie auf der rechten Seite spielen, schauen Sie auf die linke; wenn Sie oben spielen, schauen Sie nach unten. Mit anderen Worten: Behalten Sie den Überblick übers ganze Brett.

In dieser Partie wird die Mauer im unteren Teil darüber entscheiden, wie Schwarz antwortet.

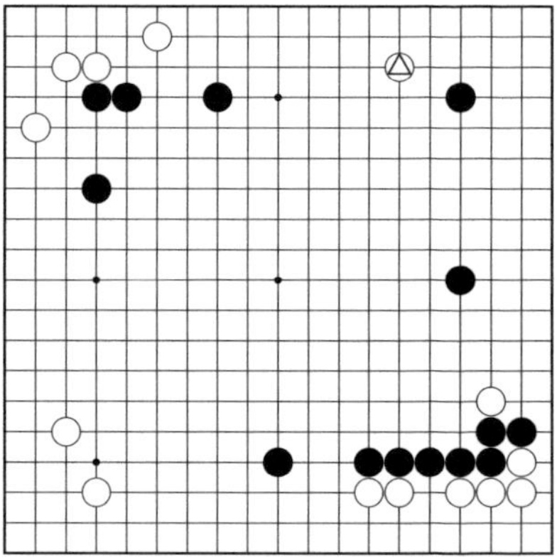

Test 3. Schwarz am Zug
Ein schwieriges Problem

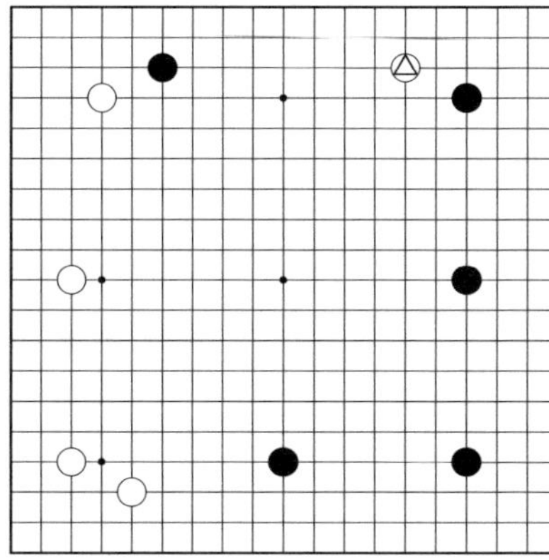

Wie soll Schwarz auf das weiße Kakari (markierter Stein) antworten? Dies ist ein schwieriges Problem, darum sollten Sie mehrere Möglichkeiten in Betracht ziehen. Seien Sie jedoch versichert, dass Tenuki nicht die Antwort ist – So gemein würde ich nicht sein.

Als Erstes müssen Sie Ihre Grundtaktik festlegen: Werden Sie mit einem Ein-Punkt-Sprung verteidigen oder mit einem Klemmzug zum Gegenangriff übergehen?

Test 4. Schwarz am Zug
Überzogenes weißes Doppelkakari

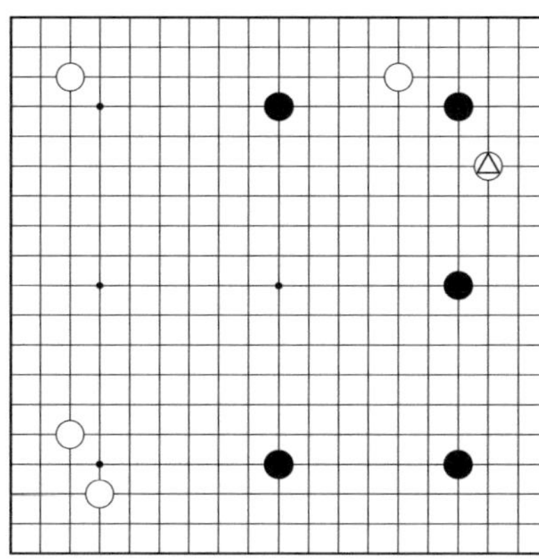

Diese Stellung kam in Kapitel 2 schon einmal vor, somit ist dies ein Gedächtnistest. Es gibt das Sprichwort „Lege an den stärkeren Stein an", doch vergeuden Sie nicht Ihre Zeit, um es hier zu anzuwenden. Die Frage, welcher Stein der stärkere ist, hat mit der richtigen Lösung nichts zu tun.

Antwort zu Test 1
Gelassen bleiben

Richtige Antwort: Schwarz spielt den gewöhnlichen Sprung auf 1. Sie denken vielleicht, das sei nichts Besonderes, doch hier ist der normale Zug der beste. Wenn Sie etwas Komplizierteres versuchen oder zu sehr darauf fixiert sind, das Sanren-sei in ein Moyo zu überführen, dann könnten Sie dem markierten Stein schaden.

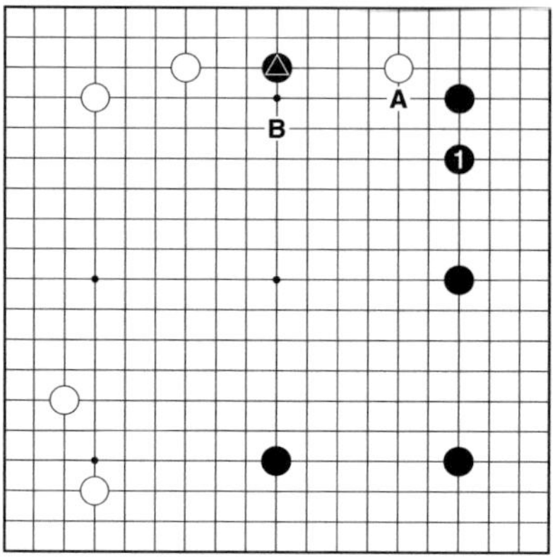

Richtige Antwort

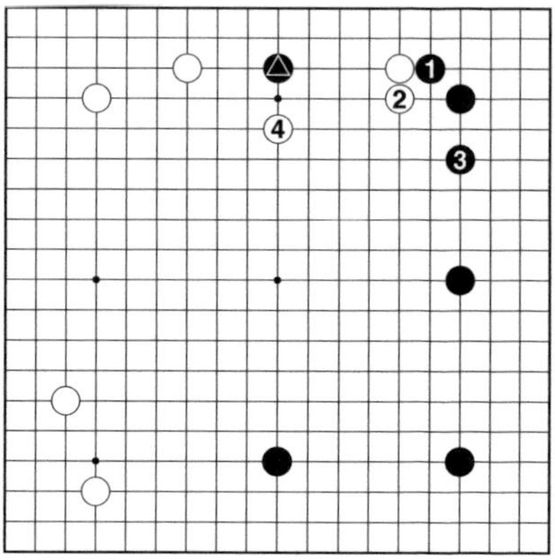

Falsche Antwort

Falsche Antwort: Schwarz bemüht sich mit 1 und 3 um mehr Wirksamkeit, jedoch übertreibt er es hier. Nach dem weißen Boshi auf 4 ist der markierte Stein in Schwierigkeiten. Wenn Schwarz diesen Stein in Bewegung setzt, wird der Einfluss seines Sanren-sei vermutlich verloren gehen.

Mit Schwarz A im ersten Diagramm das Tsuke-Nobi-Joseki zu spielen, ist genauso falsch. Was die Schwächung des markierten Steins angeht, wäre dies sogar der schlechteste Zug. Der Sprung mit 1 auf B mag aussehen wie „Takagawa-Stil“[1], doch hier halte ich ihn nicht für den normalen Zug, sondern eher für mittelmäßig.

1 Takagawas Vorliebe für den Ein-Punkt-Sprung war sprichwörtlich.

Antwort zu Test 2
Ein großes Moyo

Richtige Antwort 1: Ich halte die Kombination 1–3 für die korrekte Antwort. Vorher sagte ich, dass ich das Tsuke-Nobi-Joseki im Zusammenhang mit dem Sanren-sei nicht empfehlen kann. Doch auch wenn das jetzt ungereimt klingen sollte, manchmal ist dieses Joseki das Richtige. Hier passt es perfekt zur Gesamtposition. Es stabilisiert die Form und dehnt gleichzeitig das Moyo am rechten Rand aus. In diesem Zusammenhang ist Schwarz 7 der Schlüsselzug.

Die dicke Position, die Weiß mit 6 erreicht, ist wegen des markierten schwarzen Steins unwirksam.

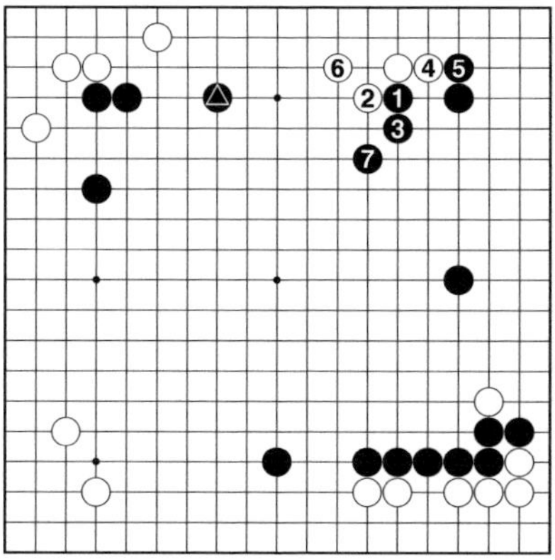

Richtige Antwort 1

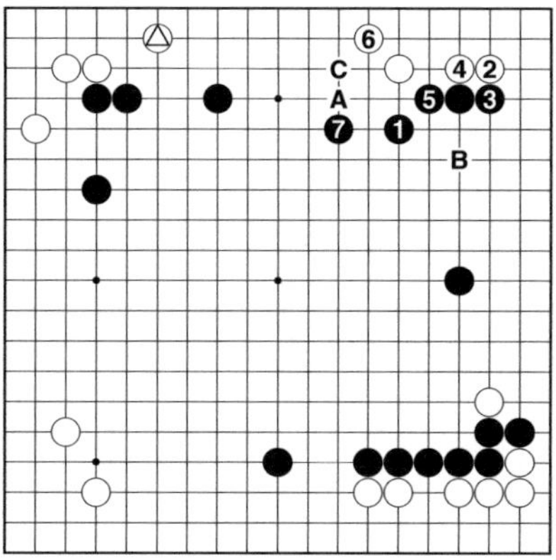

Richtige Antwort 2

Richtige Antwort 2: So wie er die rechte Seite aufbaut, ist der Zug Schwarz 1 hier eine Alternative. Spielt Weiß auf 2 (Schwarz mit einem Keima auf A zu imitieren, ist völlig geistlos), so stellt Schwarz natürlich auf 3 dagegen. Nach dem Joseki wird Schwarz 7 zum Schlüsselpunkt.

Es fällt schwer zu sagen, welche der obigen zwei Antworten die bessere ist. Als Beispiele für falsche Antworten können B und C im zweiten Diagramm angegeben werden. Schwarz B zeigt zu wenig Wertschätzung für das Potenzial, das Schwarz hier zur Ausweitung des Moyos vom Rand ins Zentrum hat. Schwarz C würde wenig bewirken: Ein Zug am oberen Rand ist unnütz, wenn Weiß bereits den markierten Stein an Ort und Stelle hat.

Antwort zu Test 3
Ein kompromissloser Klemmzug

Richtige Antwort: Einen Klemmzug zu spielen ist korrekt, und es muss der Ein-Punkt-Klemmzug sein. Wenn Weiß auf 2 invadiert (was er wahrscheinlich tun wird), dann errichtet Schwarz sein Moyo am rechten Rand mit dem Joseki bis 9. Sogar wenn Weiß mit 2 auf A ins Zentrum springt, sieht Schwarz 1 immer noch am besten aus.

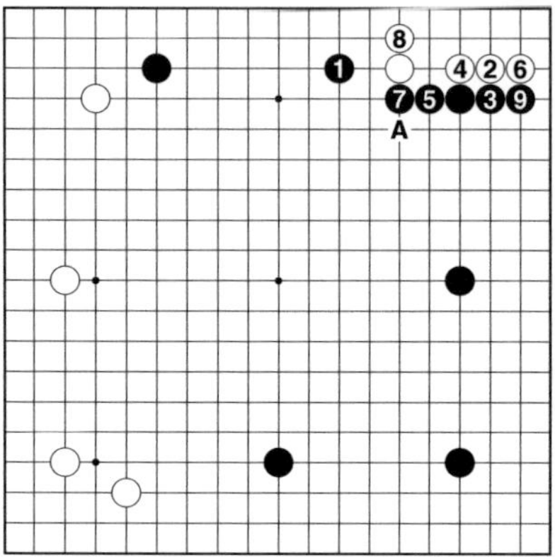

Richtige Antwort

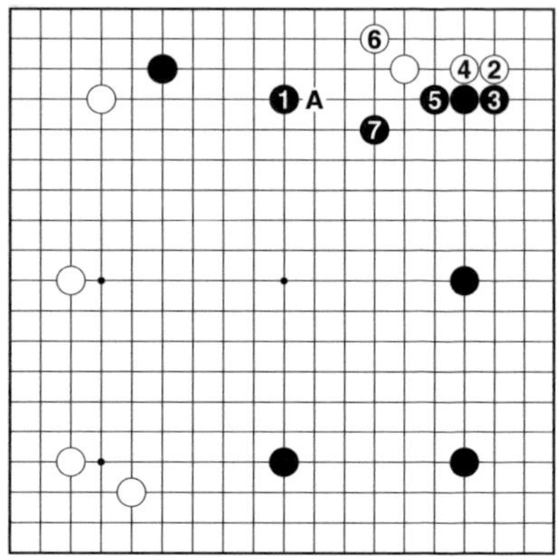

Falsche Antwort

Falsche Antwort: Der weite Klemmzug auf 1 ist falsch. Wie in Kapitel 2 gesagt, bin ich kein Freund der Blockade bis 7, weil sie zu lose ist. Mit 3 auf 4 dagegenzustellen würde den Unsinn noch verschlimmern, was Ihnen sicherlich bewusst ist.

Der Zwei-Punkte-Klemmzug A ist auch nicht besser. Würde Weiß auf 2 invadieren, so bekämen wir ein ähnliches Ergebnis wie in der Lösung. Doch Weiß wird natürlich wie im *Referenzdiagramm* gezeigt auf 2 springen, worauf das Joseki bis Weiß 6 folgt. Zum einen schafft es Schwarz nicht, das gewünschte Moyo zu bekommen, zum anderen endet sein markierter Stein in einer merkwürdigen Position.

Mit Schwarz 1 auf B zu springen wäre in dieser Stellung wohl zu passiv.

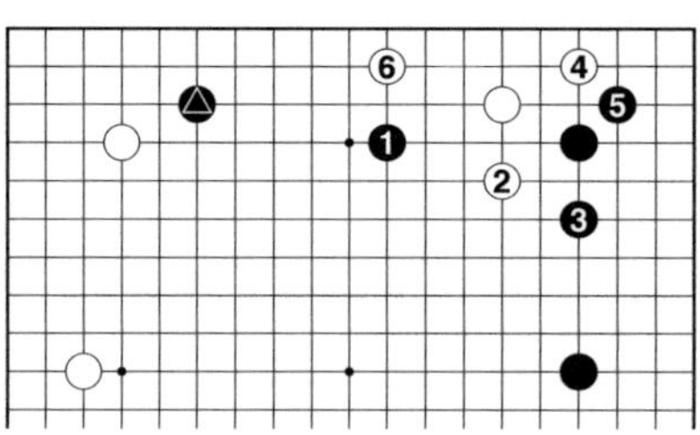

Referenzdiagramm

Antwort zu Test 4
Fordern Sie Weiß zum Kampf heraus

Richtige Antwort 1: Das Doppelkakari war waghalsig und ist mit Schwarz 1 zu bestrafen. Wenn Weiß mit 2 Druck ausübt, dann schneidet Schwarz entschlossen mit 3 und 5.

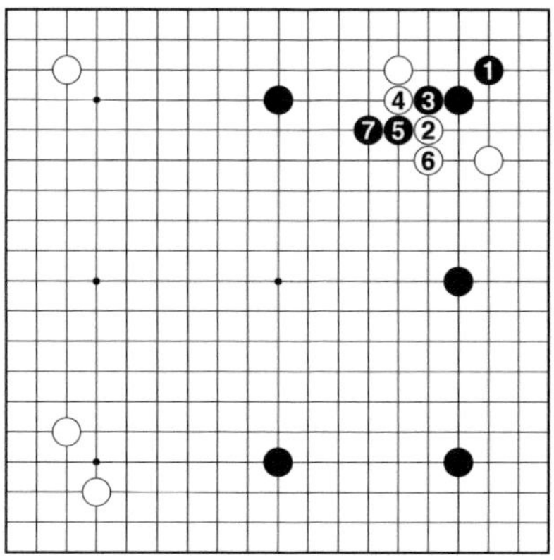

Richtige Antwort 1

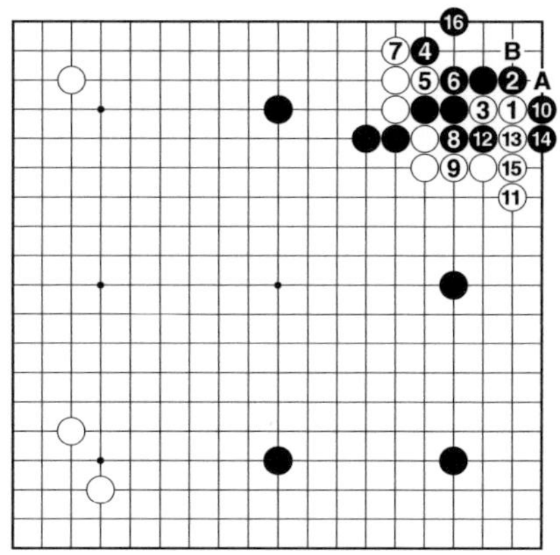

Richtige Antwort 2

Richtige Antwort 2: Nach Weiß 1 geraten wir in eine lange und komplizierte Zugfolge. Doch entscheidend ist, dass Schwarz in der Ecke lebt. Spielt Weiß nach 16 auf A, so lebt Schwarz mit B. Im Ergebnis hat Weiß zwei schwache Gruppen am Hals, er schneidet hier sehr schlecht ab.

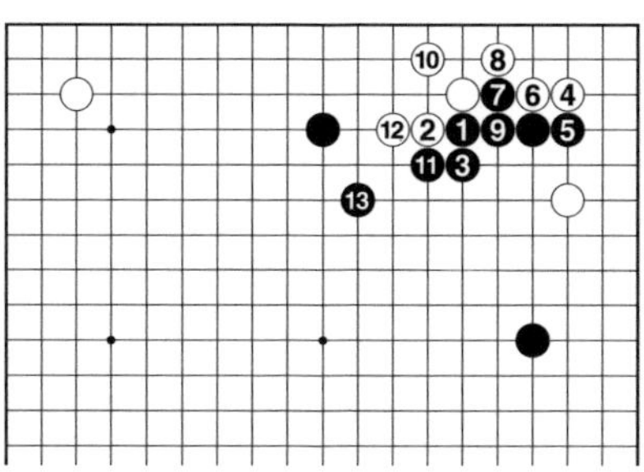

Falsche Antwort 1

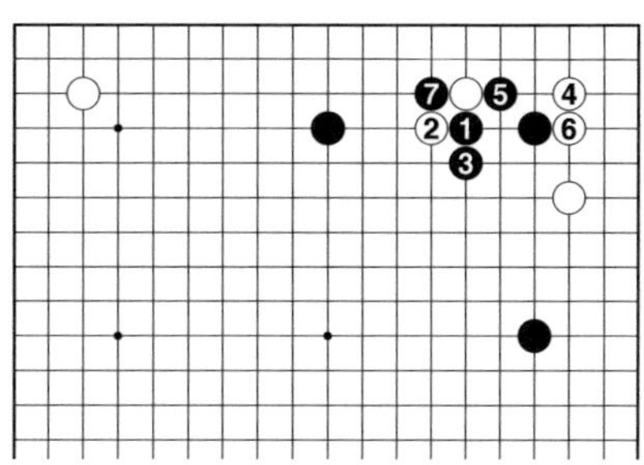

Falsche Antwort 2

Falsche Antwort 1: Schwarz legt an den stärkeren Stein an (stärker, weil näher an einem Verbündeten), doch das ist nicht aktiv genug. Weiß lebt in der Folge bis 12 und bekommt reichlich Gebiet.

Falsche Antwort 2: Spielt Schwarz den Zug 5 hier, so gräbt Weiß ihm die Ecke ab, was im Ergebnis offensichtlich zu gut ist.

Test 5. Schwarz am Zug
Welche ist die größere Seite?

Auf welcher Seite soll Schwarz nach der weißen Invasion (markierter Stein) dagegenstellen? Diesmal genügt es, dem Sprichwort „Auf der größeren Seite blocken" zu folgen, Sie müssen nur herausfinden, welche Seite die größere ist.

Möglicherweise ist dieses Problem zu einfach.

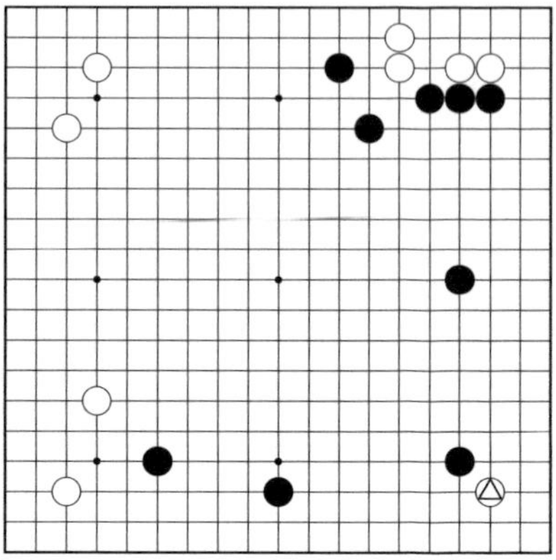

Test 6. Schwarz am Zug
Der strategische Schlüsselpunkt

Weiß hat soeben durch den Sprung mit dem markierten Stein sein Moyo aufgebaut. Jetzt gibt es einen Punkt auf der Grenzlinie der beiden Moyos, der für beide Seiten perfekt wäre. Was Schwarz jetzt auch unternimmt: Er muss diesen Punkt besetzen, bevor ihm Weiß zuvorkommt.

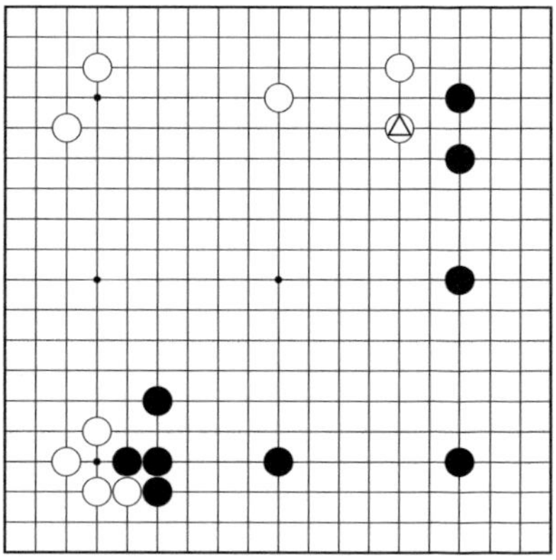

Test 7. Schwarz am Zug
Wo muss man hinsehen?

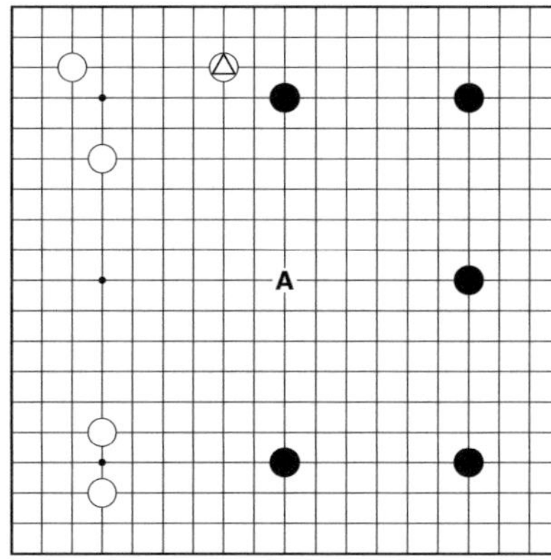

Weiß hat sich soeben mit dem markierten Stein ausgedehnt. Das ist ein großer Zug, wie soll Schwarz antworten?

Die Analyse dieses Problems sieht mühsam aus, doch es genügt nicht, sie einfach bleiben zu lassen und mit A auf den Brettmittelpunkt zu spielen. Einen Kasten aufzubauen, ist nicht immer die richtige Lösung. Der Schlüssel ist, sich in die Lage von Weiß hineinzuversetzen und sich vorzustellen, wo er als Nächstes spielen will, um ideale Form zu bekommen. Nachdem Sie das herausgefunden haben, geht es darum, ihn daran zu hindern. Wie Otake Hideo zu sagen pflegt: Anstatt die ideale Zugfolge für sich selbst zu suchen, müssen Sie die ideale Zugfolge für Ihren Gegner finden und bei Ihrer Analyse dann von dieser ausgehen.

Test 8. Schwarz am Zug
Ein Moyo-Wettstreit

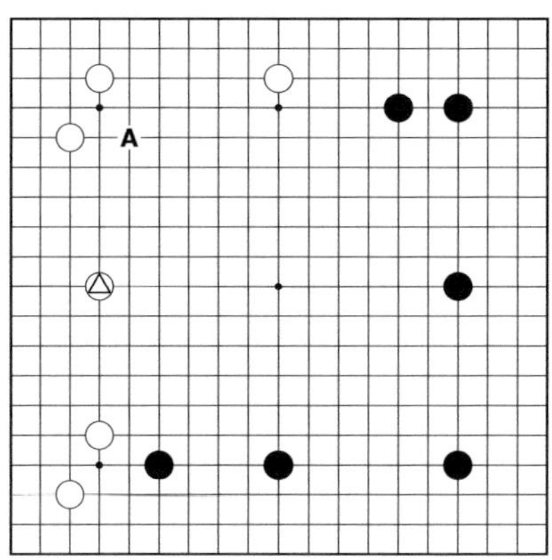

Mit dem markierten Stein baut Weiß ein bemerkenswertes Moyo. Was sein Ausmaß und sein Entwicklungspotenzial angeht, so ist es ein eindrucksvoller Konkurrent für das Sanren-sei-Moyo von Schwarz.

Nun gibt es einen vitalen Punkt, der so bedeutsam ist, dass man ihn den einzigen Zug auf dem Brett nennen könnte, und Schwarz hat die Gelegenheit, ihn zu spielen. Es handelt sich nicht um die Reduktion auf A.

Antwort zu Test 5
Ein tiefes Moyo

Richtige Antwort: Der rechte Rand ist größer als der untere, das ist auf einen Blick zu sehen. Er ist nicht nur zwei Linien breiter, er hat auch nicht die Schwachpunkte des unteren: Dort kann Weiß nämlich bei A invadieren, mit B reduzieren oder auf C hineinkriechen. Schwarz sollte einfach das normale Joseki bis 11 spielen. Wenn er irgendetwas Raffiniertes versucht, wie das Doppelhane mit 5 auf 6, dann bekommt Weiß die Chance, durch Kontern auf 8 und Schneiden auf D im Moyo Unruhe zu stiften.

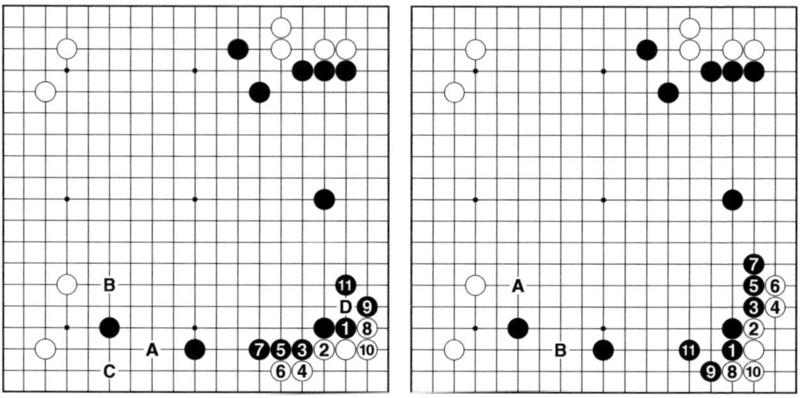

Richtige Antwort — *Falsche Antwort*

Falsche Antwort: Auf die Invasion gab es nur zwei mögliche Antworten (wenn man Tenuki als undenkbar ausschließt), und hier sucht sich Schwarz die falsche aus. Es sollte genügen, einfach die beiden entstandenen Moyos zu vergleichen, wenn dasselbe Standardjoseki wie in der Lösung ausgespielt ist. Wie zuvor gesagt kann Weiß immer noch mit A reduzieren oder mit B im Moyo Scherereien machen. Deshalb ist es sinnlos, wenn Schwarz seine ganze Stärke am unteren Rand aufbaut. Wegen dieser Schwachpunkte sollte Schwarz überhaupt kein Gewicht auf den unteren Rand legen. In der richtigen Antwort orientiert sich die schwarze dicke Position zum rechten Rand hin, wo sie maximale Wirkung erzielt.

Antwort zu Test 6
Der Schnittpunkt der zwei Moyos

Richtige Antwort: Schwarz 1 ist die korrekte Lösung. Schwarz könnte vorher auch den Austausch A gegen Weiß B spielen. Die Bedeutsamkeit des Zugs Schwarz 1 liegt darin, dass er das eigene Moyo erweitert und gleichzeitig das gegnerische in der Ausdehnung einschränkt. Er schlägt zwei Fliegen mit einer Klappe.

Sie sollten sich ohne Zögern für Schwarz 1 entschieden haben. Falls Sie über diesen Zug nachdenken mussten, dann ist Ihre Intuition für Go noch nicht ausreichend entwickelt. Wenn man Sie noch überzeugen muss, ersetzen Sie Schwarz 1 durch einen weißen Stein und sehen Sie, wie sehr das Weiß hilft. Es gibt auf dem ganzen Brett keinen Punkt, der annähernd so wichtig wäre wie Schwarz 1.

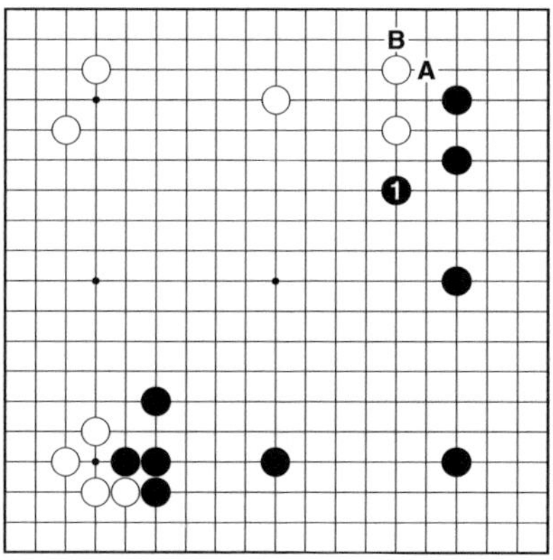

Richtige Antwort

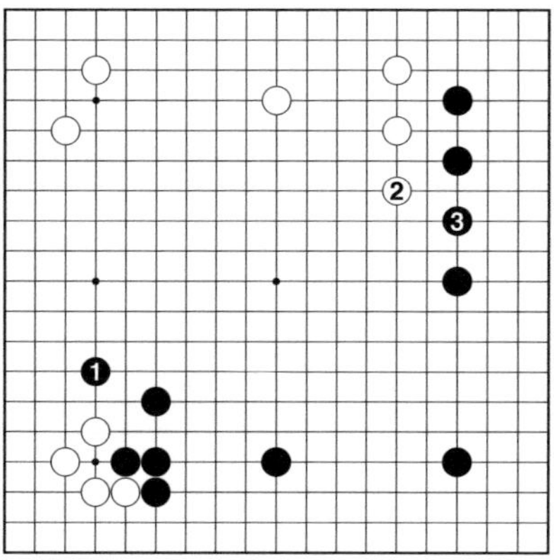

Falsche Antwort

Falsche Antwort: Wenn Schwarz irgendwo anders spielt, wie beispielsweise auf den zugegebenermaßen großen Punkt 1 hier, dann wird Weiß ohne Zögern auf 2 springen. Falls Schwarz auf 3 verteidigt, dann wird Weiß 2 zum Kikashi, doch auch sonst bleibt Weiß 2 unverändert wertvoll.

Es gibt zwei Sorten von Zügen, die im Fuseki Vorrang haben. Die eine umfasst die Schlüsselpunkte für den globalen strategischen Einfluss, wie den in diesem Problem. Zu der anderen gehören die Züge, die einen Einfluss auf die Basis von Gruppen (und damit auf Leben und Tod) haben. Wenn Sie genau hinschauen, werden Sie herausfinden können, welche Züge zu welcher Sorte gehören.

Antwort zu Test 7
Den weißen Plan durchkreuzen

Richtige Antwort: Schwarz 1 ist der beste Zug. Er besetzt einen Schlüsselpunkt, da in dieser Brettregion die Grenzen der beiden Moyos aufeinandertreffen. Dürfte Weiß hier spielen, so würde er auf A drücken und sein Moyo ausdehnen, während er das schwarze begrenzt. Schwarz 1 kommt dem zuvor, drückt das in der Entstehung begriffene weiße Moyo flach und erweitert das schwarze.

Schwarz A stattdessen wäre nicht aktiv genug, Schwarz B wäre ebenfalls schwächer als 1.

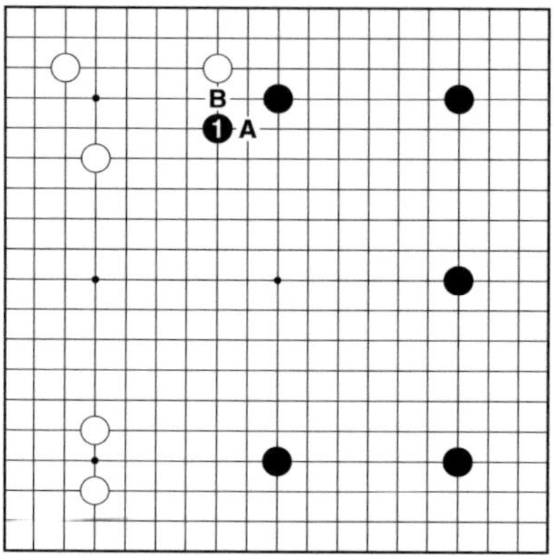

Richtige Antwort

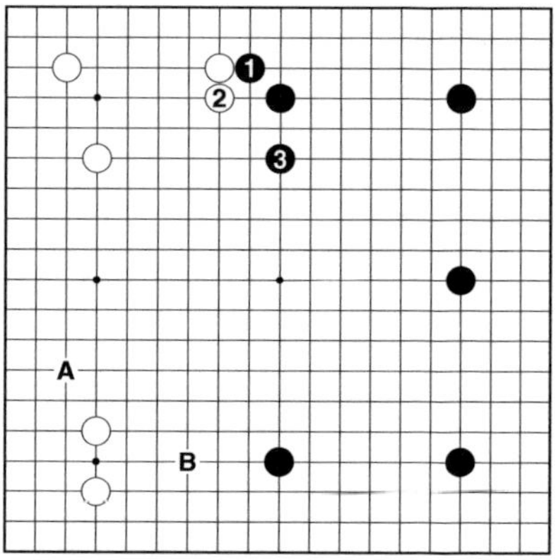

Falsche Antwort

Falsche Antwort: Schwarz 1 und 3 taugen ebenfalls zur Ausweitung des Moyos, doch Weiß 2 herbeizuführen ist nachteilig. Mit dem Zug auf 1 zeigt Schwarz seine Besorgnis darüber, dass sein Moyo am oberen Rand offen ist, doch auch nach 1 ist seine Stellung noch immer sehr dünn, und damit profitiert er weniger von dem Austausch als Weiß.

Züge wie A oder B wären ebenfalls groß, jedoch ist es nicht dringend, in diesen Regionen zu spielen. Sie zeigen, dass Schwarz nicht weiß, wohin er seine Aufmerksamkeit richten soll. Auch dies ist eine Frage der Go-Intuition: Sie sollten sofort erkennen, dass der obere Rand, wo sich die Moyos treffen, die höchste Priorität genießt.

Antwort zu Test 8
Der Boshi

Richtige Antwort: Dies war ein interessantes Problem. Es würde mich nicht überraschen, wenn der Anteil richtiger Antworten recht gering wäre. In meinen Augen ist Schwarz 1 der einzige Zug. Früher gab es einen Spieler mit dem Spitznamen „Takagawa-der-den-Boshi-spielt". Doch auch wenn Sie vom Boshi nicht so eingenommen sein sollten wie er, so bin ich doch sicher, dass auch Sie das Verlangen spüren, diesen Zug hier zu spielen. Dieser eine Zug hält die Ausdehnung des gesamten weißen Moyos unter Kontrolle.

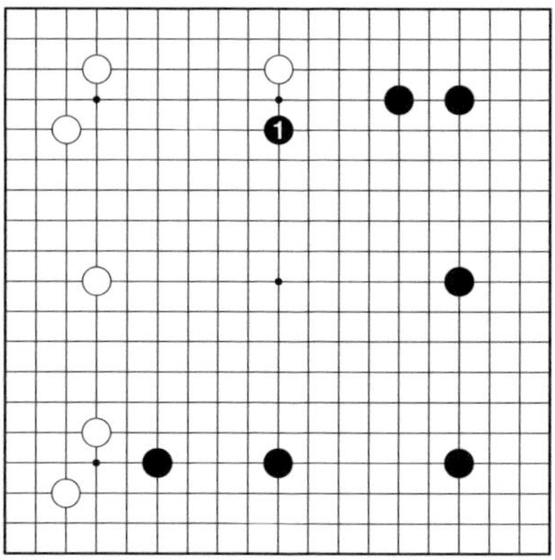

Richtige Antwort

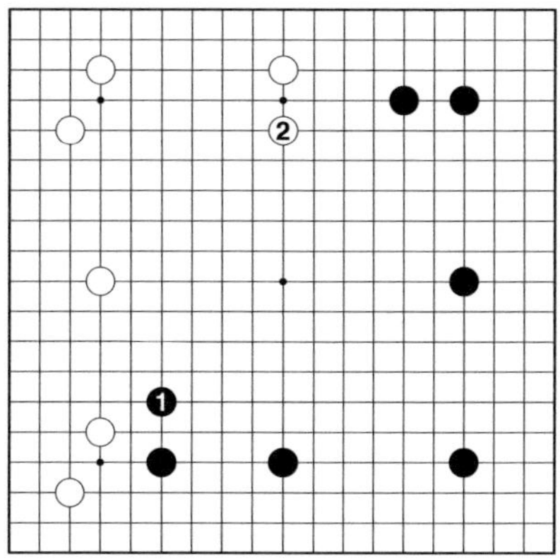

Falsche Antwort

Falsche Antwort: Schwarz 1 ist ebenfalls ein recht guter Zug, doch Schwarz wird unangenehm überrascht sein, wenn Weiß unverzüglich auf 2 springt. Dieser Zug macht nicht nur die weiße Stellung oben links extrem stark, sondern schränkt auch den Einfluss des schwarzen Moyos ein.

Eine Sanren-sei-Eröffnung führt oft zu einer Moyopartie. Wenn Sie also lernen wollen, wie man das Sanren-sei am besten nutzt, dann müssen Sie die Fertigkeit entwickeln, Moyos aufzubauen und ihnen den letzten Schliff zu geben. Ohne genaues Verständnis davon, wie Moyos funktionieren, ist das Sanren-sei zum Scheitern verurteilt.

Test 9. Schwarz am Zug
Sollten Sie Ihrem ersten Impuls folgen?

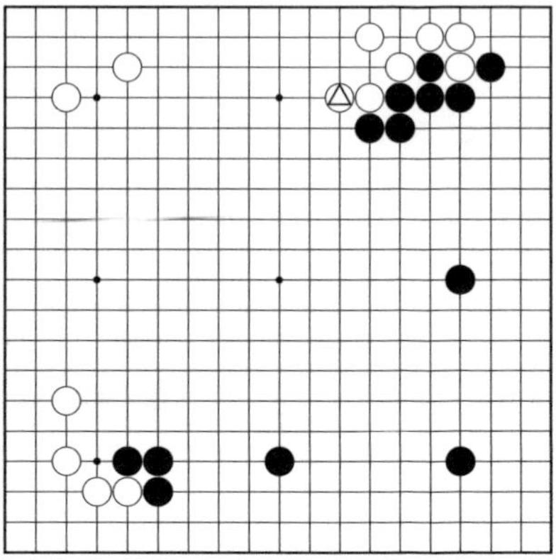

Rechts oben wurde das Tsuke-Nobi-Joseki gespielt, und Weiß hat soeben mit dem markierten Stein gestreckt. Damit ist das Joseki abgeschlossen, was folgt als Nächstes?

Schwarz hat eine gewaltige Einflusssphäre am rechten und unteren Rand aufgebaut. Wie kann man sie noch eindrucksvoller machen? Wenn Sie ein starker Spieler sind, wird Ihnen Ihre Intuition vermutlich sofort eine Antwort nahelegen. Doch es könnte sein, dass Ihr erster Impuls nicht die richtige Lösung ist.

Test 10. Schwarz am Zug
Aufräumen nach dem Joseki

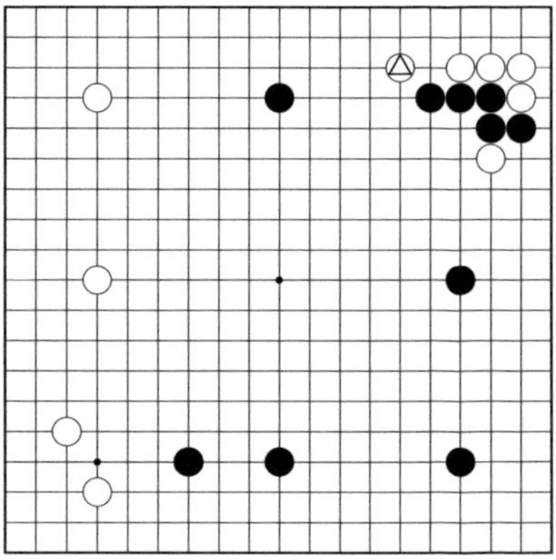

Weiß hat den Drei-Punkte-Klemmzug beantwortet, indem er die Ecke invadiert. Der markierte weiße Stein schließt das Joseki ab. Wie soll Schwarz fortsetzen? Ihre Betrachtungsweise des Sanren-sei-Moyos wird Einfluss auf Ihre Antwort haben.

Test 11. Weiß am Zug
Die Sicht von Weiß

Zum Abschluss folgen zwei Probleme aus weißer Sicht. Der markierte schwarze Stein hält Weiß vom Zentrum fern und schließt das Joseki ab. Wie soll Weiß darangehen, das Sanren-sei anzugreifen? Beachten Sie, dass die schwarze Ausdehnung am oberen Rand einen Punkt weiter ist als der Hoshi.

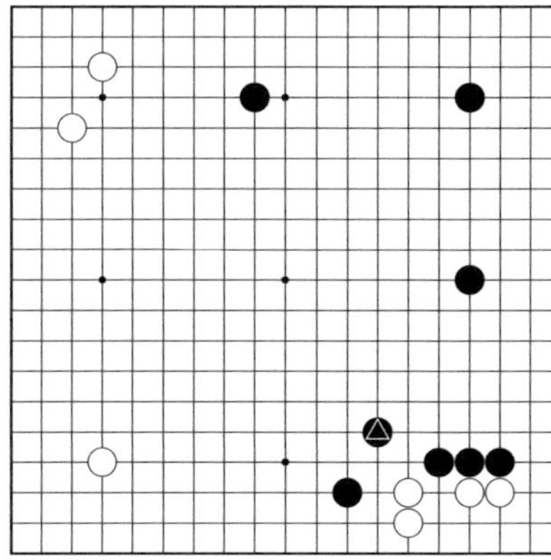

Test 12. Weiß am Zug
Der kritische Punkt der Eröffnung

Schwarz hat soeben mit dem markierten Stein einen Klemmzug gespielt. Es gibt mehrere Josekis, das Problem besteht darin, das richtige auszuwählen. Wenn Sie sich die Frage stellen, welche Strategie dem Sanren-sei am wirksamsten entgegentritt, wird die Antwort auf der Hand liegen.

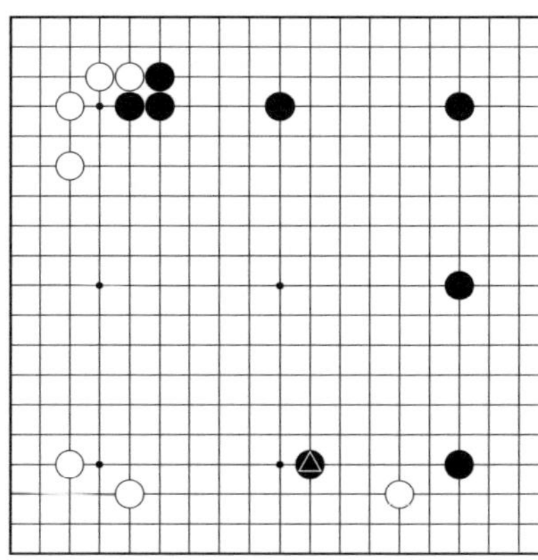

Antwort zu Test 9
Der Druck macht den Unterschied

Richtige Antwort: Mit 1 weiterschieben ist das Beste. Weiß wird vermutlich mit 2 und 4 antworten, aber Schwarz baut sein Moyo mit 3 bis 7 weiter aus. Weiß festigt zwar seinen oberen Rand, doch Schwarz festigt sein Moyo in viel größerem Maßstab. Falls Weiß mit 6 auf 7 spielt, so schneidet Schwarz auf 6 und spielt dann Hane auf A. Deshalb würde diese Spielweise nur Schwarz helfen.

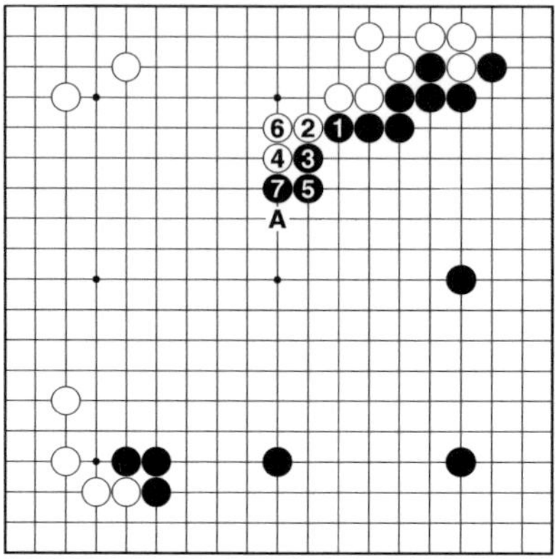

Richtige Antwort

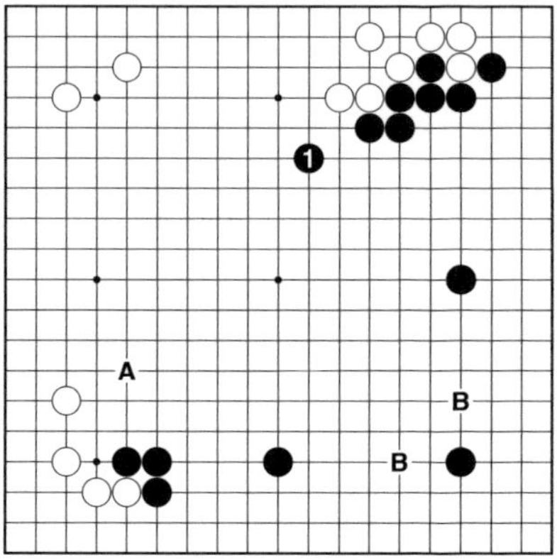

Falsche Antwort

Falsche Antwort: Es würde mich nicht überraschen, wenn die Mehrheit meiner Leser das Keima auf 1 als korrekte Antwort gewählt hätte. Das ist zweifellos ein guter Punkt und Schwarz hat die richtige Brettregion im Blick. Doch dieser Zug wird ein wenig bestraft, weil er im Vergleich zum Weiterschieben eine zu passive Form erzeugt. Weiß wird ihn wahrscheinlich ignorieren, was er gegen Schwarz 1 in der korrekten Antwort kaum tun kann. Schwarz 1 dort ist ein zwingender Zug, der Weiß keine Wahl lässt, als unmittelbar zu antworten.

Auch Schwarz A gehört zu den guten Punkten. Dieser Zug erweitert das untere Moyo, doch Züge in der oberen Region sind wertvoller. Ein Zug auf einen der mit B bezeichneten Punkte wäre deutlich schwächer, diese Region hat die niedrigste Priorität.

Antwort zu Test 10

Richtige Antwort: Kraftvoll mit 1 und 3 weiterschieben ist das Beste. Dies baut eine stählerne Wand und erschwert es Weiß, einen Fuß ins schwarze Moyo zu setzen. Schwarz A würde zwar auch den oberen Rand absperren, ist jedoch zu passiv. Wenn Weiß danach auf B springen würde, wäre die schwarze Stellung zu dünn und Schwarz müsste einen weiteren Stein setzen, um das schlechte Aji herauszunehmen.

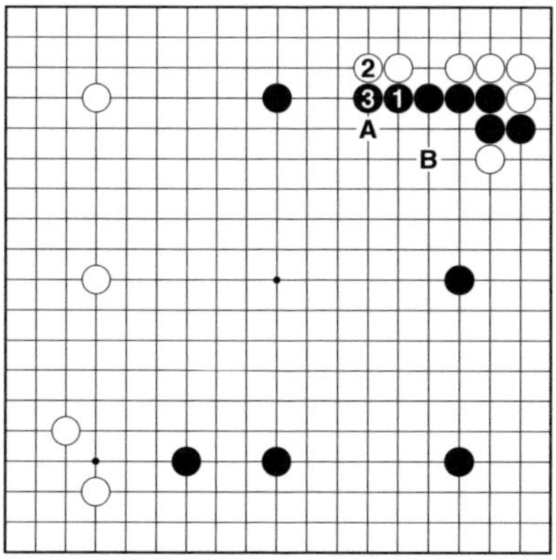

Richtige Antwort

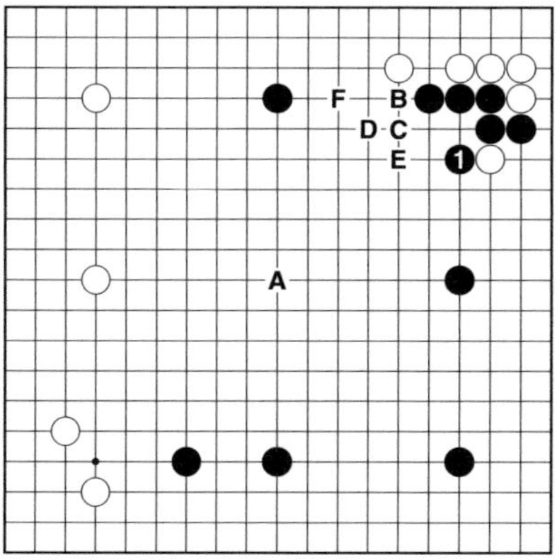

Falsche Antwort

Falsche Antwort: Schwarz 1 macht den weißen Stein unbeweglich. Das mag zwar der genaue Zug sein (Honte), doch der genaue Zug birgt oft das Risiko der Passivität. Hier ist er mit Sicherheit nicht aktiv genug. Steine wie der vereinzelte weiße hier sollten nicht lokal gefangen werden. Es ist besser, sie beherzt großräumig zu fangen, so dass der Gegner gar nicht wagt, etwas zu unternehmen.

Andere gute Punkte sind nicht zu sehen. Schwarz A ist zwar ein großer Zug, doch Weiß wird einfach mit B bis F in die Lücke in der schwarzen Stellung hineinstoßen. So sieht Weiß schon wie der Sieger aus, auch wenn sein Stein am rechten Rand isoliert ist.

Antwort zu Test 11
Platz für die weiße Ausdehnung

Richtige Antwort: Weiß 1 sieht durchschnittlich aus, ist aber das Beste. Üblicherweise muss Weiß sich vor den druckvoll erscheinenden Zügen 2 und 4 in Acht nehmen, doch hier hat er Platz, um seine Stellung bis 5 auszudehnen. Sie können diesen Fall verallgemeinern: Wenn es Platz für eine Ausdehnung gibt, dann zögern Sie nicht mit der Invasion.

Natürlich ist damit nicht der „Platz" für eine Ein-Punkt-„Ausdehnung" gemeint – das wäre nur ein Hüpfer zur Seite. Und auch hier könnten manche Leser mit der Tatsache hadern, dass 5 nur eine Zwei-Punkte-Ausdehnung ist. Sagt das Sprichwort nicht, man solle sich „vor einer Zwei-Steine-Mauer drei Punkte weit ausdehnen"? Die Antwort ist, dass man nicht alles haben kann. Wenn Sie ein Moyo invadieren, dann müssen Sie dankbar sein, wenn Sie Platz für eine Zwei-Punkte-Ausdehnung haben. In dieser Stellung hindern die weißen Steine den Gegner daran, einen enormen Kasten aufzubauen, der sich vom oberen bis zum unteren Brettrand erstreckt. Deswegen ist Weiß zufrieden, wichtig ist, dass Weiß 5 die Gruppe im Großen und Ganzen stabilisiert.

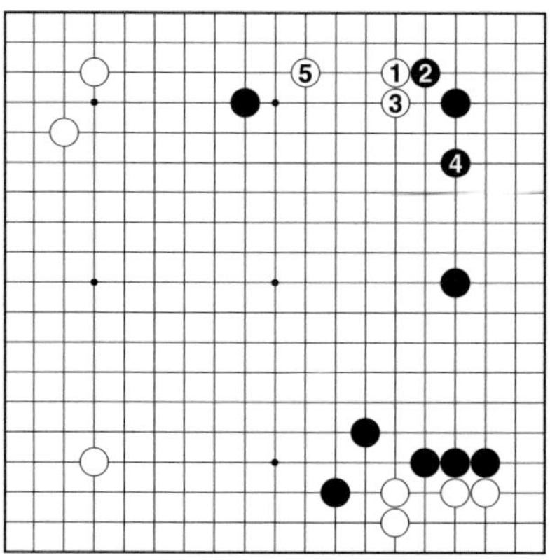

Richtige Antwort

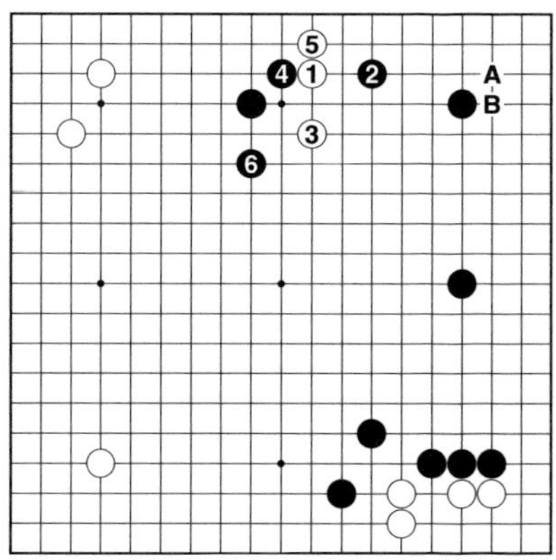

Falsche Antwort

Falsche Antwort: Weiß hält sich mit 1 zurück, weil ihm die Vorstellung des Diagonalanlegers auf 2 in der vorigen Abbildung nicht passt. Doch sehen Sie den Unterschied, wenn Schwarz mit 2 bis 6 angreift: Weiß ist weit davon entfernt, eine Basis zu sichern.

Und wenn Weiß stattdessen auf A invadiert? Schwarz stellt natürlich auf B dagegen.

Antwort zu Test 12
Flexible Einstellung

Richtige Antwort 1: Was auch immer passiert, Weiß muss seinen Kopf auf 1 herausstrecken. Nach Schwarz 2 springt er einfach weiter heraus. Ich hoffe, Sie können spüren, dass dies richtig ist. Anstatt 3 wäre auch das Standardjoseki Weiß A, Schwarz B, Weiß C spielbar. Der Nachteil ist nur, dass Schwarz dann die Gelegenheit bekommt, Weiß mit 3 vom Zentrum abzuschotten.

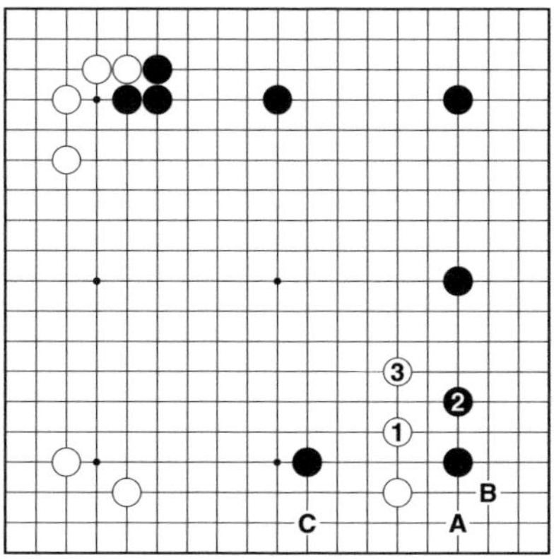

Richtige Antwort 1

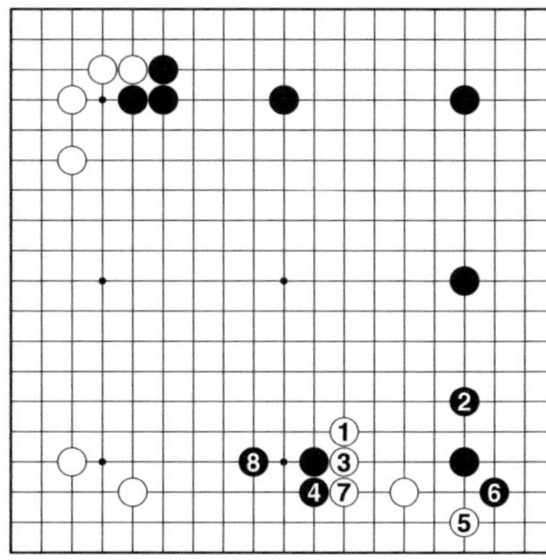

Richtige Antwort 2

Richtige Antwort 2: Weiß 1 auf die Schulter des schwarzen Klemmzugs ist ein stilvoller Zug, den man oft sehen kann. Es gibt einige Varianten, doch nehmen wir an, dass die Sequenz Schwarz 2 bis 8 folgt. Weiß hat nun seine Gruppe gesichert und gleichzeitig ins Zentrum geführt und ist somit zufrieden.

Falsche Antwort: Die Eckinvasion mit 1 ist ein Fehler. Wenn Schwarz bis 20 seine Mauer baut, erhält er ein prächtiges Moyo, das sich vom oberen bis zum unteren Rand erstreckt. Die Wahl des falschen Josekis kann sich in drastischer Weise auf die Gesamtposition auswirken.

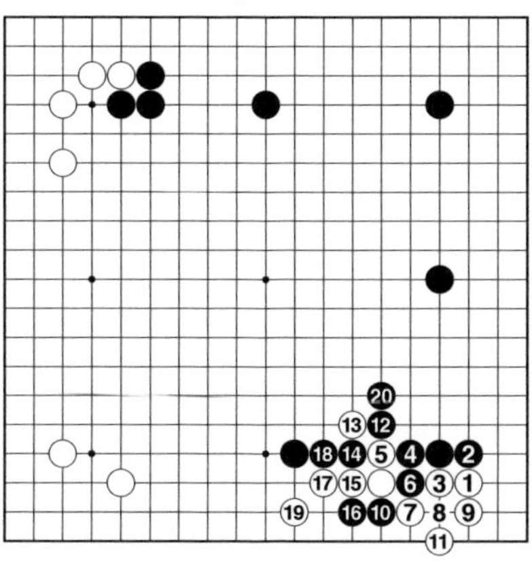

Falsche Antwort

Fuseki-Intermezzo

Das Neue Fuseki

Ich war 18 Jahre alt, als Kitanis Shin Fuseki ans Licht kam. Meine Freunde und ich waren in den Sog der Shin-Fuseki-Begeisterung geraten, die in den nächsten Jahren über das Land hinwegfegte. Man könnte es als jugendliche Ausschweifung abtun, doch wir experimentierten heißblütig mit jedem erdenklichen Fuseki. Die eigentlichen Urheber der Eröffnung, Kitani und Go Seigen, waren zweifellos verblüfft über die Verrücktheiten, die mit ihrem Neuen Fuseki angestellt wurden.

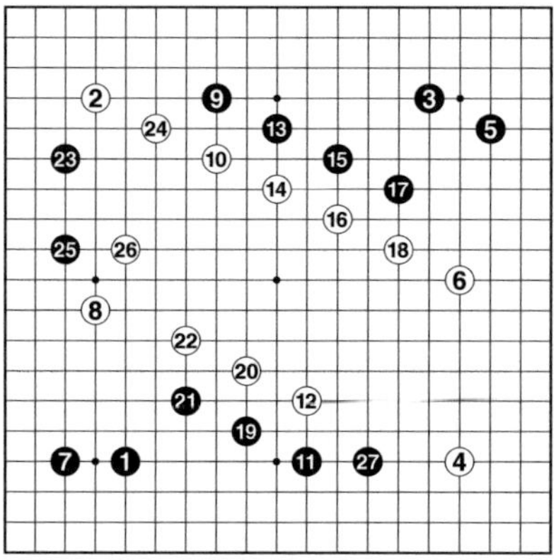

Abbildung 1

Abbildung 1: Eine solche jugendliche Ausschweifung, die noch in meiner Erinnerung nachklingt, ist Abbildung 1. Ich spielte diese Partie im September 1935 als 3-Dan in der Kansai-Niederlassung[1] des Nihon Ki-in mit Weiß gegen Kariya 2-Dan. Die weiße Spielweise könnte nicht exzentrischer sein, doch ich strotzte nur so vor Selbstvertrauen, was mich heute jedoch erstaunt. Das Überraschende ist, dass ich mit nur drei Punkten verlor; auf den ersten Blick scheint Weiß hier schon mit zehn Punkten hinten zu liegen, und es wurde ohne Komi gespielt.

Zu jener Zeit gab es einen sehr begabten Spieler namens Tanaka Fujio. Er spielte seinen ersten Zug meistens auf den Tengen (Brettmittelpunkt), weder früher noch später hat man ein Fuseki wie seines gesehen. Es war ein „ultra-neues Fuseki“. In Osaka, wo wir beide wohnten, waren wir bekannt als „Tanaka das Genie“ und „Takagawa der Begabte“. Das Genie starb früh, während der lediglich begabte Takagawa ein reifes, hohes Alter erreicht hat.

1 Kansai ist der Name der Region um Osaka im Westen der Hauptinsel Honshu. 1950 spaltete sich der Kansai Ki-in vom Hauptverband ab.

Wir jungen Spieler aus Osaka fuhren damals zu Wettkämpfen nach Tokio und faulenzten dort monatelang herum. An einem Tag spielten wir alle sieben gleichzeitig den ersten Zug auf den Tengen. Das war nicht abgesprochen, sondern purer Zufall. Und nur einer von uns gewann, alle anderen gingen mit Pauken und Trompeten unter. So war das damals.

Gewinn und Verlust in der Eröffnung

Wie finden Sie den Zug Schwarz 2 in Abbildung A, mit dem Schwarz auf der dritten Linie Gebiet nimmt? Ich bin mir Ihrer Zustimmung sicher, dass

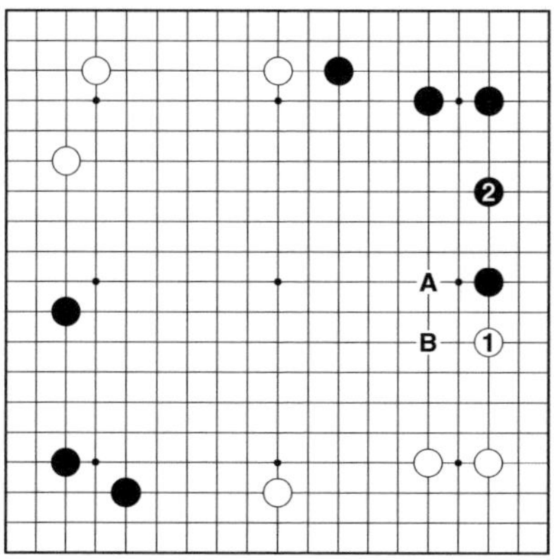

Abbildung A

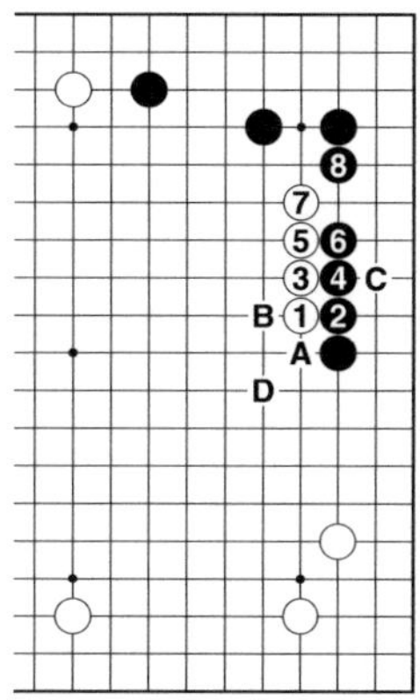

Abbildung B

niemand mit ein bisschen Fuseki-Verständnis einen solchen Zug spielen würde. Naturgemäß sollte Schwarz auf A springen, was seinem Moyo Tiefe gibt und eine gute Fortsetzung auf B erlaubt.

Gut, wir sind uns einig, dass Schwarz 2 ein schlechter Zug ist. Doch wie viele Punkte verschenkt er genau? Das hängt von der Gesamtsituation auf dem Brett ab, doch ich würde sagen, etwa zwei oder drei Punkte. „Mehr nicht?" werden Sie fragen, aber so lange Sie keinen wirklich grauenvollen Fehler machen, ist dies der Preis für einen schlechten Zug im Fuseki. Das ist gar nichts im Vergleich zu einem typischen Mittelspielpatzer. Doch trotzdem bleibt ein schlechter Zug natürlich ein schlechter Zug, und geistlose Züge wie 2 sollten schnell verworfen werden.

Wie ist es mit Abbildung B? Die normalen Zugfolgen sind entweder Schwarz 2 auf A, Weiß B, Schwarz C oder aber Schwarz 2, Weiß 3, Schwarz D. Die Züge bis 8 hier sind nachgiebig, doch kann man sie nicht als schlecht bezeichnen. Ein Spieler mit der richtigen Einstellung wird ihnen nichts abgewinnen können, doch der tatsächliche Verlust liegt bei etwa einem Punkt.

Kapitel 5: Das Sanren-sei in heutiger Zeit

Wie wird das Sanren-sei von Profis angewandt?

Die Frühphase des Sanren-sei

Als Kitani und Go Seigen 1933 die Shin-Fuseki-Revolution starteten, war das Sanren-sei ihre wichtigste Stütze. Im Rückblick unterscheidet sich das frühe Sanren-sei deutlich von der heutigen Eröffnung. Das Sanren-sei, das wir in diesem Buch untersucht haben, ist ein zweischneidiges Schwert. Es zeigt gleich viel Potenzial für den Angriff und für die Errichtung eines Moyos.

In frühen Sanren-sei-Partien erkennen wir wenig Bewusstsein für das Moyo-Potenzial. Wir sehen keine Spieler, die ihre Strategie auf der vollen Bandbreite dieser Eröffnung gründeten. Vielmehr spielten sie Sanren-sei, weil die Hoshis in einer zentrumsorientierten Strategie die beste Balance ergaben und weil die Eröffnung voller Angriffspotenzial war.

Das Ergebnis: Sobald die Spieler ihre Randpositionen abgesteckt hatten, ließen sie sich auf Kämpfe von erstaunlicher Heftigkeit ein. In diesem Sinne wurden die Hoshi-Steine des Sanren-sei lediglich als Angriffsbasis angesehen.

Natürlich sind Partien, in denen die Mittelspielkämpfe unmittelbar beginnen, in keiner Weise der heutigen Spielweise unterlegen[1]. Doch vom Fuseki-Standpunkt aus gibt es Anlass zur Kritik. Der Wechsel zu Komi spielt mit Sicherheit eine Rolle. Doch davon abgesehen können wir die Augen nicht vor den Fortschritten verschließen, die die Fuseki-Theorie in den letzten fünfzig Jahren gemacht hat.

Die Sanren-sei-Eröffnung hat mittlerweile eine über 75-jährige Geschichte. Somit hat der Leser einen Vorteil gegenüber Go Seigen und Kitani im Jahr 1933.

Schauen wir uns zwei frühe Beispiele für das Sanren-sei an.

Figur A: Kitani (Schwarz) gegen Segoe Kensaku, 1934.

An den Zügen bis 7 ist nichts Ungewöhnliches, doch Weiß 8 und Schwarz 9 sehen für moderne Augen merkwürdig aus. Der Sinn von Weiß 8 ist es, die Bedeutung des Brettmittelpunkts zu verringern, der von Schwarz 9, sie zu erhalten.

Weiß 10 ist ebenfalls ein Zug im Stil des Shin Fuseki. Die Eröffnung

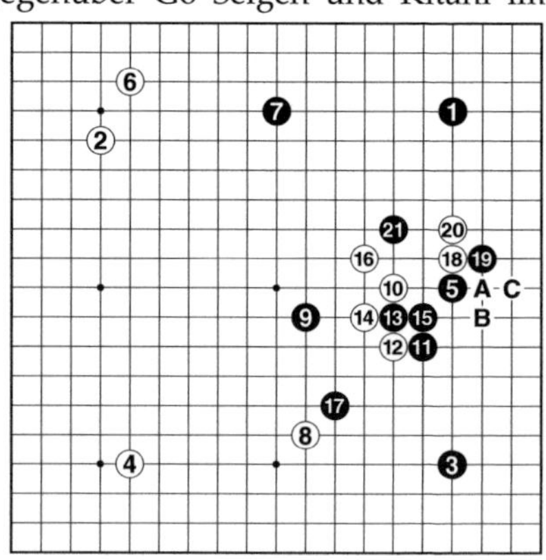

Figur A

1 Das Original erschien 1975.

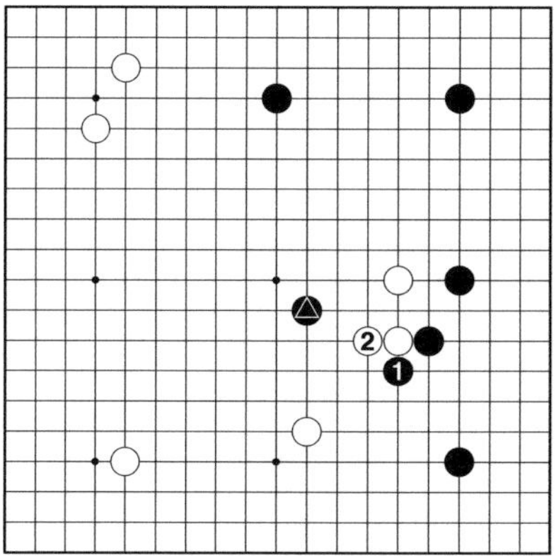

Abbildung 1

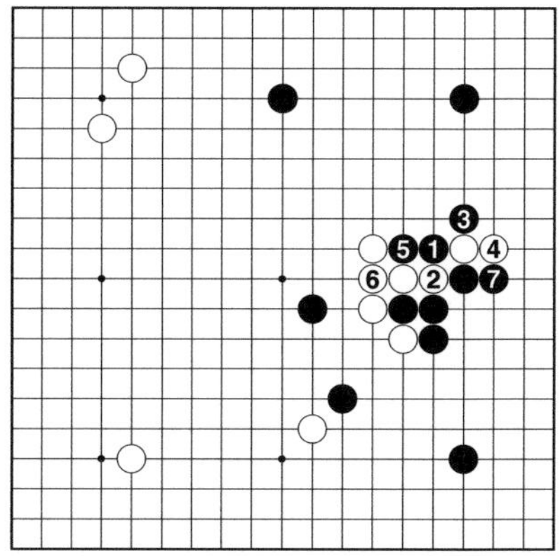

Abbildung 2

ist hier beendet. Das klingt einfach, jedoch war das Denken und Planen vor dem Beginn der Kämpfe alles andere als einfach. Man kann sich vorstellen, welch außergewöhnlich harte Arbeit in solchen Zügen wie 8 und 9 steckt.

Haben die Kämpfe einmal begonnen, besteht kein Unterschied mehr zum heutigen Go.

Ich kann die Empfindungen von Schwarz nachvollziehen, als er auf 13 spielte: Schwarz 1 in *Abbildung 1* würde den markierten Stein nur schwächen. Auf diese Weise würde Schwarz seinem Gegner helfen, die eigene Position entzweizuschneiden.

Anstatt des Schlags auf den vitalen Punkt mit 21 hat Schwarz offenbar auch die Züge 1 und 3 in *Abbildung 2* erwogen. Doch nach dieser Zugfolge bleibt für Schwarz so viel schlechtes Aji zurück, dass ich seine Entscheidung dagegen nachvollziehen kann.

Die Spieler befinden sich bereits im Kampfgewühl des Mittelspiels. Diese Tendenz des Shin Fuseki, sofort ins Mittelspiel überzuleiten, sieht man im Kreis der zeitgenössischen Spieler am besten in den frühen Partien von Kato Masao.

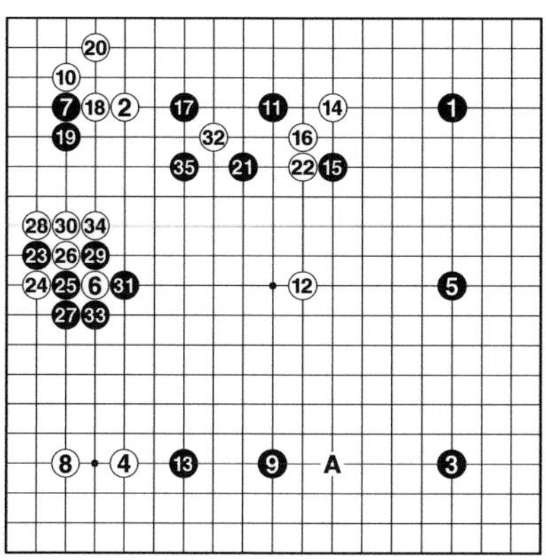

Figur B

Figur B: Dies ist eine weitere Partie von Kitani aus dem Jahr 1934, diesmal mit Weiß gegen Go Seigen. Bis Schwarz 11 gibt es nichts zu kommentieren, vielleicht mit Ausnahme des Zugs Schwarz 7, der die Flexibilität von Go Seigen zum Ausdruck bringt. Er hatte die herkömmliche Fuseki-Theorie nicht völlig über Bord geworfen. Gemäß dem üblichen Shin-Fuseki-Ansatz in jener Zeit hätte Schwarz den Punkt 1 in *Abbildung 1 (nächste Seite)* besetzt, womit A und B Miai

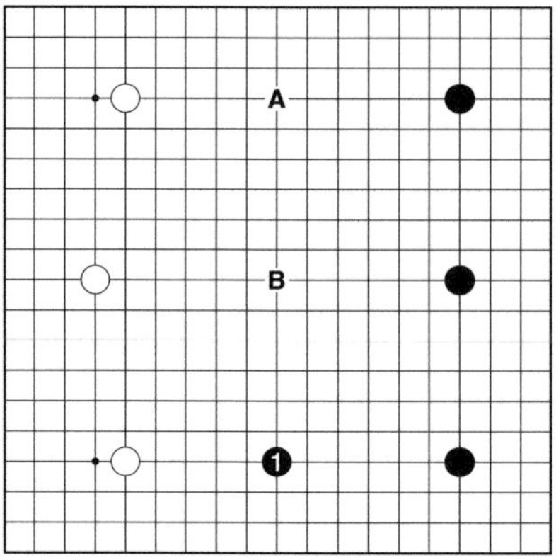

Abbildung 1

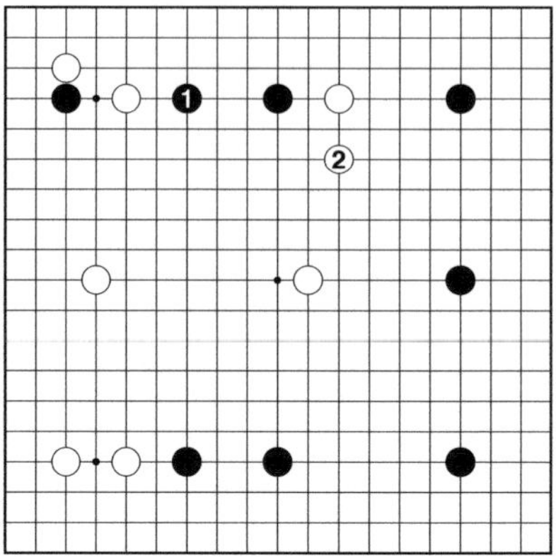

Abbildung 2

werden. Die Sichtweise, solche Punkte überhaupt als Miai anzusehen, ist selbst ein Charakteristikum des Shin Fuseki. Wir Profis moderner Zeiten würden sie nicht als Miai bezeichnen, da A wertvoller ist.

Die Häufigkeit, mit der der Begriff Miai in der Literatur zum Shin Fuseki auftritt, ist bemerkenswert. Diese Tatsache hat wenig Aufmerksamkeit erregt, doch ich bin der Meinung, dass das Miai-Konzept einen wesentlichen Teil des Shin Fuseki ausmacht. Miai beinhaltet Ausgewogenheit, und das Shin Fuseki, das Sanren-sei inbegriffen, war eine ausgewogene Eröffnung.

Sehen wir uns nun Kitanis Zug auf 12 genauer an. Was für eine Bedeutung hat diese Invasion, eine Linie tiefer als der Mittelpunkt? Weiß 12 macht Miai aus 14 und A. Der Hintergedanke ist, dass nach einer weißen Invasion auf 14 dieser Stein eine gute Beziehung zu 12 bekommt. Hier zeigt sich, wie Kitani eine Sicht auf das Ganze hatte: Er nahm das Brett mit einem weiten, allumfassenden Blick wahr. Züge wie 12 lassen ahnen, wie viel Mühe die Spieler in den frühen Tagen des Sanren-sei in ihr Fuseki investierten.

Mit Schwarz 15 stürzen wir uns in den Kampf. In einem Kommentar bemerkte Kitani, dass 15 ein guter Zug gewesen sei. Ich stimme sicherlich zu, dass der Austausch 15 für 16 vor dem Zug auf 17 eine schöne Dynamik für Schwarz herstellt. Wenn Schwarz sich einfach auf 1 in *Abbildung 2* ausdehnt, dann springt Weiß auf 2 und hat keine Probleme.

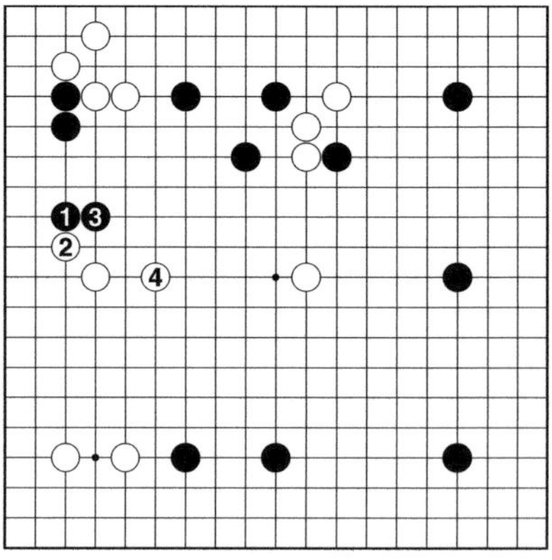

Abbildung 3

Schwarz 23 ist ein weiterer starker Zug. Spielt Schwarz stattdessen auf 1 in *Abbildung 3*, so macht Weiß seine Gruppe schwer. Auf das Tesuji Schwarz 25 ist Weiß 26 der natürliche Gegenangriff. Spielt Weiß stattdessen auf 1 in *Abbildung* 4, so stabilisiert Schwarz seine Gruppe auf einfache Weise mit 2 und 4. An den Überlegungen hinter den Zügen in dieser Region ist nichts Ungewöhnliches, jedoch bekommt man das Gefühl, dass die Spieler das Sanren-sei am rechten Rand völlig außer Acht lassen. Sie beginnen einen heftigen Kampf auf der linken Seite, langsam breitet sich diese Welle nach rechts aus und erst dann kommt das Sanren-sei erstmals zum Einsatz.

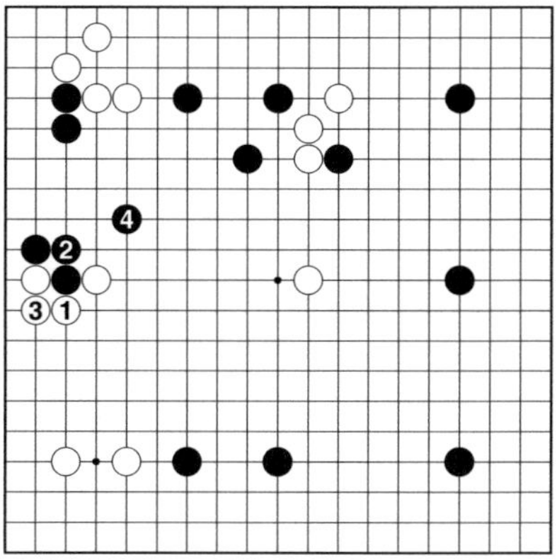

Abbildung 4

Das Sanren-sei in modernen Partien

Zum Abschluss meiner Analyse dieser Eröffnung möchte ich sechs Partien betrachten, die von Spielern unserer Zeit gespielt wurden. Ich selbst bin auch vertreten, doch alle anderen Spieler sind begeisterte Jungprofis.

Wenn Sie ein Verständnis dafür entwickeln können, an welchen Punkten sich Profis die meiste Mühe machen und worüber sie sich am meisten den Kopf zerbrechen, dann werden Sie das Sanren-sei wirklich beherrschen. Damit will ich nicht sagen, dass die Probleme, die die Profis beschäftigen, unbedingt schwierig wären. Letzten Endes kommt es darauf an, die hier vermittelten Grundlagen gewissenhaft anzuwenden.

Wenn Sie das Sanren-sei in Profipartien studieren, empfehle ich Ihnen, die folgenden Aspekte zu beachten:

1. Die Flexibilität, mit der ein Profi spielt, nachdem er das Sanren-sei aufs Brett gelegt hat, und wie er jedes einzelne Problem für sich betrachtet. Kurz gesagt, er entwickelt das Sanren-sei in jeder Partie anders, je nach der Situation auf dem gesamten Brett. Einmal wird er das Moyo-Potenzial nutzen und ein anderes Mal die Ideale des Sanren-sei gar nicht verfolgen.

2. Falls ein Kampf in der Bretthälfte ausbricht, die dem Sanren-sei gegenüberliegt, beachten Sie, wie die Spieler die Gegenwart dieses Sanren-sei im Fortgang des Kampfes berücksichtigen.

3. Wenn die Gesamtposition es ermöglicht, die Sanren-sei-Ideale zu erreichen, das heißt ein großes Moyo zu errichten oder mächtige Kampfkraft zu formieren, dann achten Sie darauf, wie konsequent und beharrlich ein Profispieler diese Ideale verfolgt.

4. Falls die Ideale des Sanren-sei unerreichbar scheinen, dann sehen Sie, wie bereitwillig ein Profi sie aufgibt, wie frei von jeder Gier er damit zufrieden sein wird, kleinere Brötchen zu backen.

Die obigen vier Punkte können so zusammengefasst werden: 1. Flexibilität (Opportunismus), 2. Gesamtschau, 3. Idealismus, 4. Realismus.

Berufsspieler zeichnen sich in all diesen vier Aspekten aus. Ich hoffe, dass meinen Lesern diese vier Prinzipien in Fleisch und Blut übergehen.

1. Partie: Rin Kaiho gegen Ishida Yoshio (Schwarz)

Figur 1: In seinen jungen Jahren war Ishida vom Sanren-sei ziemlich angetan. Hier spielt er erst drei Züge auf der linken Seite, bevor er das Sanren-sei vervollständigt. Dies ist eine Strategie voller Raffinesse.

Es wäre völlig in Ordnung, nach Weiß 8 mit Schwarz A, Weiß B und Schwarz C fortzusetzen, das würde eine annehmbare Stellung ergeben. Da er mitten im Joseki innehält, bekommt er eine dünne Position, doch er legte mehr Wert auf eine effiziente Entwicklung. Aber trotzdem ist es unüblich, den einzelnen Zug auf 9 zu spielen.

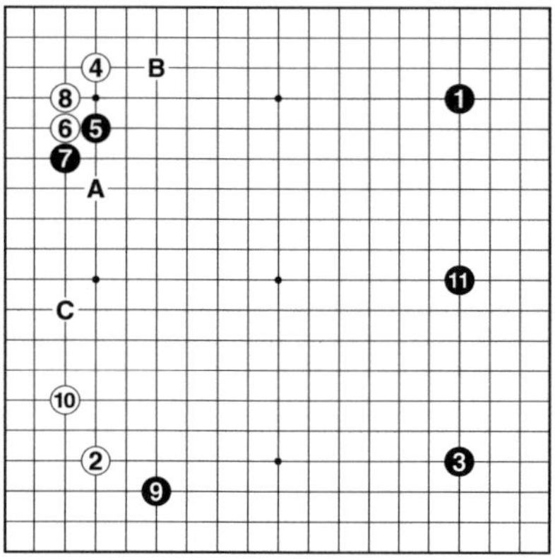

Figur 1

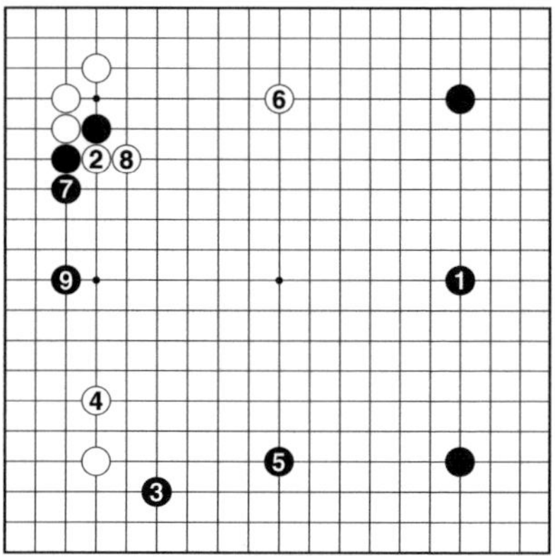

Abbildung 1

Abbildung 1: Falls Schwarz das Sanren-sei auf die übliche Weise mit 1 aufbaut, schneidet Weiß vermutlich auf 2, so dass Schwarz danach mit 3 und 5 ein Moyo errichten kann. Weiß bekommt hingegen eine ansprechende Stellung am oberen Rand.

Zumindest lässt sich sagen, dass Abbildung 1 die übliche Vorgehensweise ist.

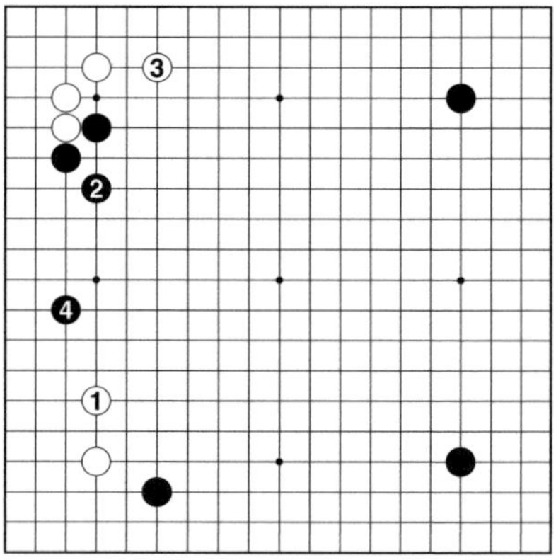

Abbildung 2

Beachten Sie, dass Weiß 10 in dieser Stellung der einzige Zug ist. Würde Weiß auf 1 in *Abbildung 2* spielen, so wäre die Wirkung von Schwarz 2 und 4 perfekt. Schwarz 4 zielt in die offene Flanke des weißen Shimaris.

Nach dem Kakari auf 9 setzt Schwarz üblicherweise mit einem weiteren Zug in dieser Gegend fort, Schwarz 9 stellt somit also eine Sonderstrategie dar. Wenn Schwarz hier weiterspielen würde, dann auf 1 in *Abbildung 3 (nächste Seite)*. Und falls Weiß danach auf 2 spielt, ist die Zugfolge bis 11 zu erwarten.

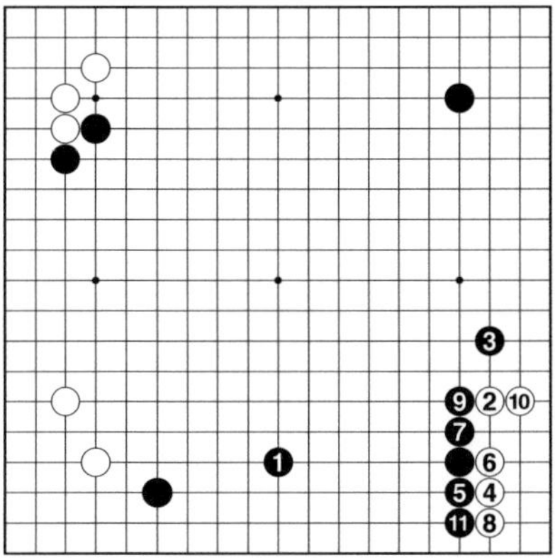

Abbildung 3

Jedenfalls ist Schwarz 1 in Abbildung 3 der normale Zug. Wenn Schwarz mit 11 in der Figur den Schauplatz wechselt, dann muss er darauf vorbereitet sein, dass Schwarz 9 ein gutes Angriffsziel wird. Dies gehört jedoch zur schwarzen Strategie. Abgesehen von der Frage, welcher Zug am besten wäre, ist der schwarze Plan, den Gegner zu einem Angriff zu bewegen, um das Sanren-sei effektiv nutzen zu können. Diese Strategie ist typisch für Ishida, man könnte sie höchstens als „passives Sanren-sei" bezeichnen. Weiß wird natürlich Schwarz 9 angreifen. Doch wie?

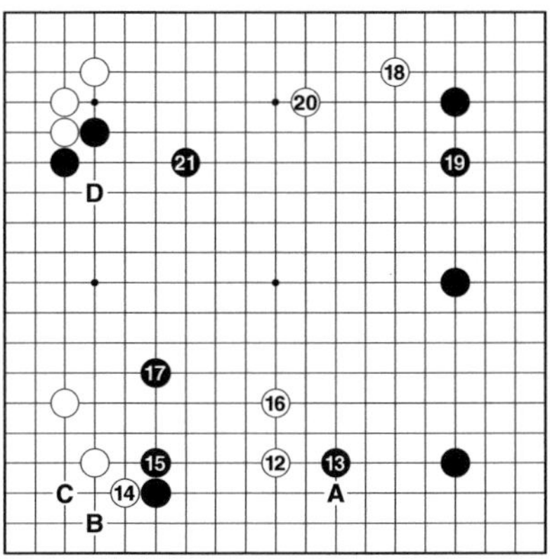

Figur 2

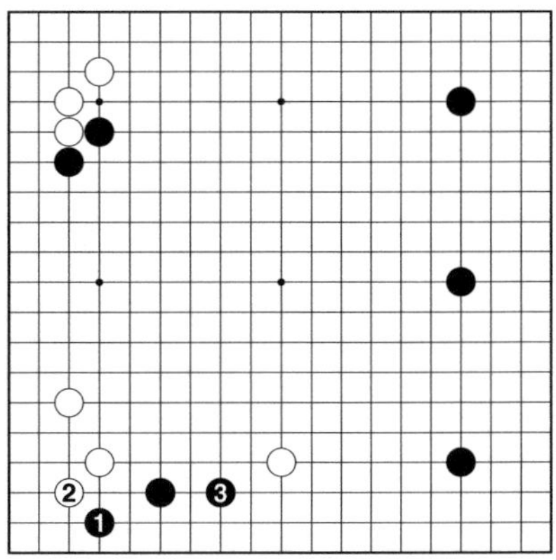

Abbildung 4

Figur 2: Auf jeden Fall spielt Weiß den Klemmzug auf 12. Vermutlich jeder wäre mit diesem Zug einverstanden. An dieser Stelle kann Schwarz zwischen zwei Vorgehensweisen wählen. Die eine ist ein Angriff von der anderen Seite mit 13, Schwarz ist recht gut auf einen wilden Kampf vorbereitet. Da es sich um ein Sanren-sei-Fuseki handelt, ist der hohe Zug natürlich besser als A. Die andere Methode wäre, sich mit 1 und 3 in *Abbildung 4* zu stabilisieren, das ist die friedliche Variante.

Dies sind die Alternativen für Schwarz. Doch obwohl Abbildung 4 die gemäßigte Spielweise darstellt, scheint dieses Fuseki in eine knappe Partie überzuleiten. Und mit Komi würde Schwarz knappe Partien lieber vermeiden. Außerdem wirkt Abbildung 4 zusammen mit dem Sanren-sei unangemessen, da die Eröffnung nicht gebietsorientiert ist.

Der Diagonalanleger auf 14 ist natürlich, denn jetzt wäre es untragbar, wenn Schwarz auf B hineintauchen dürfte. Weiß sorgt dafür, dass die

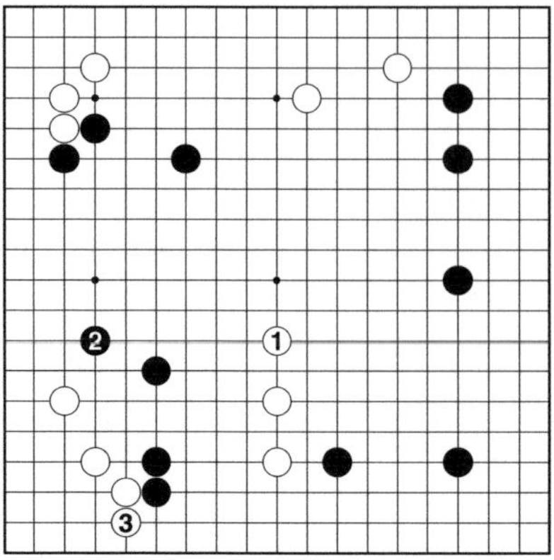

Abbildung 5

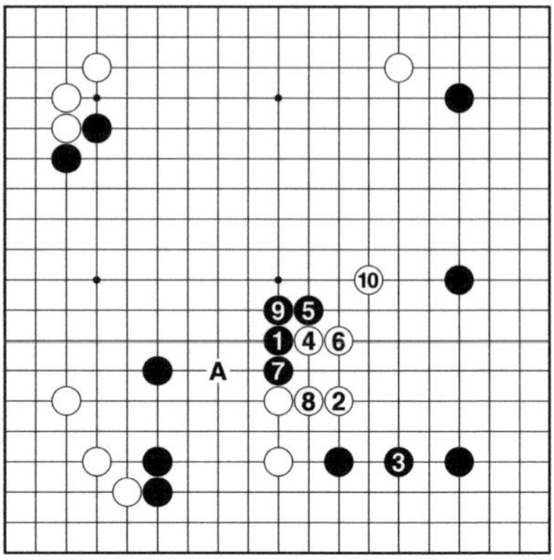

Abbildung 6

schwarze Gruppe mit 15 schwer wird, bevor er auf 16 herausspringt. Weiß hat im Kampf am unteren Rand mehr oder weniger die Initiative.

Schwarz 17 ist ein leichter Zug. Steine wie die beiden unteren sollten so leicht wie möglich stabilisiert werden, Schwarz hat ohnehin noch die 3-3-Invasion auf C.

Weiß wechselt mit 18 und 20 zum oberen Rand. Diese Züge sind typisch für den Stil von Rin, obwohl es schwerfällt, ihn in einem Wort zu beschreiben. Normalerweise würde man erwarten, dass Weiß auf 1 in *Abbildung 5* springt. Falls Schwarz den Formzug auf 2 spielt, kann Weiß mit 3 die Ecke sichern und sich weiterhin vornehmen, die dünne schwarze Stellung anzugreifen. Spieler wie ich würden besonders dazu neigen, diese Variante zu wählen. Rin machte den mutigen Schritt, zum oberen Rand zu wechseln, weil er gebietsmäßig in Führung gehen wollte. Er war zuversichtlich, mit jedem schwarzen Angriff am unteren Rand zurechtzukommen.

Nach dem weißen Tenuki ist Schwarz natürlich versucht, mit 1 in *Abbildung 6* Boshi zu spielen. Wenn er das tut, so ist der richtige Zeitpunkt bei 19. Weiß würde dann mit 2 bis 8 gute Form machen und so auf natürliche Weise in das Sanren-sei hineinlaufen. Schwarz mag zwar eine dicke Position im Zentrum aufbauen, allerdings sieht das insgesamt für ihn nicht gut aus. Außerdem könnte Weiß mit 2 auch auf A zum Gegenangriff übergehen. Aus all diesen Gründen entschied sich Ishida dafür, auf 19 zu antworten und dann mit 21 Stärke in der oberen Region aufzubauen.

Beachten Sie, dass ein Zug in der Gegend von 21 korrekt aussieht, falls Schwarz oben links spielen will. Schwarz D wäre zu schwer: Ein Profi würde hier nicht spielen, auch kein Amateur-Hochdan.

Figur 3 (nächste Seite): Die Züge Schwarz 23 und Weiß 24 machen beide gute Form, doch Weiß hätte statt 24 auch mit 1 in *Abbildung 7 (nächste Seite)* die Ecke sichern können. Schwarz baut dann mit 2 eine dicke Position auf. Weiß spielt die Kikashis 3 und 5 und danach auf den guten Punkt 7, der das Potenzial des Sanren-sei-Moyos einschränkt. Diese Phase der Partie ist sehr schwierig, es ist nicht entscheidbar, ob diese Variante oder 24 in der Figur besser ist, das weiß der Himmel.

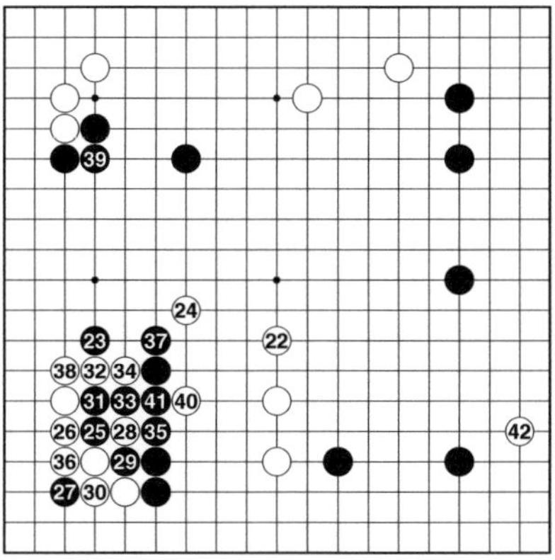

Figur 3

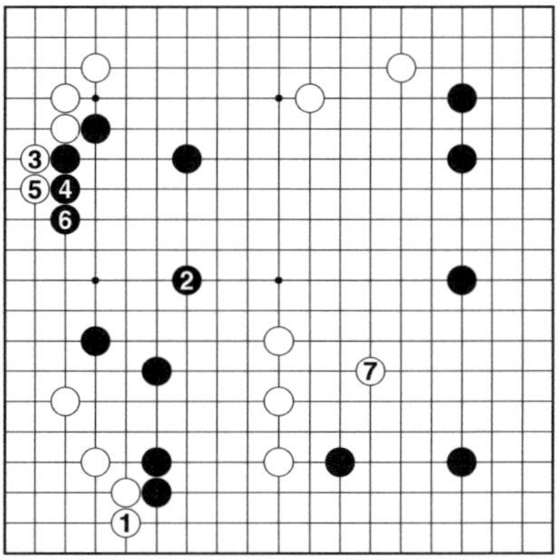

Abbildung 7

Schwarz invadiert nun die Ecke. Dadurch wird die Form festgelegt und die schwarze Gruppe stabilisiert. Die Züge ab 25 sind sehr professionell und bergen einige komplizierte Varianten. Zum Beispiel könnte Schwarz versuchen, mit 27 auf 1 in *Abbildung 8* zu schieben. Weiß würde dann mit 2 kontern, was zu der Zugfolge bis 12 führt. Danach verbindet Schwarz auf 13. Es gibt einige Varianten für Weiß 12, aber hier fehlt der Platz, um tiefer einzusteigen.

Offenbar fand Rin Abbildung 8 ungünstig für Weiß, während sie Ishida für Schwarz missfiel.

Der weiße Gegenangriff mit 28 ist ein guter Zug. Schwarz sichert seine Gruppe, indem er mit 29 bis 35 einen Stein fängt, während Weiß seine Ecke mit gutem Aji festigt. Doch der Schnitt auf 1 in *Abbildung* 9 wäre eine interessante Alternative für 29 gewesen. Weiß 2 ist erzwungen, somit kann Schwarz mit 3 verbinden. Der Kampf kommt zum Erliegen, nachdem Weiß auf 10 gegen den schwarzen Schnitt verteidigt, der nach dem Durchstoßen auf dem Punkt links von 8 erfolgt wäre. Schwarz verteidigt mit 11 gegen das

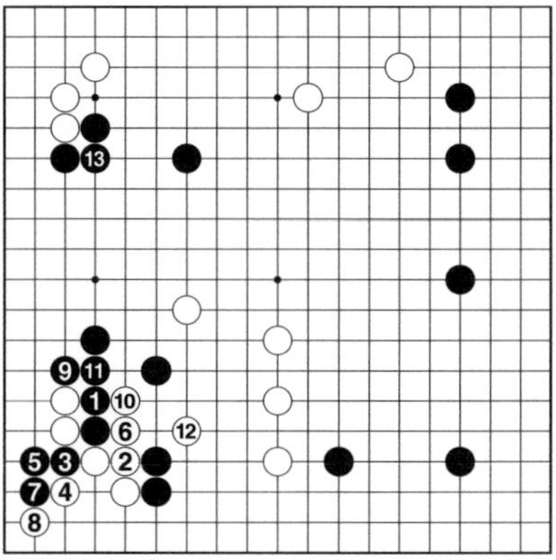

Abbildung 8

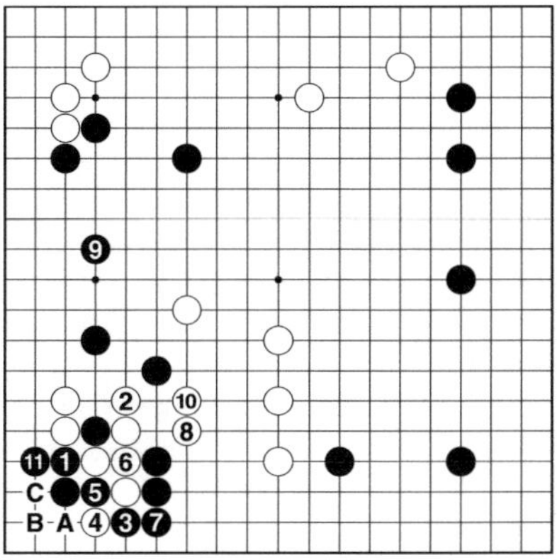

Abbildung 9

Ko, das nach Weiß A, Schwarz B und Weiß C droht. Wenn ich jedoch das Ergebnis bewerten soll, so fällt mir die Antwort nicht leicht.

Der komplizierte Kampf in der linken unteren Ecke ist beendet und erst jetzt, mit dem Zug 42, greift Weiß das schwarze Sanren-sei an. Es mag so scheinen, als ob die Spieler das Sanren-sei bis jetzt nicht beachtet hätten, doch das ist nicht der Fall. Selbst als sie sich im Kampf auf der linken Seite verfangen hatten, behielten sie doch das Sanren-sei im Hinterkopf.

Die Weise, in der Schwarz das Sanren-sei hier verwendet, ist typisch für Ishida. Er nutzt es nicht unmittelbar als Waffe, sondern indirekt als permanente Drohung. An dieser Stelle steht die Partie ausgeglichen.

2. Partie: Ishida Yoshio gegen Cho Chikun (Schwarz)

In seinen jüngeren Tagen war Cho Chikun dem Sanren-sei nicht abgeneigt. Diese Eröffnung passt für lebhafte junge Spieler, da sie zu groß angelegten Partien führt, mit Kämpfen übers ganze Brett hinweg.

Die Züge bis 15 bilden ein typisches modernes Sanren-sei, diese Eröffnung

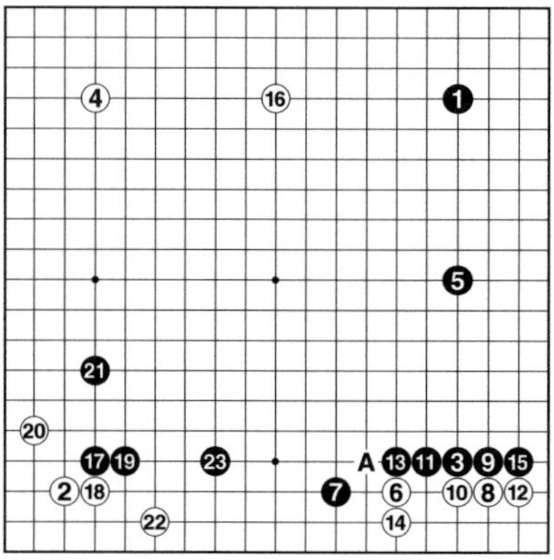

Figur 1

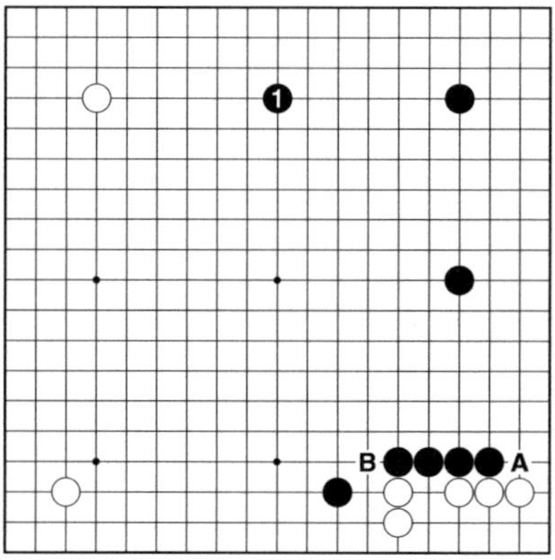

Abbildung 1

ist sehr beliebt. Schwarz 15 beendet das Joseki und ist ein Schlüsselzug. Wenn Sie jedoch Unwillen verspüren, einen so kleinen Zug zu spielen, wenn es doch woanders sehr große Punkte gibt, dann empfehle ich Ihnen, auf 1 in *Abbildung 1* zu spielen. Schwarz steht dünn, da er nicht auf A dagegengestellt hat, deshalb wird Weiß B bedrohlich. Doch Schwarz gründet seinen Strategie auf die weite Anlage seiner Position auf dem ganzen Brett. Schwarz 1 schafft eine gute Balance.

Niemand würde widersprechen, dass der nächste Zug von Weiß auf 16 erfolgen muss. Dies ist der größte Punkt auf dem Brett.

Abbildung 2 (nächste Seite): Falls Weiß eilig das Kakari auf 1 spielt, wird Schwarz nicht auf A antworten, weil dies dem Gegner mit dem Zug auf B eine bequeme Stellung erlauben würde. Stattdessen wird Schwarz auf 19 oder 2 einklemmen. Wenn Weiß auf 3 spielt, dann folgt das Standardjoseki

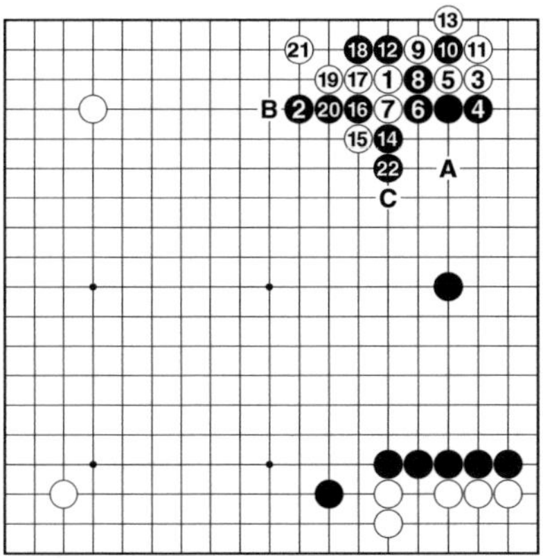

Abbildung 2

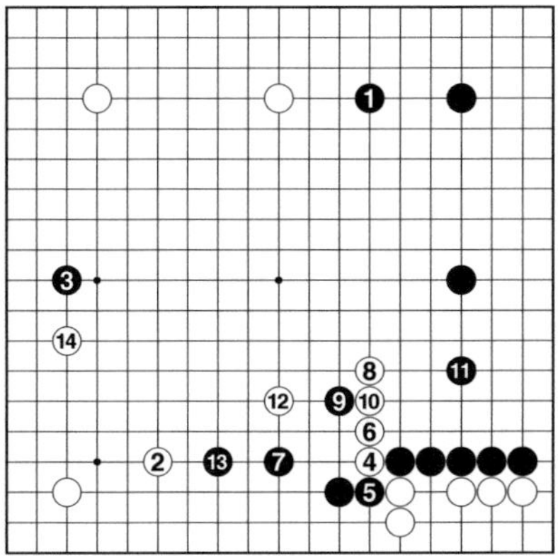

Abbildung 3

bis 22. Weiß mag zwar beide Ecken bekommen haben, aber das schwarze Moyo ist viel zu stark. Weiß müsste wahrscheinlich mit 3 auf 14 spielen, worauf Schwarz A, Weiß 10, Schwarz 3 und Weiß 21 folgte. Doch dann wird Schwarz C ein ausgezeichneter Punkt. Ich bin sicher, dass der Leser sich an die Diskussion dieses Problems (ab Seite 50) erinnert.

Deshalb spielt Weiß auf 16. Der nächste Zug für Schwarz ist jetzt schwierig. Cho entschließt sich für das Joseki von 17 bis 23, das die Drohung Weiß A abschwächt.

Abbildung 3: Die Ausdehnung auf 1 gegen die weiße Position ist ebenfalls ein ausgezeichneter Zug und scheint eine vernünftige Alternative zu sein. Weiß 2 und Schwarz 3 sind beides große Punkte im Fuseki. Daraufhin würde Weiß seine Herausforderung mit 4 starten. Der daraus entstehende verworrene Kampf breitet sich übers ganze Brett aus.

In der Figur wählt Schwarz eine solide Gangart. Bis 23 ist das Zentrum zur schwarzen Einflusssphäre geworden.

Danach wird es die Strategie des Weißen sein, beim Gebiet in Führung zu bleiben. Die Partie wird dadurch entschieden werden, wie geschickt er das schwarze Moyo reduzieren kann.

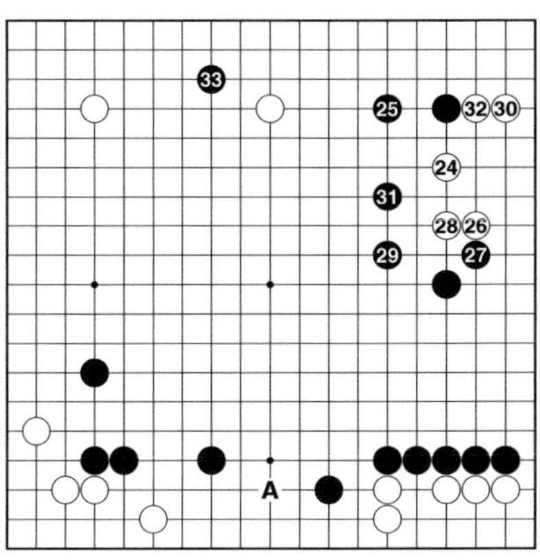

Figur 2

Figur 2: Ishida verfolgt mit 24 und 26 eine unkonventionelle Strategie, die ich in diesem Fall interessant finde. Im Einzelnen ist Schwarz 25 als Antwort auf 24 unerlässlich, worauf Schwarz natürlich mit 27 und 29 angreifen will. Somit kann Weiß seine Gruppe mit 30 schnell stabilisieren.

Abbildung 4 (nächste Seite): Was würde passieren, wenn Weiß statt 24 das normale Kakari auf 1

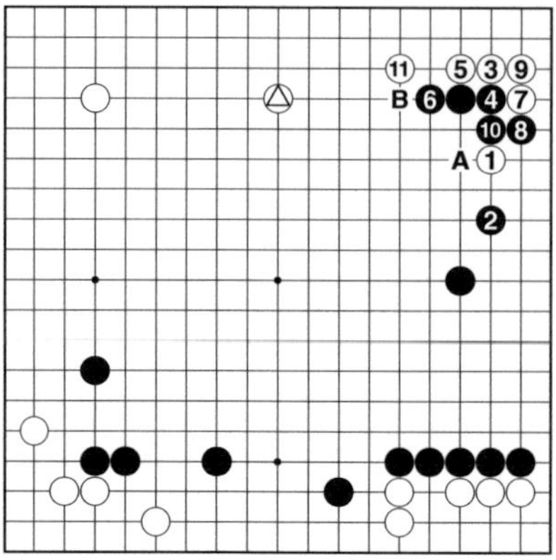

Abbildung 4

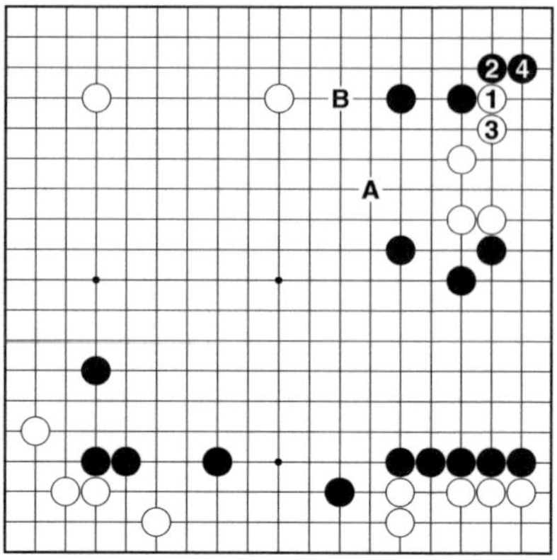

Abbildung 5

spielt oder mit 11 auf Sicherheit geht? Der zweite Vorschlag ist ein wenig instinktlos, aber sehen wir uns den ersten an. Nach Schwarz 2 bekommen wir das Joseki bis 11. Glaubt der Leser, dass 11 mit dem markierten Stein eine gute Kombination bildet? Die Antwort ist ein entschiedenes Nein. Im Gegenteil, in Wahrheit ist die Position des markierten Steins nicht zufrieden stellend. Alternativ könnte Schwarz den Zug 1 auch mit Schwarz 10, Weiß A, Schwarz B beantworten, was im Ergebnis für Weiß genauso unbefriedigend ist.

Fazit: Die Züge 24 bis 30 bilden eine wohl durchdachte Sequenz.

Beachten Sie, wie leicht Weiß mit 30 spielt. Ein Anleger auf 1 in *Abbildung 5* wäre deutlich schlechter: Er macht Weiß schwer und hilft Schwarz, die Ecke zu sichern. Wenn ein Profi so spielte, dann hätte er die Partie schon verloren. Eine vertretbare Alternative wäre 1 auf A. Schwarz würde vermutlich auf B antworten.

Kurz gesagt hat Weiß das Ziel, seine Gruppe mit 30 und 32 schnell zu sichern. Dadurch kann Schwarz ihn zwar mit 31 vom Zentrum fernhalten, doch das ist nicht zu ändern. Selbstverständlich ist Schwarz mit diesem Ergebnis auch nicht unzufrieden.

In der Tat spielt Cho eine hervorragende Partie. Schon zu diesem Zeitpunkt hätte ich lieber die schwarzen Steine.

Cho zeigt jetzt mit 33 sein wahres Gesicht. Nachdem Schwarz sein Moyo einmal mit 31 ausgebaut hat, würde man natürlicherweise fortsetzen, indem man mit 1 in *Abbildung 6* eine großräumige Position absteckt. Das ist der normale Ansatz, und ein Spieler wie Kobayashi Koichi hätte vermutlich so gespielt.

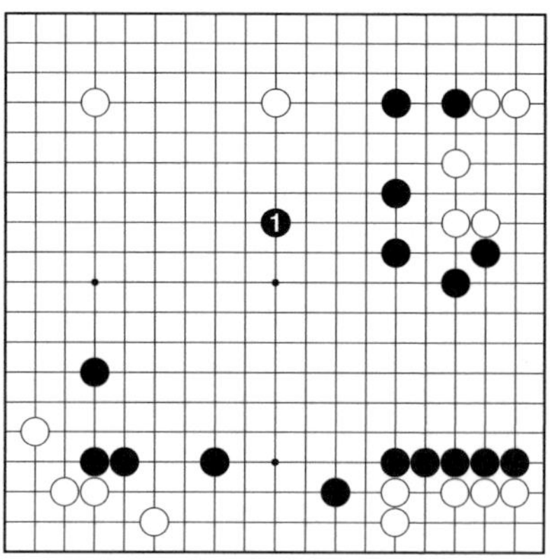

Abbildung 6

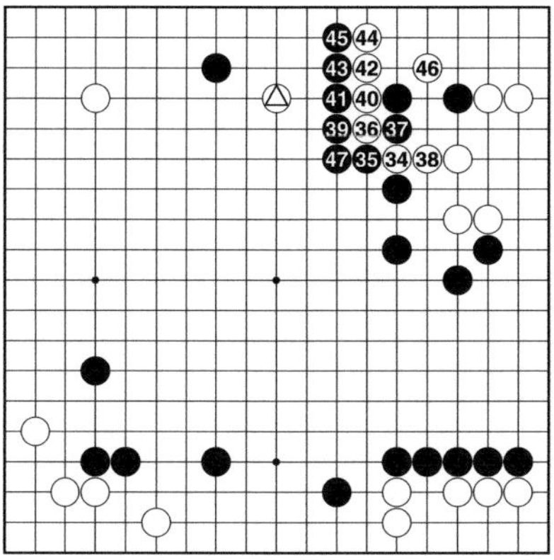

Figur 3

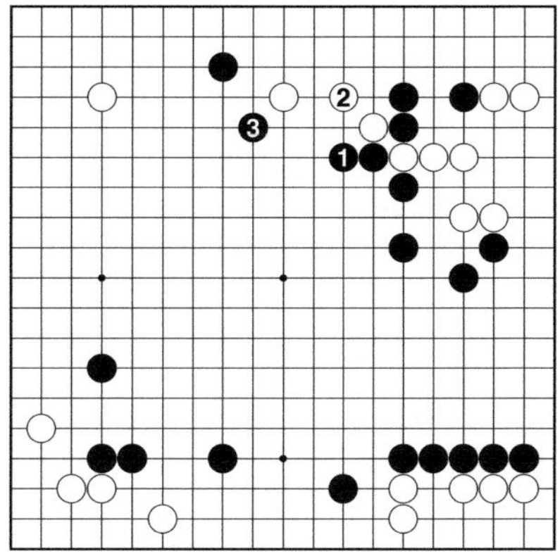

Abbildung 7

Doch Cho mag keine Vereinfachungen. Er entschloss sich, kühn auf 33 zu invadieren und den einzelnen weißen Stein anzugreifen. Er ist ein vielseitiger und geschickter Stratege.

Figur 3: Ishida geht mit 34 zum Gegenangriff über. Ein Versuch, mit dem markierten Stein direkt herauszulaufen, würde strategisch nicht gut funktionieren. Bis 47 erfolgt ein großer Tausch: Weiß sichert sich etwas mehr als 30 Punkte Gebiet, während Schwarz außen eine Mauer baut, die genauso viel wert ist. Der Puls des markierten Steins ist jetzt so schwach, dass er kaum noch wahrnehmbar ist.

Ishida fand diesen Tausch gut für Weiß und Cho fand ihn angemessen für Schwarz. Da beide Seiten das Ergebnis als günstig ansahen, wollen wir annehmen, dass es tatsächlich ausgeglichen war.

Im Lauf dieser Sequenz gibt es nur bei Schwarz 39 Spielraum für Variationen. Schwarz könnte auch auf 1 in *Abbildung 7* strecken. Das ist guter Stil, und Ishida sagte, dass er diesen Zug erwartet hätte. Nach Weiß 2 funktioniert das Niederdrücken mit Schwarz 3 und gibt Schwarz gutes Aji. Es entstünde ein schwieriger Kampf für Weiß.

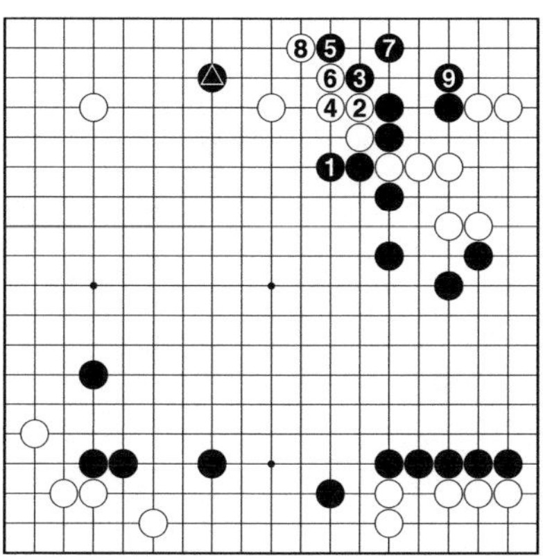

Abbildung 8

Abbildung 8: Deshalb würde er 1 vermutlich beantworten, indem er mit 2 die Form festlegt. Schwarz 5 ist ein Tesuji, danach würde Schwarz wahrscheinlich mit 9 seine Gruppe sichern. Auf diese Weise vermeidet er es, seinem Gegner 30 Punkte Gebiet zu überlassen, doch er kann keinen Gefallen daran finden, dass Weiß bis 8 außen eine dicke Stellung aufbaut. Der markierte schwarze Stein wird nun zu einer Belastung und Weiß reduziert das Moyo im Zentrum. Vermutlich hat sich

Cho aus diesen Gründen gegen Abbildung 8 entschieden, obwohl Schwarz natürlich auch so keine schlechte Partie bekäme.

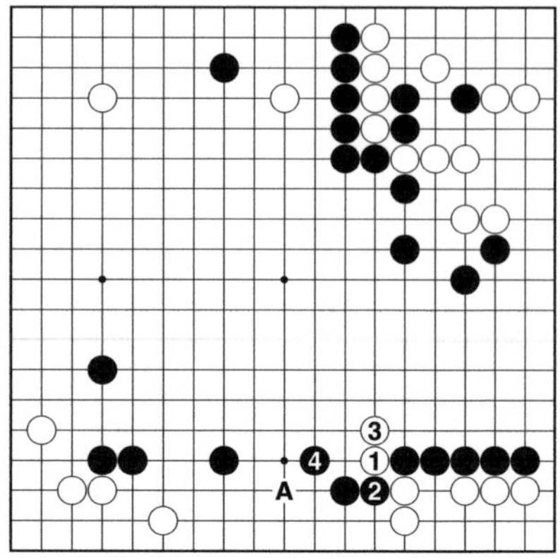

Abbildung 9

Nun, wie sollen wir die Partiestellung nach 47 bewerten? Weiß hat 30 Punkte in der rechten oberen Ecke oder etwas mehr, knapp zehn Punkte rechts unten und mehr als zehn in der Ecke links unten. Insgesamt macht das mehr als 50 Punkte sicheres Gebiet, mit Komi sind es 60. Schwarz kann also nur gewinnen, wenn er in der Gegend vom rechten Rand bis ins Zentrum mehr als 60 Punkte macht. Er verfügt auch über die Betonmauer am oberen Rand, womit die Stellung für Schwarz nicht schlecht aussieht. Doch die Partie steht vermutlich knapp.

Beachten Sie, dass der Schnitt mit 1 und 3 in *Abbildung 9* in einer solchen Stellung bereits nicht mehr in Frage kommt. Die schwarzen Positionen in der Umgebung sind zu stark. Stattdessen wird sich Weiß die Invasion bei A vornehmen.

Figur 4: Bei 48 macht sich Weiß langsam aber sicher daran, das Moyo zu reduzieren. Lokal gesehen ist Weiß 1 in *Abbildung 10* korrekter Stil, doch das würde Schwarz nur bei der Stärkung des Moyos helfen, da er mit 2 und 4 eine druckvolle Antwort zur Verfügung hat. Schwarz 4 könnte auch auf A gespielt werden. Falls Schwarz mit 2 auf 3 nach außen drückt, ist Weiß 2 oder B gut spielbar. Diese Züge helfen Weiß, das Moyo zu reduzieren.

Aus diesem Grund spielt Weiß den hohen Zug auf 48. Doch sogar hierauf spielt Schwarz mit 49 Boshi. Niemand sorgt sich um die markierten Steine. Das Hauptaugenmerk liegt auf der Größenordnung, in der Schwarz sein Moyo befestigen kann.

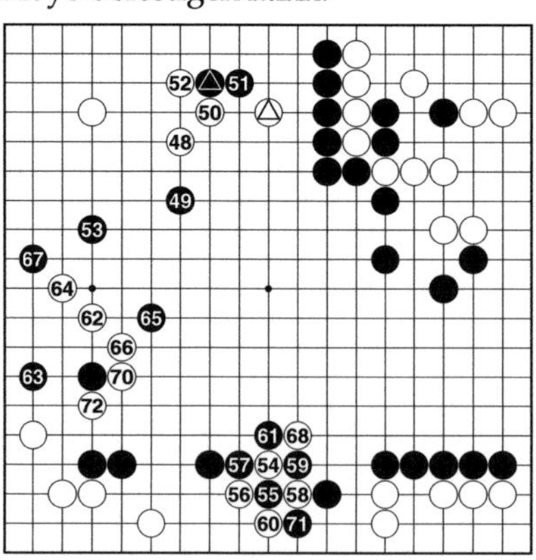

Figur 4 (69: Ko)

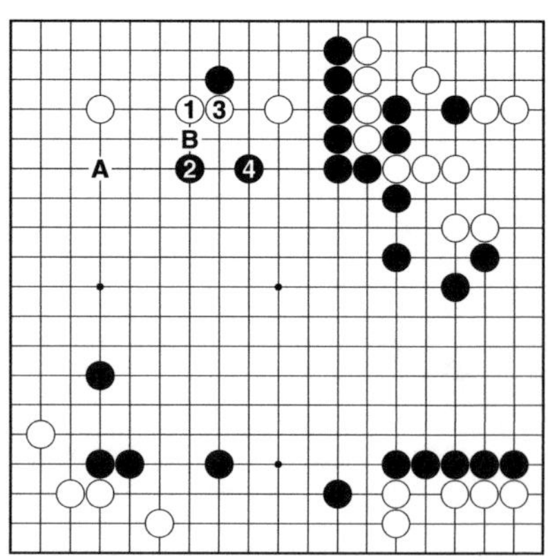

Abbildung 10

Schwarz zirkelt es mit dem wohl ausgewogenen Zug auf 53 ab, die Partie scheint weiterhin gut für ihn zu laufen. Indem er mit 71 das Ko am unteren Rand gewinnt, festigt er seine Führung. Diese Partie ist ein Beispiel dafür, wie ein Sanren-sei in ein Zentrumsmoyo überführt wird.

3. Partie: Hane Yasumasa gegen Kato Masao (Schwarz)

Figur 1: Hane ist ein sehr talentierter Spieler, doch in dieser Partie spielt er nicht gut und verhilft Katos Sanren-sei zu einem durchschlagenden Erfolg.

Zuerst sei bemerkt, dass Schwarz 9 ein raffinierter Zug ist. Ich hoffe, sie können von dieser Unternehmungslust Katos lernen.

Abbildung 1: Die übliche Zugfolge hier ist natürlich ebenfalls völlig in Ordnung. Nach 3 wird Weiß entweder mit 4 das Sanren-sei verhindern oder die gute Ausdehnung auf A spielen. Beide Varianten führen zu einer

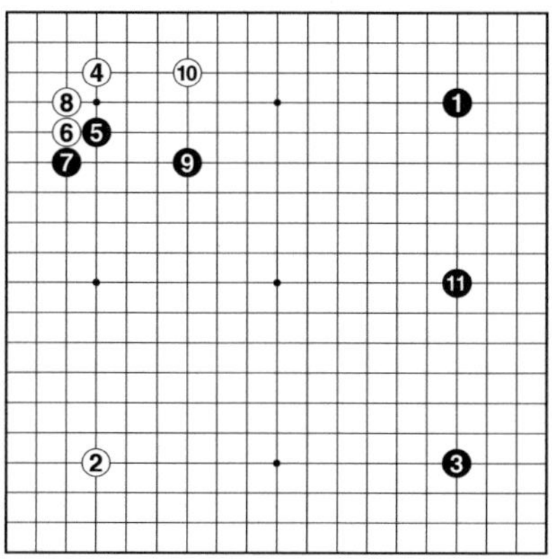

Figur 1

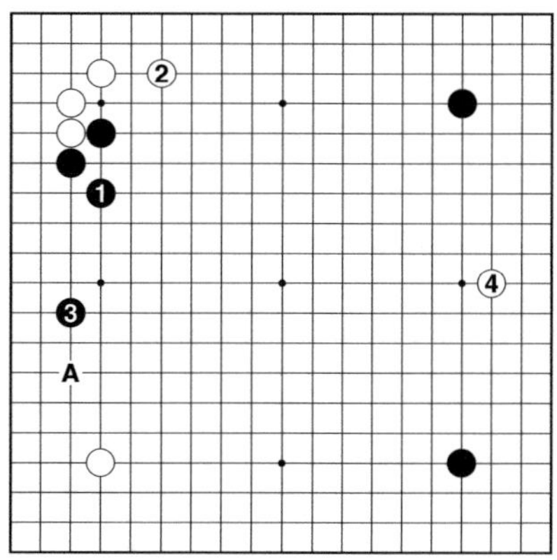

Abbildung 1

annehmbaren Partie.

Der Zug Schwarz 9 ist wie ein Phantom – man bekommt ihn nicht in den Griff. Tatsächlich wäre die beste Vorgehensweise, ihn zu ignorieren. Indem er auf 10 spielt, ist Weiß auf die schwarze Strategie hereingefallen.

Beachten Sie, dass Schneiden auf 1 in *Abbildung 2 (nächste Seite)* in fast allen Fällen schlecht ist. Schwarz gibt mit Freuden einen Stein her und macht mit 2 bis 6 gute Form. Und Weiß kann sich das Hane auf A in diesem Stadium der Partie noch nicht vornehmen. Weiß hat seinem Gegner geholfen, sich zu stärken.

Weiß 10 ist ein zweifelhafter Zug im Fuseki. Das Einschließen auf 10 wäre für Schwarz eine gute Fortsetzung von 9, allerdings nicht in dieser frühen Phase der Partie. Es gibt größere Punkte, die höhere Priorität genießen.

Abbildung 3: Zum Beispiel kann Weiß mit 1 das Sanren-sei verhindern. Nach Schwarz 2 könnte er mit 3 einen weiteren großen Punkt besetzen. Alternativ könnte er auch 1 auf A spielen und auf Schwarz B mit Weiß C

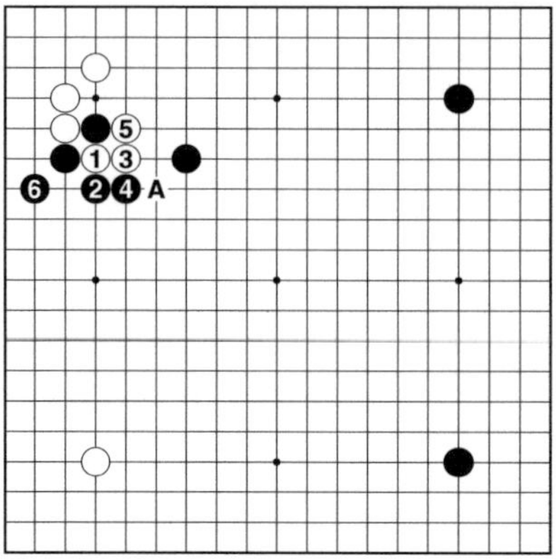

Abbildung 2

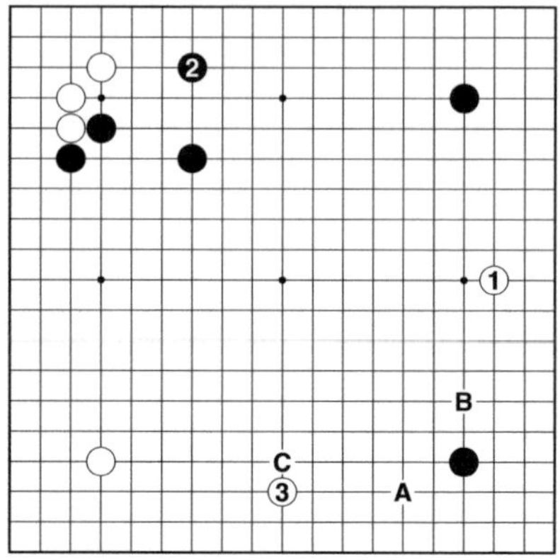

Abbildung 3

Stellung beziehen. Der Zug Schwarz 2 macht zwar gute Form, was den oberen Rand angeht, doch er ist etwas weniger wert als die großen Punkte am rechten und unteren Rand.

Ein weiterer Anlass zur Unzufriedenheit ist die Tatsache, dass Weiß mit 10 eine flache Stellung bekommt. Selbstverständlich wird Hane sich all dieser Nachteile bewusst gewesen sein und hat trotzdem auf 10 gespielt. Doch er spielte bald darauf einen weiteren fragwürdigen Zug, wodurch er eine schwierige Partie bekam.

Figur 2: Weiß 12 ist ein großer Punkt und ist nicht zu tadeln. Schwarz 13 ist ebenfalls ein hervorragender Punkt. Schwarz A mag mehr Druck aufbauen, doch Schwarz legt wegen seines Sanren-sei mehr Wert aufs Zentrum.

Wollte man eine Alternative zu 12 finden, dann wäre es Weiß 1 in *Abbildung 4*. Schwarz wird natürlicherweise auf 2 einklemmen, und es folgt das Standardjoseki. Hier wird Weiß eher auf 7 spielen denn auf A herunterzuziehen. Als Nächstes invadiert Weiß mit 9. Diese Variante wäre für beide Seiten spielbar.

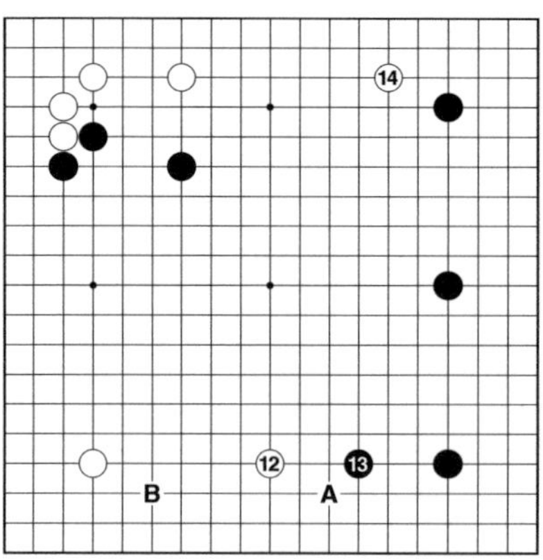

Figur 2

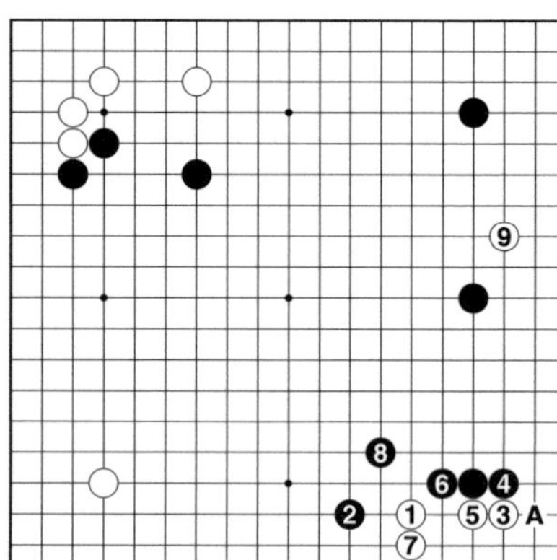

Abbildung 4

Schwarz 13 war ein so guter Punkt, dass damals die Meinung geäußert wurde, Weiß hätte wie in Abbildung 4 spielen müssen. Doch um in dieser Frage zu einem Ergebnis zu kommen, wäre eine Analyse auf hohem Niveau nötig, deshalb wollen wir das hier nicht vertiefen.

Der nächste weiße Zug auf 14 kann in jedem Fall als zweifelhaft bezeichnet werden. Er sieht aus wie ein gewöhnliches Kakari, was ist daran zweifelhaft? Als Antwort sehen Sie sich Abbildung 5 an.

Abbildung 5: Schwarz wird das Kakari (markierter Stein) nicht beantworten. Er muss nur mit 1 und 3 niederdrücken, was Weiß eine viel zu flache Stellung am oberen Rand verschafft. Das ist das erste Problem bei diesem Kakari.

Das zweite ist die Tatsache, dass der Brennpunkt in diesem Fuseki nicht am oberen, sondern am unteren Rand liegt. Mit dem dicken Zug Schwarz 13 in Figur 2 im Rücken wird die Invasion (das Kakari) Schwarz B ein sehr druckvoller Zug. Dies wird in der nächsten Figur offensichtlich werden.

Folglich muss Weiß vor allem anderen etwas für den unteren Rand tun.

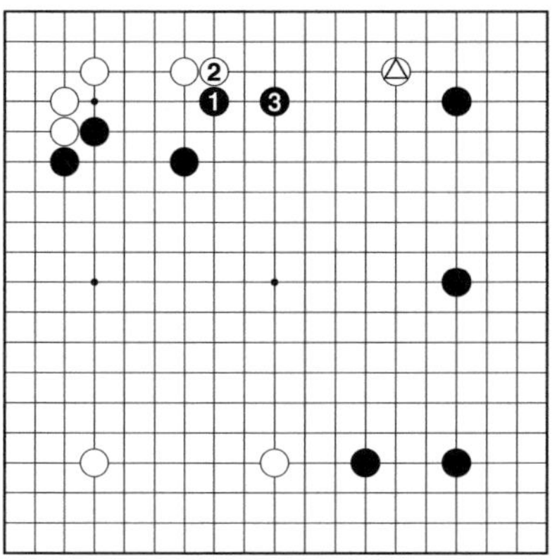

Abbildung 5

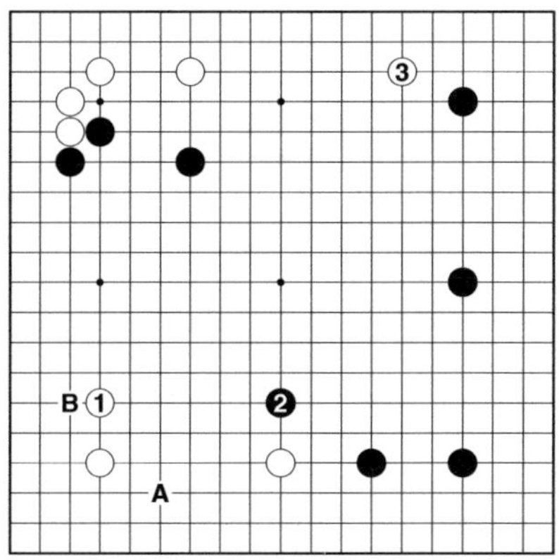

Abbildung 6

Abbildung 6: Wenn Weiß am unteren Rand spielt, dann scheint es das Beste zu sein, mit 1 Stellung zu beziehen. Falls Schwarz mit 2 weiterhin seine Moyostrategie verfolgt, kann Weiß immer noch zu 3 überwechseln, da er die Schärfe aus einer Invasion bei A bereits herausgenommen hat. Sollte Weiß anstatt 1 auf 2 springen, um das Moyo zu reduzieren, so spielt Schwarz auf B.

Auf jeden Fall war Weiß mit 14 zu voreilig. Mit einem Streich hatte er seinem Gegner die Partie leicht gemacht. Dieser benötigte keine zweite Einladung.

Figur 3 (nächste Seite): Schwarz 15 nutzt den einen nachlässigen Zug von Weiß aus und wirkt sehr druckvoll. Hane antwortet mit Weiß 16 und 18, doch dann packt Kato den spektakulären Zug 19 aus. Dieses für Katos Stil typische Boshi ist um so wirkungsvoller, nachdem Schwarz auf 17 gestreckt hat.

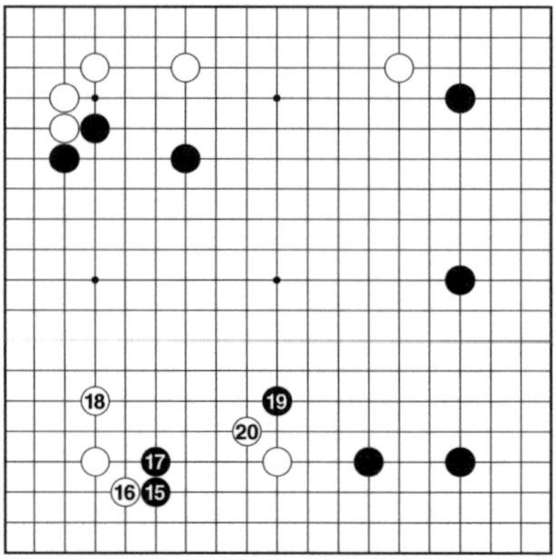

Figur 3

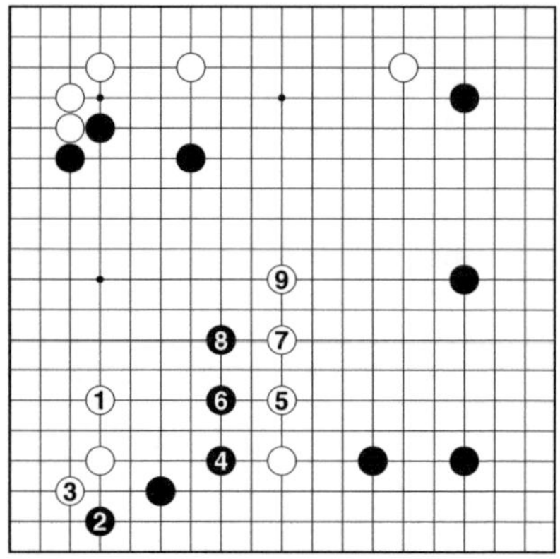

Abbildung 7

Abbildung 7: Deshalb hätte Weiß statt 16 einfach auf 1 springen können. Auf diese Weise hätte er noch einen nahezu ausgeglichenen Kampf bekommen. Schwarz stabilisiert sich zwar mit 2 und 4, doch Weiß springt einfach immer weiter ins Zentrum. Seine Gruppe mag zwar keine Basis haben, doch zumindest reduziert er irgendwie das schwarze Moyo am rechten Rand.

Sobald Weiß diese Entgegnung verpasst und Schwarz zu dem Boshi auf 19 kommen lässt, wird er in einen ungünstigen Kampf genötigt.

Beachten Sie, dass Schwarz 19 der einzige Zug ist. Weiß wäre für einen Zug wie den auf die Schulter mit 1 in *Abbildung 8* so dankbar, dass er in Freudentränen ausbräche. Bis 6 läuft er in guter Verfassung heraus, Weiß hat plötzlich eine komfortable Stellung.

Weiß streckt mit 20 seinen Kopf heraus, doch einen solchen Zug würde man gern möglichst vermeiden. Besser wäre ein Sprung auf 1 in *Abbildung 9*. Falls Schwarz auf A spielt, springt Weiß auf 4 heraus, deshalb spielt Schwarz das Tesuji auf 2. Dies ist ein indirekter Angriff. Nach Weiß 3

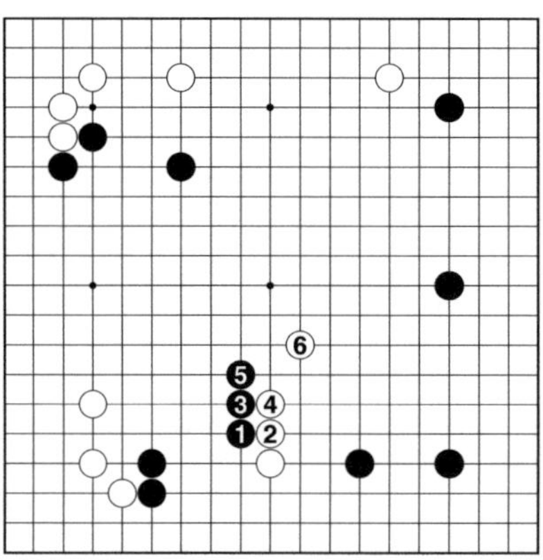

Abbildung 8

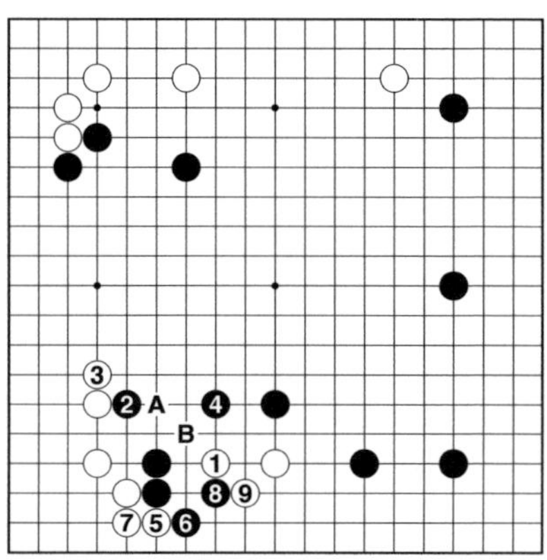

Abbildung 9

schließt Schwarz mit 4 ein. Weiß 5 und 7 bilden den stärksten Konter. Nach Schwarz 8 spielt Weiß Hane auf 9; nachdem er Gebiet genommen hat, hängt sein Wohl und Wehe davon ab, ob er seine Gruppe retten kann. Ich frage mich, was bei dieser Spielweise wohl herausgekommen wäre. Schwarz muss aufpassen, denn Weiß hat das Aji bei B im Visier.

Die Partie wird nach Weiß 20 so einseitig, dass man sagen könnte: Abbildung 9 war die letzte Chance für Weiß.

Vielleicht fällt es Ihnen schwer zu glauben, dass die Partie schon nach 20 Zügen einseitig sein könnte. Doch nach 20 weiteren Zügen wird auf schmerzhafte Weise offenbar, dass die weiße Stellung völlig hoffnungslos ist. Diese Partie macht sehr deutlich, wie interessant – und wie furchterregend – das Fuseki sein kann.

Figur 4: Schwarz 21 ist das Tesuji für einen indirekten Angriff. Hanes Antwort auf 22 zeigt Kampfgeist. Der Kampf bekommt nun eine eigene Dynamik.

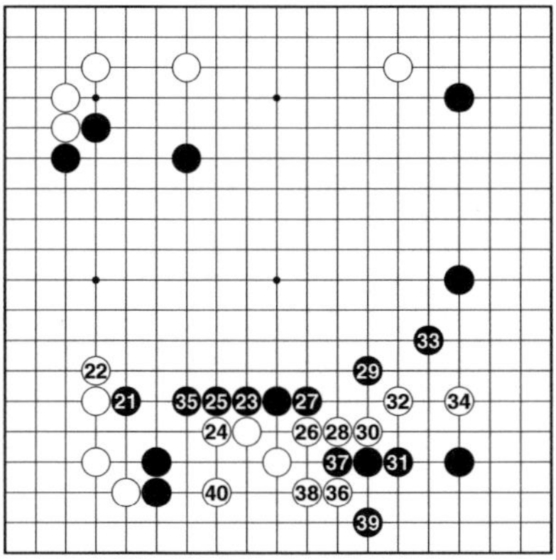

Figur 4

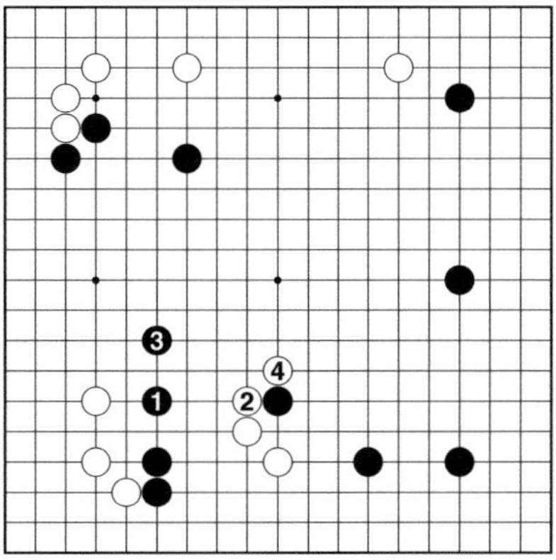

Abbildung 10

Abbildung 10: Macht Schwarz statt 21 den normalen Sprung auf 1, so spielt Weiß 2 und 4 und bekommt Luft zum Atmen. Das ist schlecht für Schwarz.

Weiß 22 mag die kämpferische Erwiderung sein, doch objektiv gesehen muss sich Weiß auf 1 in *Abbildung 11 (nächste Seite)* herausschieben. Dadurch bekommt Schwarz ein sehr erfreuliches Hane auf 2, doch Weiß könnte 5 gegen 6 austauschen und dann seine Gruppe mit dem Hane auf 7 festigen. Dieses Ergebnis ist für Schwarz viel besser als Abbildung 10, was ihn erfreuen wird, aber es würde die weiße Niederlage hinauszögern, noch immer wartet ein langer Kampf. Doch es wird wohl keinen Sinn haben, einen so aggressiven Spieler wie Hane zu bitten, er solle diese Variante spielen. Ein Spieler mit so viel glühendem Kampfgeist glaubt nicht an Flucht und Verschieben eines Kampfs. Kompromisse sind seiner Natur fremd. Für ihn ist 22 der einzige Zug.

Kato schiebt mit 23 und 25 weiter. Leider ergibt sich für Weiß keine Chance zum Gegenangriff. Er spielt wieder einen Diagonalzug und streckt seinen

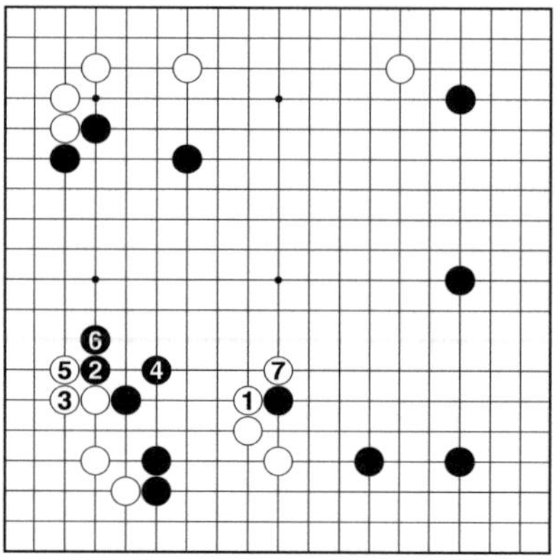

Abbildung 11

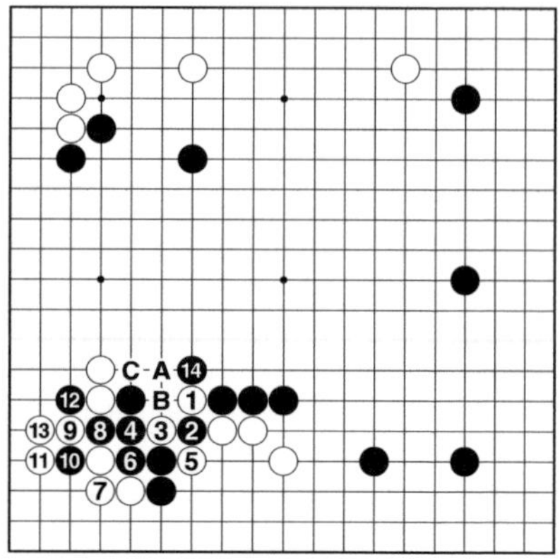

Abbildung 12

Kopf auf 26 heraus. Der Konter mit 1 in *Abbildung 12* funktioniert nicht wegen der Kombination Schwarz 2 und 4. Schwarz erzeugt mit 6 bis 12 Aji in der Ecke und schließt Weiß mit 14 fest ein. Weiß A wäre jetzt sehr schlecht – Schwarz B, Weiß 2, Schwarz C und der Stein auf 12 greift ins Geschehen ein.

Weiß hat daher bei 26 keine Wahl, doch das ermuntert Schwarz nur, den Druck mit 27 und 29 zu erhöhen, was Weiß zwingt, auf wertlosen neutralen Punkten zu fliehen. Als Weiß dann 34 spielt, streut Schwarz noch Salz in die Wunde, indem er den dicken Zug 35 zur Verstärkung spielt. Weiß sichert seine Gruppe mehr oder weniger mit den Zügen 36 bis 40, obwohl er mit der Gesamtsituation alles andere als glücklich ist.

Jeder kann nun sehen, dass Schwarz klar vorne liegt. Hane muss sehr niedergeschlagen gewesen sein.

Höre ich da jemand bekritteln, dass dicke Positionen im Zentrum nichts Greifbares sind? Nun, am Ende ist doch der Kampfgeist das Wichtigste im Go. Wie weit Sie auch zurückfallen mögen, Sie müssen weiterkämpfen.

Figur 5: Nachdem der untere Rand nun festgelegt ist, verlagert sich der Kampf nach oben. Es mag herzlos klingen, aber dieser Kampf ist bereits unerheblich für den Ausgang der Partie. Doch es könnte interessant sein, ihn zu verfolgen, nur zur Bestätigung, dass Schwarz führt.

In dieser Stellung sind Schwarz 41 und 43 die besten Züge. Sie erweitern das schwarze Moyo, deshalb macht es Kato nichts aus, dass die weiße Gruppe am oberen Rand gefestigt wird. Anscheinend kommen die Stellungen, in denen

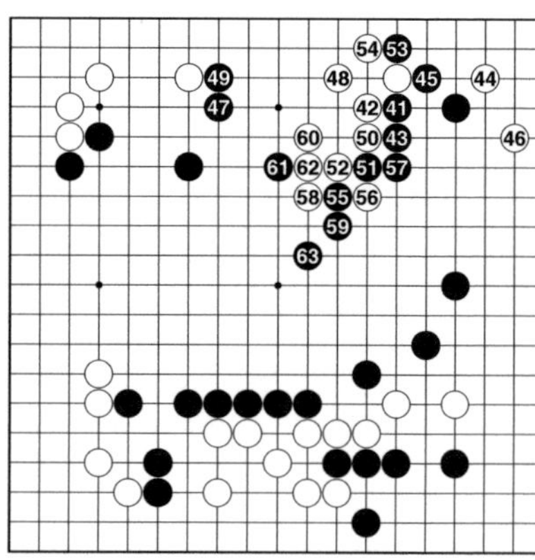

Figur 5

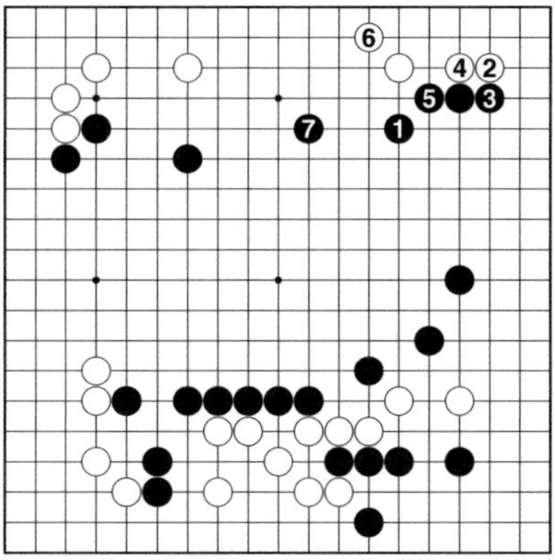

Abbildung 13

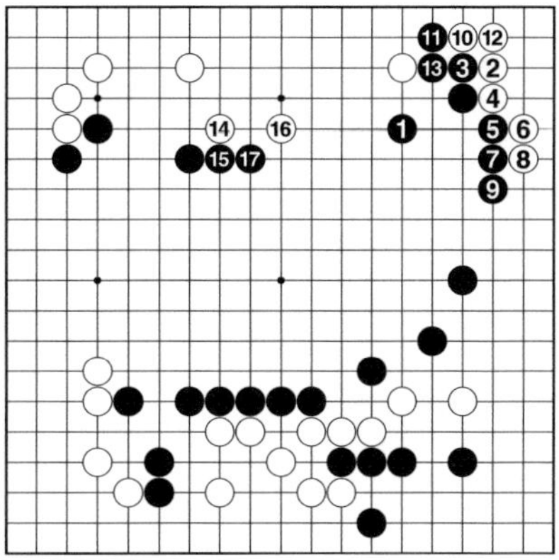

Abbildung 14

das Tsuke-Nobi-Joseki am besten zum Sanren-sei passt, am ehesten im Mittelspiel vor.

Jedoch wäre das Keima in *Abbildung 13* genauso gut. Jeder Zug ist gut, der das schwarze Moyo ausdehnt. Auf Weiß 2 wäre die Fortsetzung bis 7 angemessen. Natürlich wird so das schwarze Moyo abgeschlossen und da es keine Schwachstellen hat, macht der Gedanke an eine Invasion schwindlig.

Abbildung 14: Auch Trennen auf 3 hier wäre vorstellbar. Nach dem Joseki bis 13 würde Weiß versuchen, das Moyo mit 14 und 16 zu reduzieren. Das ist zwar das Beste, was er tun kann, genügt aber nicht.

Wenn es so weit gekommen ist, hat Weiß jedenfalls keine Chance mehr.

Die Entscheidung für einen Tausch mit 44 und 46 ist eine gute Idee, doch Schwarz hat mit 47 einen guten Zug zur Verfügung. Schwarz 1 in *Abbildung 15* stattdessen ist solide, aber zu passiv. Das Beste ist, mit 47 hart anzugreifen. Weiß kann es sich nicht leisten, auf 49 zu antworten, und spielt mit 48 aggressiv, womit er Schwarz den Punkt 49 gibt. Als Weiß versucht, ins Zentrum zu laufen, stellt Schwarz mit 55 massiv dagegen. Bis 63 festigt er während des Angriffs sein Gebiet im Zentrum, seine Führung wird noch deutlicher.

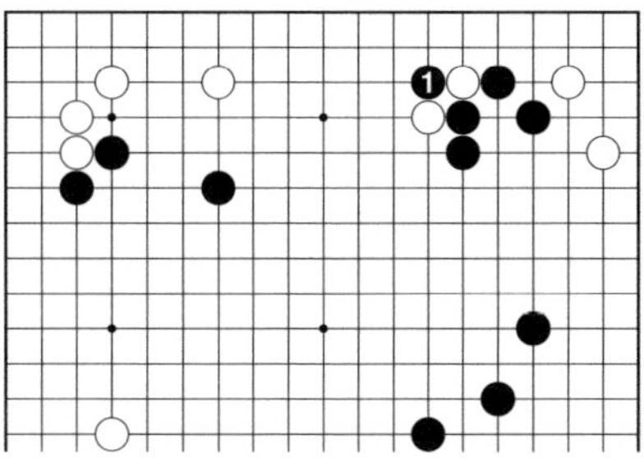

Abbildung 15

Sie könnten denken, dass die Partie bezüglich Gebiet noch knapp steht, doch Schwarz liegt klar vorn.

Diese Partie zeigt, dass auch hochrangige Profis nicht unfehlbar sind. Für Kato war es eine großartige Partie, Hane hätte sie wohl am liebsten schnell vergessen. Das Sanren-sei strahlt unsichtbaren Einfluss aus; möglicherweise hat dies Weiß zu seinem Fehltritt verleitet.

4. Partie: Rin Kaiho gegen Takagawa (Schwarz)

Figur 1: Heutzutage mag es scheinen, als hätten die jungen Spieler das Patent auf das Sanren-sei, doch in Wirklichkeit wurde es von den Spielern meiner Generation schon vor dem Krieg angewandt. Hier ist ein Beispiel aus einer meiner Partien.

In der Ecke rechts oben wurde das wohlbekannte Joseki gespielt. Statt auf A dagegenzustellen, beeilte Schwarz sich, mit 15 auf die Schulter von 2 zu spielen. Meine Strategie war, mich schnell zu entwickeln und so Rin zu beunruhigen, dass er zurückfallen könnte. Rin gehört jedoch nicht zu denen, die leicht in Panik geraten. Er verteidigte gemächlich mit 18 und wechselte dann zu 20.

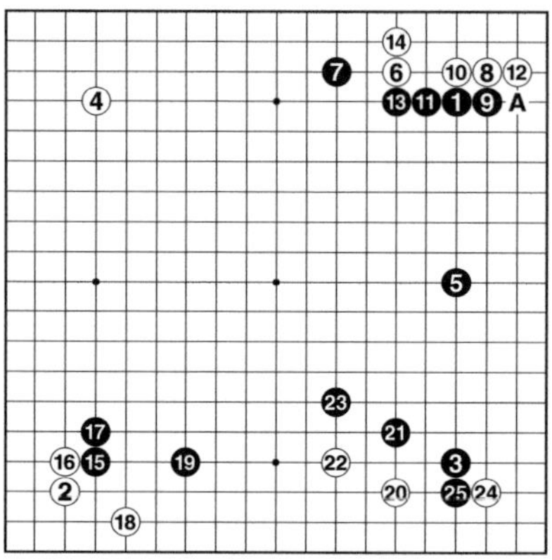

Figur 1

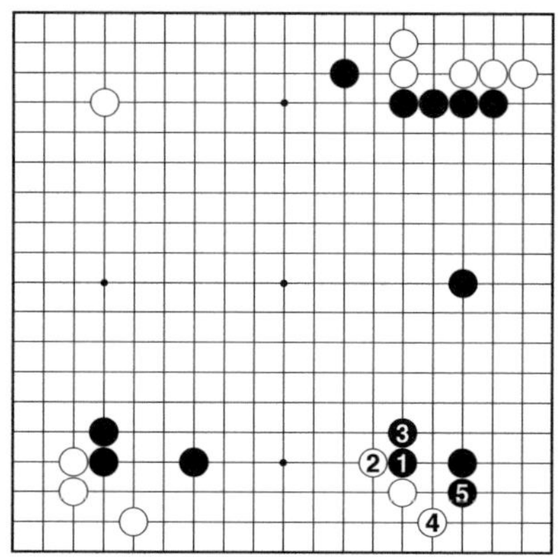

Abbildung 1

Der Zug 21 stellt klar, dass es Schwarz auf ein Moyo abgesehen hat. Schwarz könnte natürlich auch 1 und 3 in *Abbildung 1* spielen. Wegen Schwarz 19 kann Weiß nicht auf viele Punkte am unteren Rand hoffen. Und je nach dem Lauf der Dinge könnte Schwarz 19 zu einem Angriff auf die weiße Gruppe dienlich sein.

Ich wagte es und spielte die unkonventionellen Züge 21 und 23.

Abbildung 2: In einem Kommentar hieß es, es sei ebenfalls eine gute Strategie, statt des letzten Zugs mit 1 bis 5 Gebiet zu machen. Doch mir gefällt diese Variante nicht, da Weiß mit 6 gute Form bekommt. Wenn Schwarz sich auf eine gebietsorientierte Spielweise wie diese einlässt, verschwindet sein Moyo. Wenn das Keima 21 einmal gespielt ist, fühlt es sich richtig an, den Druck mit einem weiteren auf 23 zu verstärken.

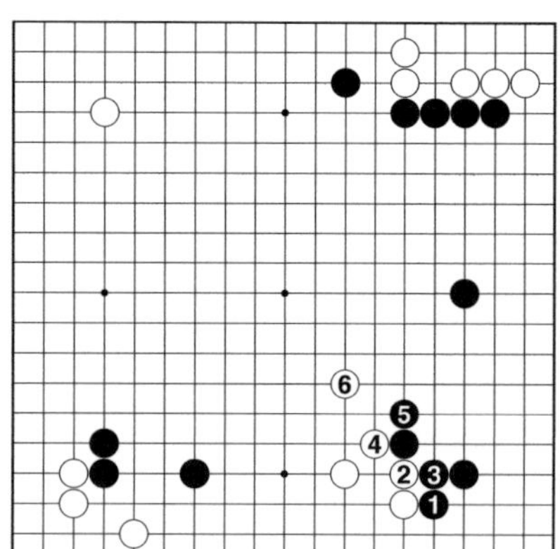

Abbildung 2

Als Weiß mit 24 die Ecke invadiert, steht Schwarz vor einer schwierigen Wahl. Auf welcher Seite soll er dagegenstellen? Das Sprichwort lehrt, auf der größeren Seite zu blocken, doch welche ist die größere? Auf den ersten Blick ist das der rechte Rand, doch obwohl der untere Rand kleiner aussieht, so kann Schwarz doch einen Angriff auf die zwei weißen Steine erhoffen, wenn er auf dieser Seite trennt. Nach kurzer Überlegung entschied ich mich mit 25 für Angriff.

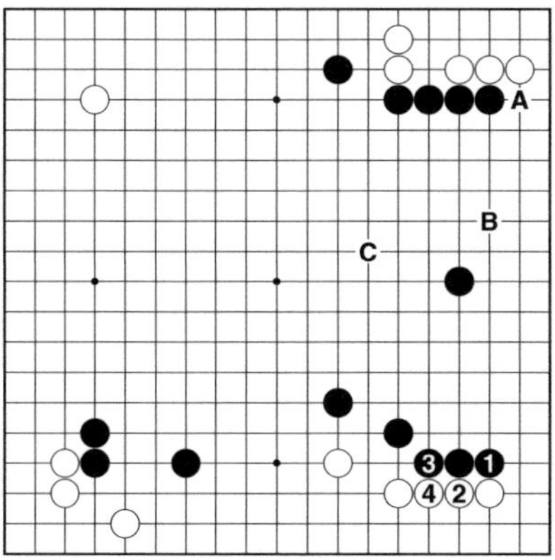

Abbildung 3

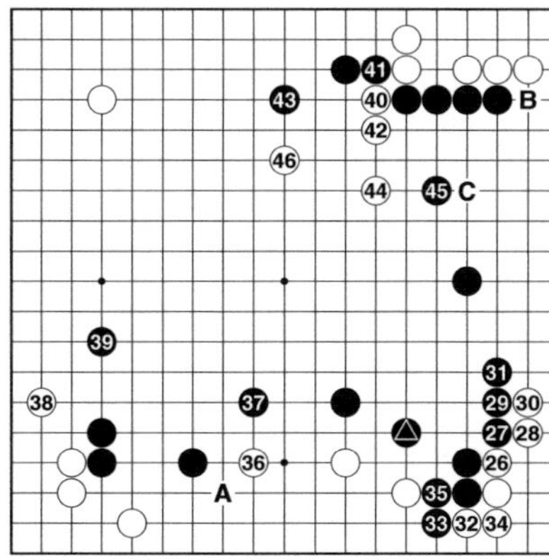

Figur 2

Abbildung 3: Wenn Schwarz auf 1 spielt, dann folgen die Züge bis 4. Hätte auf A ein schwarzer Stein gestanden, dann hätte ich vermutlich so gespielt. Doch da Schwarz bei A offen ist, hat Weiß das Aji einer Invasion auf B, was für Schwarz sehr unangenehm ist. Diese Frage, ob eine Position an der Seite offen ist, ist sehr bedeutsam. Hätte Schwarz einen Stein auf A, so würde Weiß das Moyo vermutlich mit C reduzieren.

Figur 2: Nach 25 ist die Fortsetzung bis 35 unausweichlich. Dies ist die Standardzugfolge, wenn Schwarz den markierten Stein an Ort und Stelle hat.

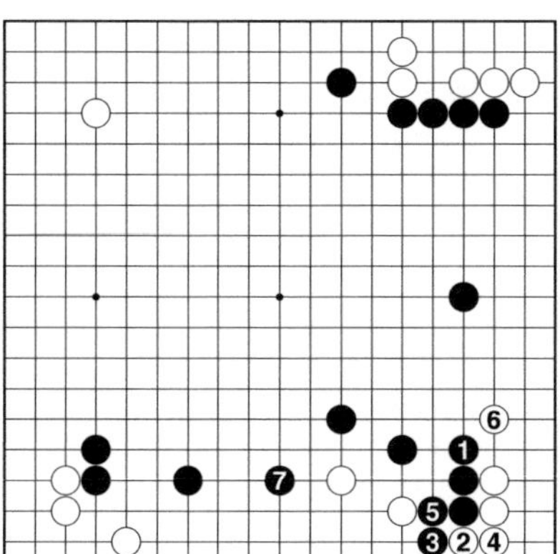

Abbildung 4

Abbildung 4: Es wurde für Schwarz vorgeschlagen, auf 1 zu strecken. Die Idee ist, Vorhand zu erlangen, um auf 7 anzugreifen, nachdem Schwarz in der Figur mit 35 in Nachhand endet. Ich stimme zu, dass Schwarz sich in der Abbildung effizient entwickelt, womit der Vorschlag einen gewissen Sinn hat. Jedoch besteht ein großer Unterschied zwischen der stolzen weißen Form bis 6 hier und seiner flachen Stellung in der Partie. Ich hatte nicht das Gefühl, dass es diesen Preis wert war, die zwei weißen Steine zu fangen.

Außerdem muss Schwarz noch einen weiteren Stein investieren, um sicher zu fangen. Niemand kann behaupten, dass Abbildung 4 besser sei.

Ich wollte lieber abwarten, bis Weiß sich mit 36 in Bewegung setzt, um ihn dann mit 37 großräumig anzugreifen. Je größer die Gruppe wird, desto schwieriger ist es, sie zu verteidigen.

Nachdem der Kampf am unteren Rand bei 39 zum Erliegen gekommen ist, fasst sich Weiß ein Herz und spielt mit 40 das lang erwartete Hane. Irgendwann muss es gespielt werden, denn wenn Schwarz seine Stellung vorher mit 41 verstärken könnte, würde sie sehr dick.

Ich sagte, dass der Kampf unten zum Erliegen kommt, weil die weiße Gruppe nicht in Lebensgefahr schwebt. Sie sieht zwar dünn aus, doch sind Herausverbinden mit A und Blocken auf dem Punkt links von 33 Miai. Beachten Sie: Statt 38 –

Abbildung 5: Den Kopf auf 1 herauszustrecken ist nicht gut. Der erste Instinkt mag sein, so zu spielen, doch hier führt Sie Ihr Instinkt in die Irre. Weiß 1 gibt Schwarz nur die Gelegenheit, mit 2 bis 10 noch dynamischer anzugreifen. Weiß muss seine Gruppe am unteren Rand stabilisieren, ohne dass andere Brettregionen davon in Mitleidenschaft gezogen werden.

Nach Weiß 40 bilden die Züge bis 45 eine festgelegte Sequenz. Da sein Rand ohnehin bei B offen ist, kann Schwarz getrost den hohen Zug auf 45 spielen. Schwarz C würde weder Gebiet sichern noch die weiße Gruppe bedrohen.

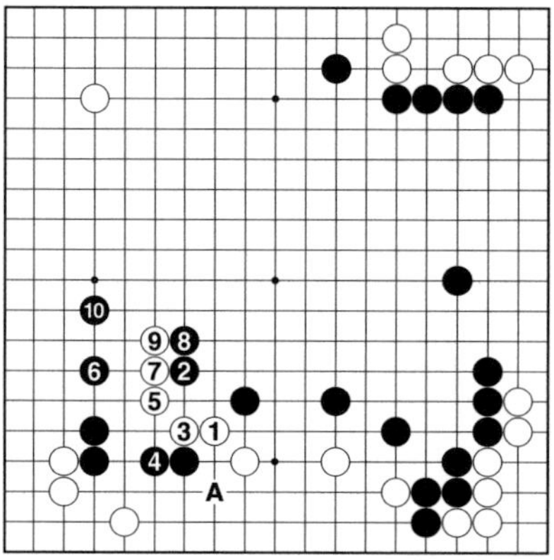

Abbildung 5

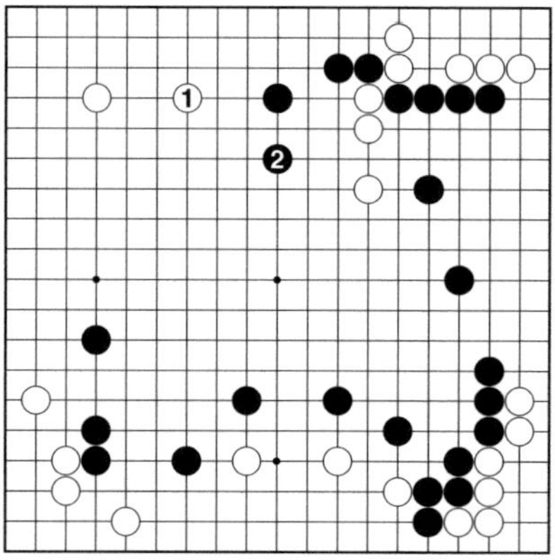

Abbildung 6

Weiß 46 ist ein wichtiger Zug. Weiß 1 in *Abbildung 6* ist ebenfalls ein Schlüsselpunkt, doch wenn Weiß sich zu sehr beeilt, dort zu spielen, dann beschwört der gewöhnliche Sprung auf 2 eine starke Bedrohung für die weißen Steine rechts herauf. Was auch immer geschieht, es hat höchste Priorität, die Sicherheit der Mittelgruppe mit 46 zu gewährleisten.

Figur 3 (nächste Seite): Schwarz antwortet auf 47. Er muss etwas für den oberen Rand tun, aber es nützt nichts, einfach irgendwo zu spielen. Schwarz 47 ist der einzige Zug.

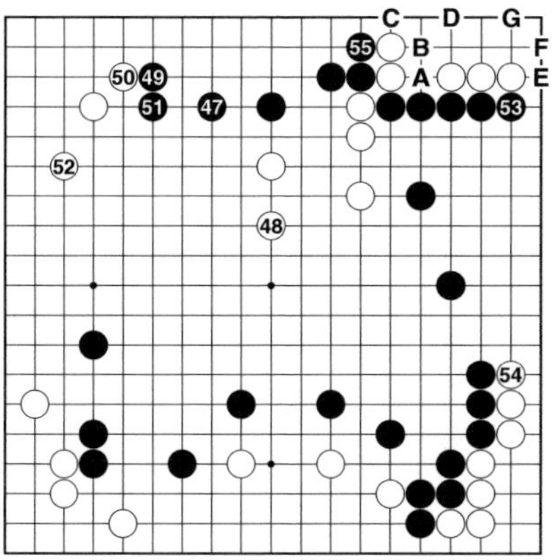

Figur 3

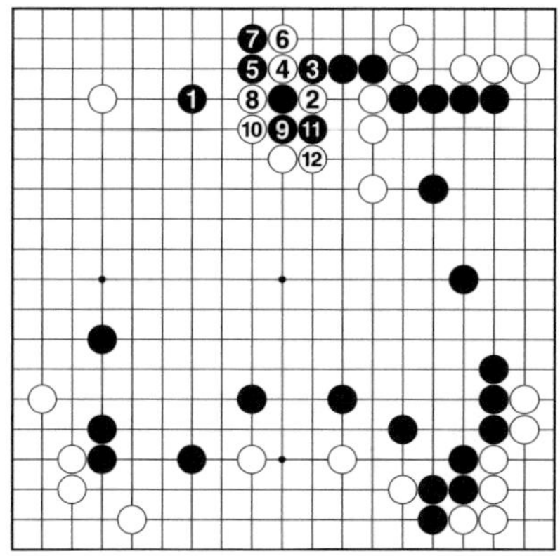

Abbildung 7

Abbildung 7: Die Zwei-Punkte-Ausdehnung auf 1 wäre fraglos ein schlechter Zug. Weiß schneidet sofort mit 2 und 4, wodurch die Partie für Schwarz mit einem Schlag misslingt. Spielt er 5 und 7, so bricht seine Stellung nach 8 zusammen. Ein Moment der Unaufmerksamkeit kann verhängnisvoll sein. Wenn ein Berufsspieler eine Partie durch einen solchen Fehler verlöre, würde er sich sein Lebtag daran erinnern.

Folglich ist der feste Zug auf 47 am besten. Weiß wiederum stärkt sich mit 48. Auch dies ist der normale Zug. Spielte er stattdessen gedankenlos einen Zug wie 1 in *Abbildung 8*, so würde Schwarz mit 2 auf dem vitalen Punkt zuschlagen. Unterschätzen Sie nicht die Härte dieses Angriffs. Ob Weiß seine Gruppe sichert oder ziellos im schwarzen Ozean treiben lässt, macht einen gewaltigen Unterschied.

Nach dem weißen Zug auf 48 hat Schwarz Gelegenheit, den guten Punkt 49 zu nehmen. Weiß 50 und 52 als Antwort sehen angemessen aus. Die schwarze Gruppe oben ist bereits solide, deshalb verschenkt das Anlegen auf 50 nichts, auch wenn es Schwarz 51 provoziert. Weiß 50 entschärft die Drohung einer 3-3-Invasion. Beide Seiten haben nun ihre Gruppen am oberen Rand gesichert.

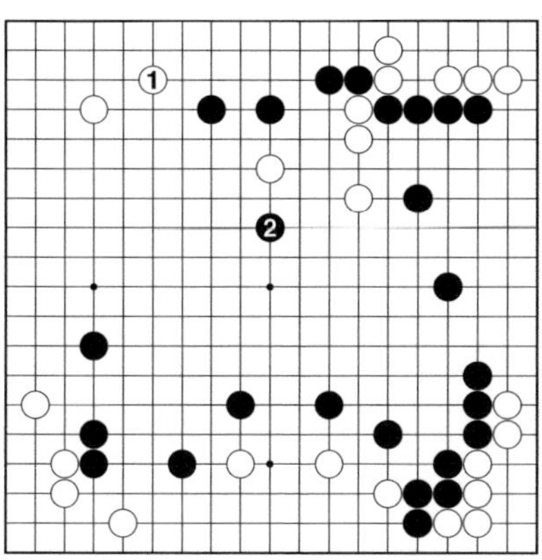

Abbildung 8

Jetzt stellte ich auf 53 dagegen und schloss die besorgniserregende Lücke in der schwarzen Stellung.

Rin kroch mit 54 weiter, da Schwarz 54 mir ein schönes Gebiet am rechten Rand beschert hätte. Weiß 54 war zweifellos ein guter Punkt, doch Schwarz 55 war Vorhand gegen die Ecke. Warum Vorhand? Die Antwort ist einfach. Nach der Fortsetzung Schwarz A bis Weiß F hätte ein Zug auf den vitalen Punkt G die Gruppe getötet.

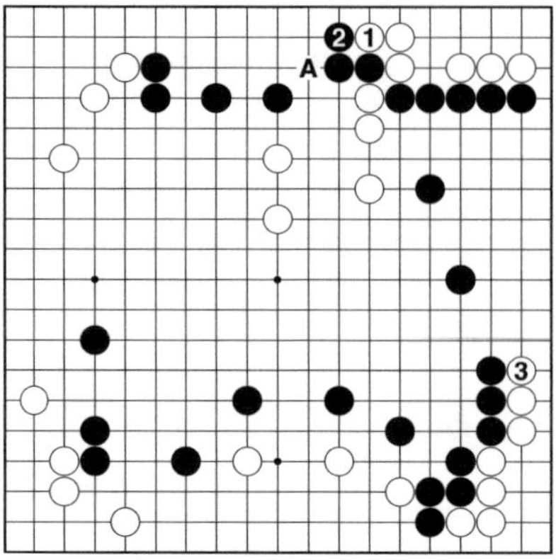

Abbildung 9

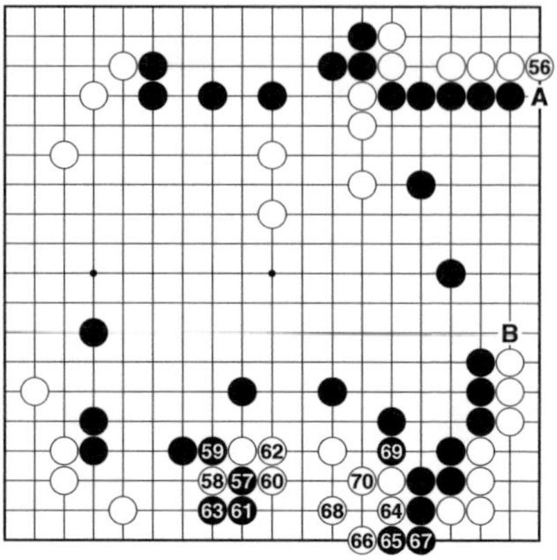

Figur 4

Statt 54 konnte Weiß seinem Gegner zuvorkommen, indem er mit 1 in *Abbildung 9* weiterkriecht. Wenn Schwarz nicht reagiert, dann fängt Weiß mit A zwei Steine, also muss Schwarz mit 2 antworten. Danach kann Weiß auf 3 fortsetzen. Im Ergebnis hatte Weiß die Möglichkeit zum Austausch 1 gegen 2, was bedingungslos zwei Punkte einbringt. Das mag nicht nach viel klingen, entscheidend ist aber das Wort „bedingungslos".

Figur 4: Rin antwortete auf 56. Dieser Zug, der zum Ziel hat, das schwarze Gebiet später mit A zu reduzieren, ist typisch für Rin. Er verwarf Weiß 1 in *Abbildung 10,* weil er Schwarz nicht die Vorhandzüge 2 und 4 erlauben wollte. Und wenn man hier mit 1 in *Abbildung 11* zu gierig ist, verliert man sogar Punkte. Schwarz drückt sofort mit 2 und 4 und wirft dann auf 6 ein, das ist ein Tesuji. Fängt Weiß mit 9, so tötet Schwarz die Gruppe auf A. Also muss Weiß auf 7 nachgeben, so schmerzlich es auch sein mag, und Schwarz auf 8 fangen lassen, womit Weiß 1 sinnlos geworden ist.

Ich startete nun mit 57 am unteren Rand einen Angriff, hatte aber natürlich nicht im Sinn, dass ich die Gruppe töten könnte. Ich wollte Gebiet nehmen, während die Form festgelegt wird.

Am rechten Rand ist Schwarz bei A und B offen, kann dort also nicht viel Gebiet erwarten. Der rechte Rand ist somit für beide Seiten uninteressant.

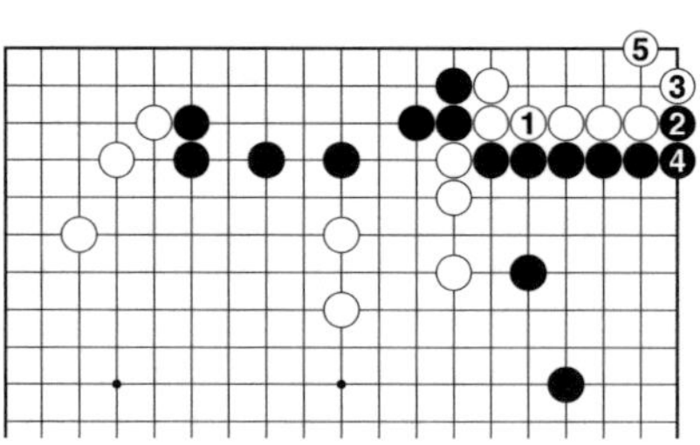

Abbildung 10

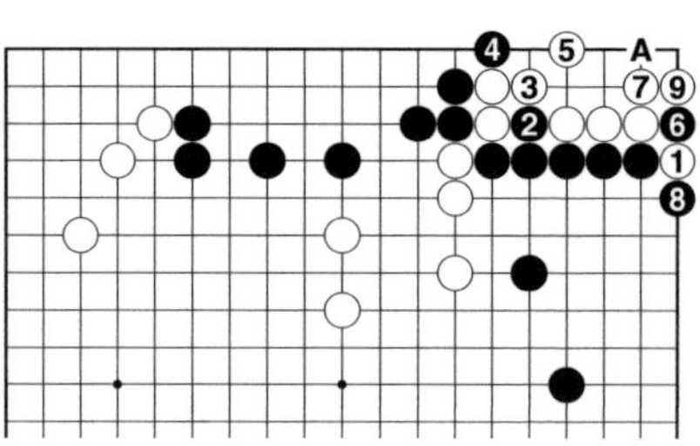

Abbildung 11

5. Partie: Otake Hideo gegen Takagawa (Schwarz)

Figur 1: Wieder bin ich es, der gegen einen weiteren hervorragenden Gegner Sanren-sei spielt. Bevor es aufs Brett kommt, lege ich mit 5 bis 11 die Form am linken Rand fest.

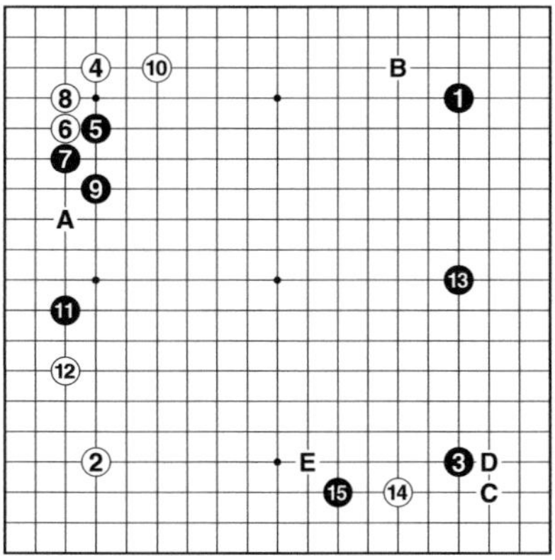

Figur 1

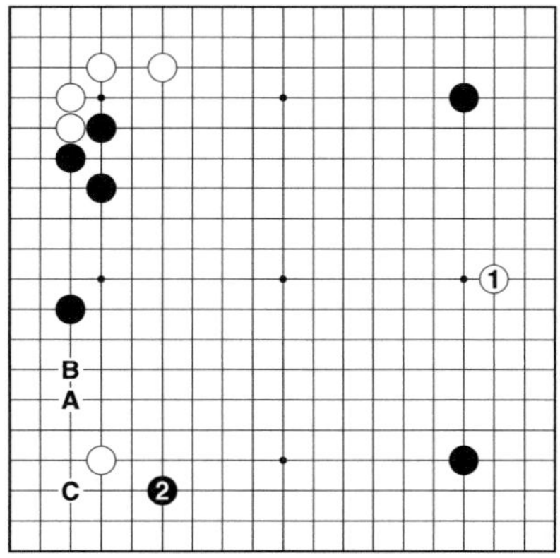

Abbildung 1

Weiß 12 ist ein guter Zug, natürlich beabsichtigt er die Invasion auf A. Weiß könnte stattdessen auch mit 1 in *Abbildung 1* das Sanren-sei verhindern, doch Otake hatte vermutlich das Gefühl, dass dann Schwarz 2 zu gut wäre. Weiß A wäre eine solide Antwort auf 2, hätte aber keine Wirkung auf die schwarze Stellung. Auf Weiß B hingegen wirkt Schwarz C sehr druckvoll. Deshalb ist Weiß 12 offenbar der kämpferische Zug.

Nachdem Schwarz das Sanren-sei aufgebaut hat, spielt Weiß das Kakari auf 14 und natürlich nicht auf B.

Abbildung 2: Spielt Weiß zuerst auf 1, dann folgen Schwarz 2 und Weiß 3. Weiß bekommt eine sehr attraktive Stellung am oberen Rand, doch Schwarz 4 wirkt perfekt. Wenn man die konkurrierenden Moyos vergleicht, dann ist das schwarze offensichtlich überlegen.

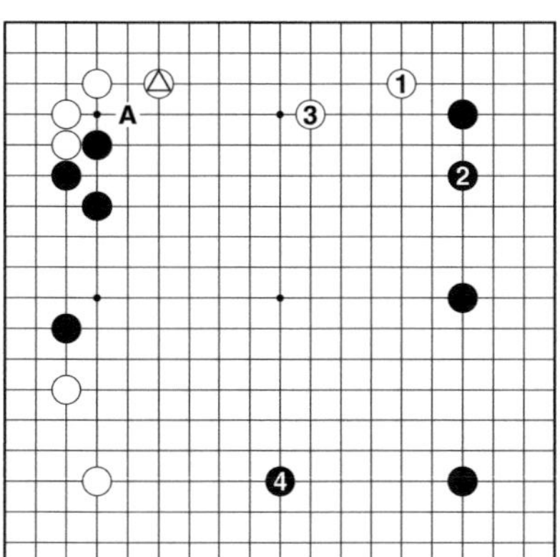

Abbildung 2

Aus der Sicht der Fuseki-Theorie hat die niedrige solide weiße Speerspitze (markierter Stein) zur Folge, dass der obere Rand bereits ausgespielt ist. Da der Stein solide steht, kann Schwarz die Gruppe nicht bedrohen und wird nicht daran interessiert sein, am oberen Rand zu spielen. Und weil er niedrig steht, kann Weiß keine großräumige Stellung aufbauen. Insgesamt wird es keiner der beiden Gegner eilig haben, dort zu spielen.

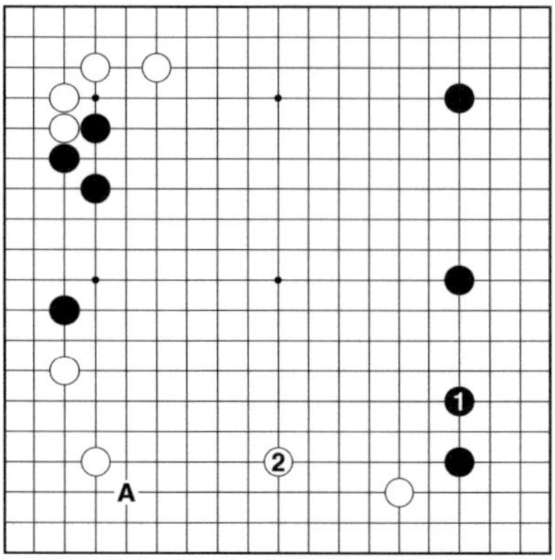

Abbildung 3

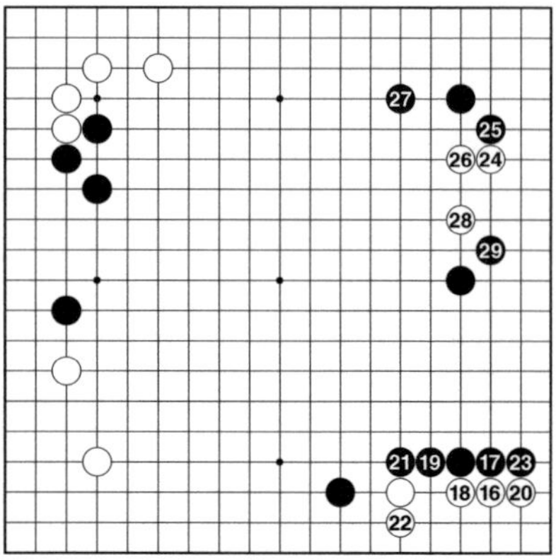

Figur 2

Es wäre schlecht, Weiß 14 mit 1 in *Abbildung 3* zu beantworten. Weiß bezieht mit 2 Stellung und kann mit einem weiteren Zug auf A eine Idealposition am unteren Rand erreichen. Dem Schwarzen kann dieses Fuseki nicht gefallen.

Was auch immer geschieht, Schwarz muss einklemmen. Ihm stehen verschiedene Klemmzüge zu Verfügung, doch mit einem Sanren-sei im Rücken beabsichtigt Schwarz, eine Invasion auf C mit D zu beantworten, um ein Moyo am rechten Rand aufzuziehen. Deshalb kommen nur die Klemmzüge auf 15 oder E in Frage, das ergibt sich beim Sanren-sei einfach aus dem gesunden Menschenverstand.

Figur 2: Nach Weiß 16 folgt das Joseki bis 23. Schwarz erreicht sein Ziel, während Weiß seine Stellung in Vorhand sichert.

Nun sofort mit 1 in *Abbildung 4* anzugreifen, wäre überzogen. Schwarz würde während seines Angriffs auf die weiße Gruppe seine Stellungen in der Nachbarschaft verstärken können. Früher oder später wird Weiß diese Herausforderung allerdings starten, deshalb muss Schwarz die Drohung auf 1 immer im Blick behalten.

Nachdem das Joseki bei 23 beendet ist, ist es schwierig für Weiß, über den nächsten Zug zu entscheiden. Die Brettregion ist schnell gefunden – es muss die Ecke oben rechts sein. Die Frage ist nur: Soll Weiß ein Kakari von außen spielen oder das Sanren-sei von der Innenseite aus angreifen? Der individuelle Stil wird bei der Entscheidung eine Rolle spielen.

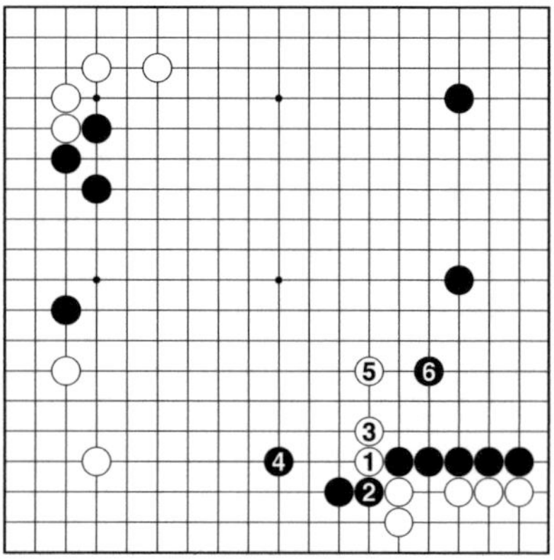

Abbildung 4

Abbildung 5 (nächste Seite): Auf Weiß 1 folgen Schwarz 2 und Weiß 3. Auf dieses Ergebnis trifft der gleiche Kommentar zu wie auf Abbildung 2: Wegen des

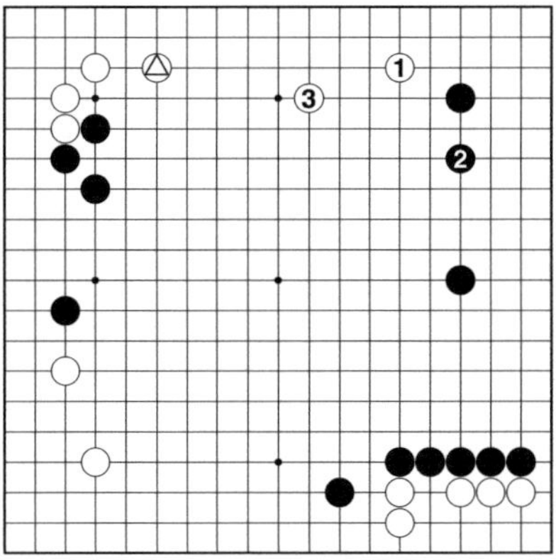

Abbildung 5

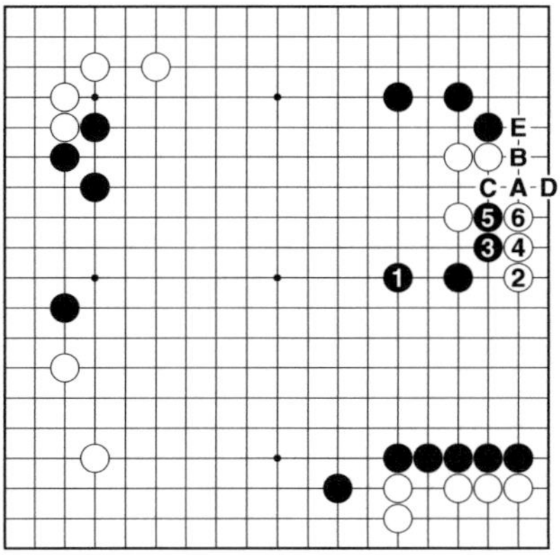

Abbildung 6

markierten Steins sind 1 und 3 nicht so groß, wie sie auf den ersten Blick aussehen. Doch es gibt einen bedeutenden Unterschied zu Abbildung 2: Fast alle großen Punkte im Fuseki sind gespielt, deshalb sind 1 und 3, auch wenn sie nicht so groß sind wie sie aussehen, immer noch groß genug.

Aus diesem Grund hätte Weiß auch die friedliche Strategie in Abbildung 5 erwägen können.

Otake zog es vor, das Sanren-sei mit 24 von innen anzugreifen. Es folgt das Joseki bis 28, mit dem der Leser schon vertraut ist. Beachten Sie, dass Weiß 28 der einzige Zug ist. Schwarz 29 ist der übliche Angriffszug.

Abbildung 6: Schwarz könnte auch den dezenten Zug auf 1 spielen. Nach Weiß 2 sticht er dann schonungslos mit 3 und 5 hinein. Danach hat er die Angriffsoptionen Schwarz A bis E oder auch Schwarz B, Weiß A, Schwarz E. Diese Varianten sehen spielbar aus, doch trotz allem wird Schwarz besorgt sein, denn er hat Weiß mit 2 tief in die eigene Stellung eindringen lassen.

Jedenfalls ist Schwarz 29 eine Art Joseki für diese Position. Dieser Zug kann nicht zu einem schlechten Ergebnis führen.

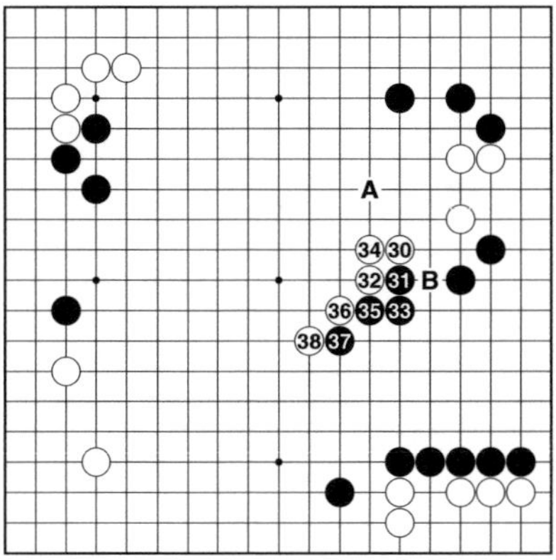

Figur 3

Figur 3: Grob gesagt hat Weiß drei Optionen, dem schwarzen Angriff zu entgehen. Die eine ist das Ogeima auf A (das Kageyama 7-Dan als „Pferdekopf" bezeichnet). Der zweite ist der Anleger auf B, und der dritte ist Weiß 30. In dieser Stellung sind Weiß 30 und Weiß B angemessen, da sie beide zu einer Beschränkung des schwarzen Moyos beitragen.

Abbildung 7 (nächste Seite): Auf Weiß 1 kontert Schwarz mit 2 und 4 und spielt dann den druckvollen Zug auf 6. Weiß spielt noch einmal Kikashi auf 7 und macht dann

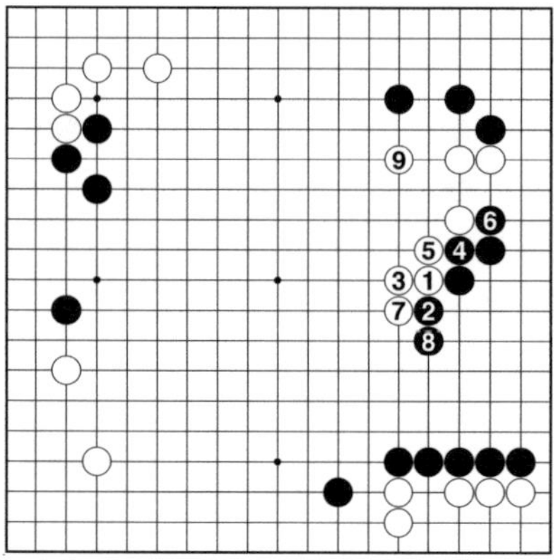

Abbildung 7

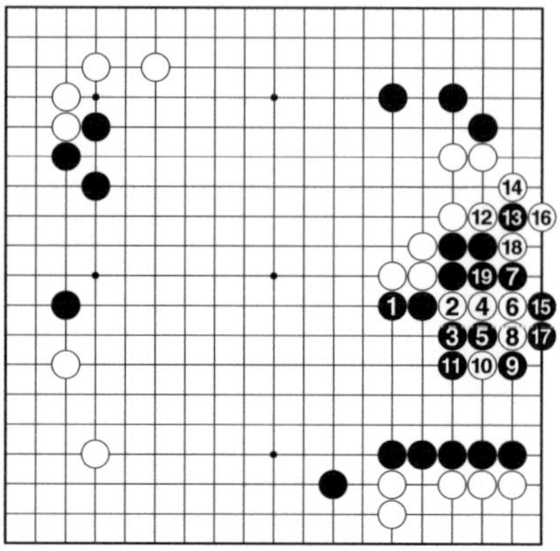

Abbildung 8

auf 9 gute Form. Schwarz festigt sein Gebiet und Weiß sichert seine Gruppe, womit beide Seiten zufrieden sein können. Anstatt 6 –

Abbildung 8: Mit 1 herauszuschieben scheint mehr Gebiet zu erzielen, ist aber in Wahrheit ein Fehler. Der Schnitt mit Weiß 2 ist ein schlauer Konter. Antwortet Schwarz auf 4, so bleibt ihm nach Weiß 3 schlechtes Aji. Deshalb wird Schwarz mit 3 zu fangen versuchen. Das gelingt ihm mit 7, doch das heißt nicht automatisch, dass er ein gutes Ergebnis erzielt. Weiß schneidet auf 10 und greift dann mit 12 an. Er schafft es, die vier Steine für ein Ponnuki zu opfern, das er mit 18 bekommt. Dieses Ponnuki macht Weiß sehr stark, es sichert die eigene und schwächt die schwarze Gruppe oberhalb. Deshalb ist Schwarz 1 trügerisch; Schwarz hat keine Wahl und muss wie in Abbildung 7 spielen.

Auf Weiß 30 ist Schwarz 31 die normale Antwort. Es ist eine Standardtechnik, während des Angriffs auf den Gegner das eigene Moyo zu vergrößern. Die Entgegnung Weiß 32 sieht ebenfalls natürlich aus, doch tatsächlich hat Weiß eine Alternative.

Abbildung 9: Das einfache Strecken mit 1 wäre ebenfalls eine kraftvolle Spielweise. Sie erlaubt Schwarz zwar, mit 6 gute Form zu machen, doch Weiß erlangt Vorhand und kann zu A überwechseln. Weiß 1 mag auf den ersten Blick nicht kämpferisch genug aussehen, doch Schwarz war hier schon vorher stark. Es ist eine spielbare Strategie, erst mit 1 jedem harten Angriff von Schwarz zuvorzukommen und dann den Schauplatz zu wechseln.

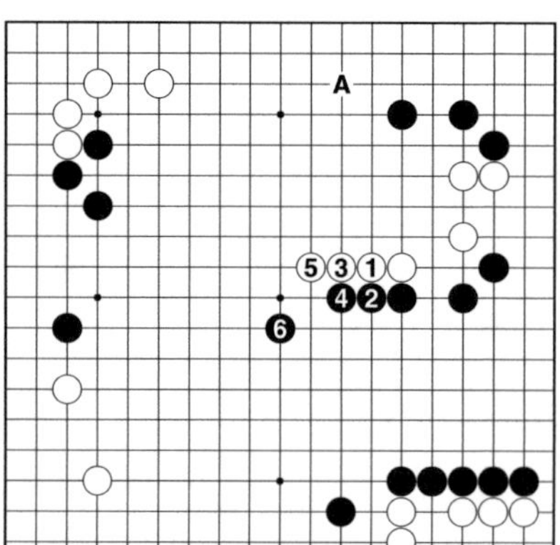

Abbildung 9

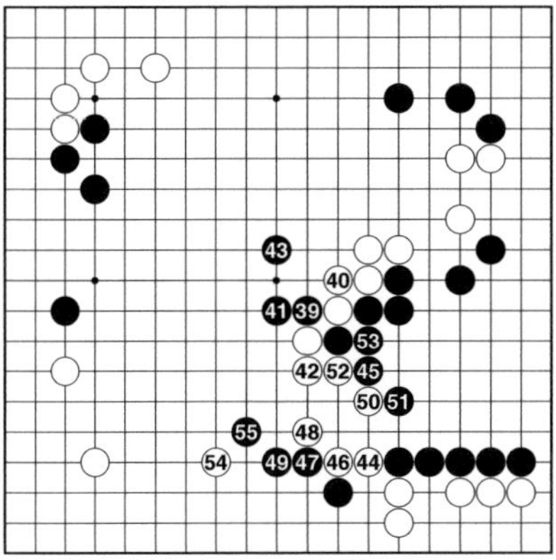

Figur 4

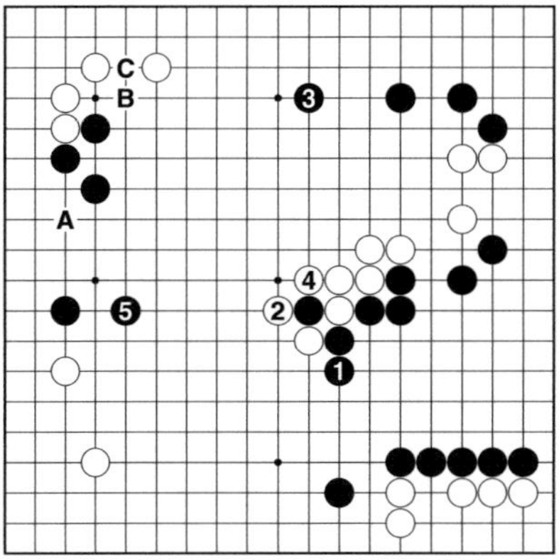

Abbildung 10

Otakes Go ist klar und temperamentvoll. Er spielte ohne Zögern das Hane auf 32 und setzte kraftvoll mit 36 und 38 fort. Jetzt ist Schwarz mit einer strategischen Entscheidung konfrontiert. Wie soll er antworten?

Figur 4: Ich spielte den Schnitt auf 39 und streckte danach zur Seite. Das ist der stärkste Konter. Ich wollte diesem Respekt einflößenden Talent demonstrieren, dass wir Veteranen ebenfalls zu kämpfen verstehen.

Abbildung 10: Die friedliche Spielweise nach dem Schnitt auf 39 ist, auf 1 zu strecken. Nach Weiß 2 hat Schwarz keinen wirklich guten Treppenbrecher zur Verfügung und wird deshalb mit 3 Stellung beziehen. Auf Weiß 4 spielt Schwarz 5, um seine Schwäche bei A zu beheben. Beachten Sie, dass selbst nach dem Austausch Schwarz B gegen Weiß C die Treppe für Weiß läuft. Deshalb mag Weiß 4 nicht nötig sein, ist aber trotz allem der genaue Zug.

Soll man auf 41 spielen oder wie in Abbildung 10? Die Entscheidung ist alles andere als einfach, das ist eines der Probleme, über die sich Berufsspieler am häufigsten den Kopf zerbrechen. Wenn sich unter Ihren Gegnern einer befindet, der mit ständig vor Konzentration gefurchter Stirn lange über Entscheidungen dieser Art brütet, dann können Sie gewiss sein, dass er ein starker Spieler ist, wenn auch vielleicht ein wenig überheblich. In solchen Stellungen nimmt sich ein starker Spieler Zeit.

Sobald Schwarz auf 41 streckt, kann er nicht mehr zurück. Ein Kampf ist jetzt unvermeidlich, deshalb muss man vor diesem Zug einige Varianten auslesen, um sicherzustellen, dass die Erfolgsaussichten akzeptabel sind.

Weiß kann es sich nicht leisten, den Stein aufzugeben: er muss auf 42 strecken. Schwarz springt auf 43, er hat ein Auge auf die weiße Gruppe rechts.

Der Zug Weiß 44 hat das Ziel, die Steine in der Mitte zu sichern, indem er die Schwächen der schwarzen Stellung ausnutzt. Der Zeitpunkt für dieses Hane ist perfekt gewählt.

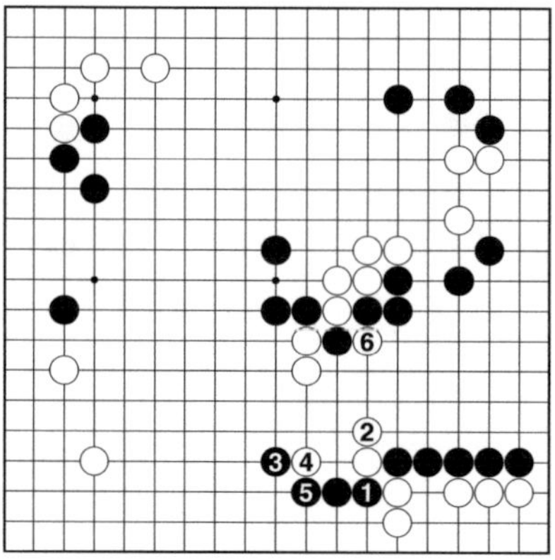

Abbildung 11

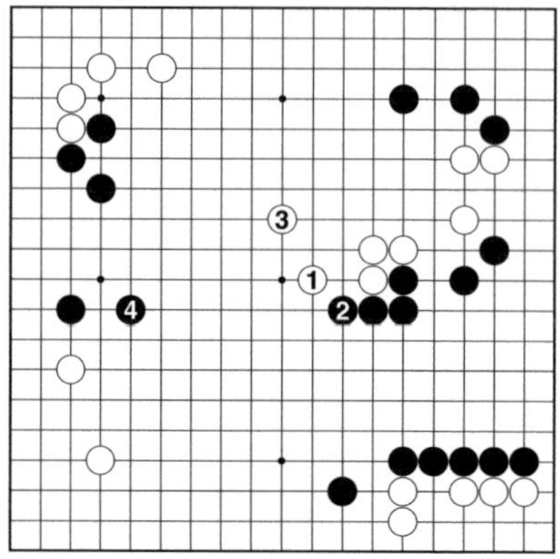

Abbildung 12

Abbildung 11: Leider kann Schwarz nicht auf 1 schneiden. Weiß 2 und 4 sind Vorhände gegen die untere Gruppe, wonach Weiß mit 6 einen Stein fangen kann. Da dieser Stein aber eine entscheidende Rolle spielt, kommt das nicht in Frage.

Schwarz muss somit auf 45 spielen und es folgen die Züge bis 52. Hat dieser erbitterte Mittelspielkampf erst begonnen, so ist nicht mehr unterscheidbar, wer hier wen angreift. Jedenfalls war ich derjenige, der ihn begonnen hatte.

Wenn wir zu 36 in Figur 3 zurückgehen, so hätte Weiß auch überlegen können, auf 1 in Abbildung 12 auszuweichen, doch das zeigt zu wenig Kampfgeist. Schwarz würde in Vorhand auf 2 spielen und sich dann mit 4 stärken. Weiß scheint zwar gute Form zu haben, doch ihr fehlt es an Einfluss. Das ist nicht Otakes Stil.

6. Partie: Takagawa gegen Kato Masao (Schwarz)

Figur 1: In dieser Phase seiner Karriere (1975) spielte Kato mit Schwarz in praktisch jeder Partie Sanren-sei. Wieder einmal sehen wir dasselbe Joseki in der rechten oberen Ecke. Vielleicht langweilt es Sie, doch die Wahrheit ist, dass dies ein sehr ausgeklügeltes Joseki ist, jeder einzelne Zug ist erzwungen. Seine Popularität wird vermutlich anhalten, so lange die Sanren-sei-Eröffnung besteht.

Wir sehen als Antwort auf 16 wieder den Ein-Punkt-Klemmzug. Für den Fall, dass Weiß die Ecke

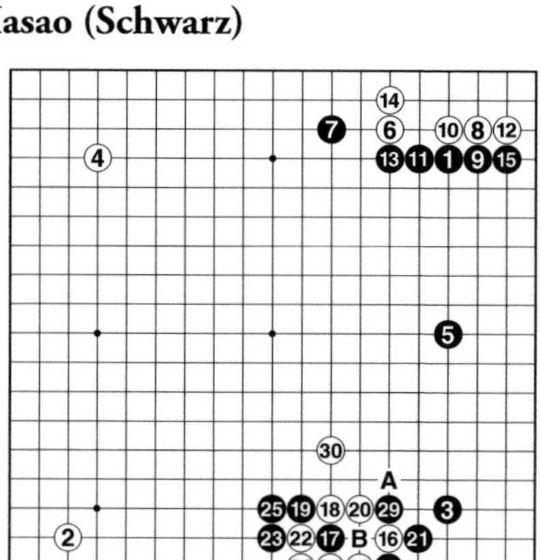

Figur 1

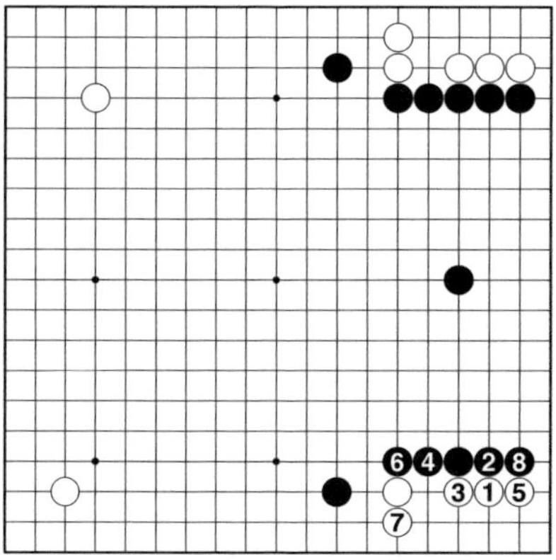

Abbildung 1

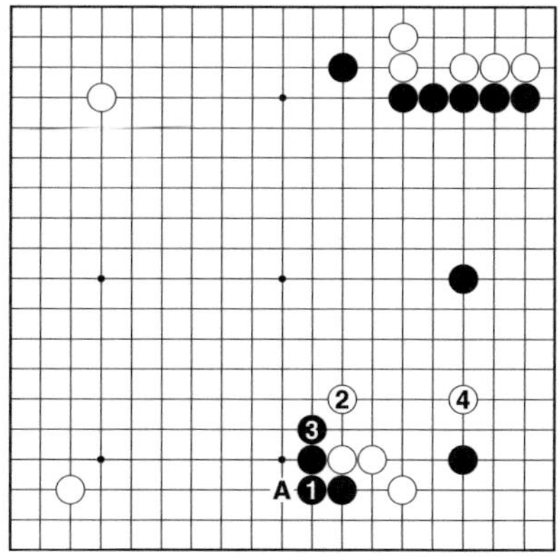

Abbildung 2

auf 1 in *Abbildung 1* invadiert, plant Schwarz die gleiche Entgegnung wie oben, das wäre jedoch zu viel für Weiß. Vermutlich würde er alle vier Ecken bekommen, doch in letzter Zeit folgen Profis der Maxime, nicht alle vier Ecken zu nehmen. Nehmen Sie auf keinen Fall alle vier Ecken, wenn das bedeutet, dem Gegner ein so großes Moyo wie dieses zu überlassen.

Das ist der Grund für Weiß, auf 18 zu spielen. Der beste Weg, ins Zentrum zu gelangen, ist der Anleger hier oder der Sprung auf A. Nachdem Weiß 20 gespielt hat, steht Schwarz vor der Wahl: Er kann den Stein auf 3 stärken oder den Schnitt bei 22 decken.

Abbildung 2: Deckt Schwarz mit 1 (die Entscheidung, ob man stattdessen auf A decken soll, ist schwierig), so spielt Weiß 2 und 4 und zerstört so einen Teil des Sanren-sei. Beachten Sie, dass Schwarz 3 gespielt werden muss, da Weiß mit einem Zug auf 3 überragende Form erhielte. Vermutlich gefiel Kato die Vorstellung nicht, Weiß auf 4 hereinzulassen, und spielte deshalb den scharfen Zug 21 in der Figur.

Weiß 22 ist normal, doch Schwarz 27 und 29 sind wirklich sehr aggressive Züge. Sie zeigen, wie sehr Kato darauf festgelegt war, die Augenform der weißen Gruppe zu verhindern.

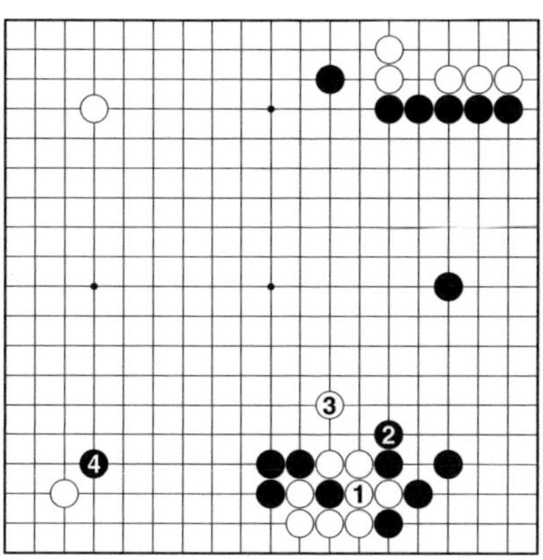

Abbildung 3

Abbildung 3: Statt 30 mit 1 zu verbinden ist der Sicherheitszug, da Weiß bedingungslos lebt. Schwarz würde vermutlich auf 2 springen und dann mit 4 auf die Schulter spielen.

Lieber wollte ich sterben als allein auf Sicherheit spielen! Ich bin für mein geduldiges Spiel bekannt, doch es gibt eine Grenze. Ich entschloss mich, mit 30 herauszuspringen.

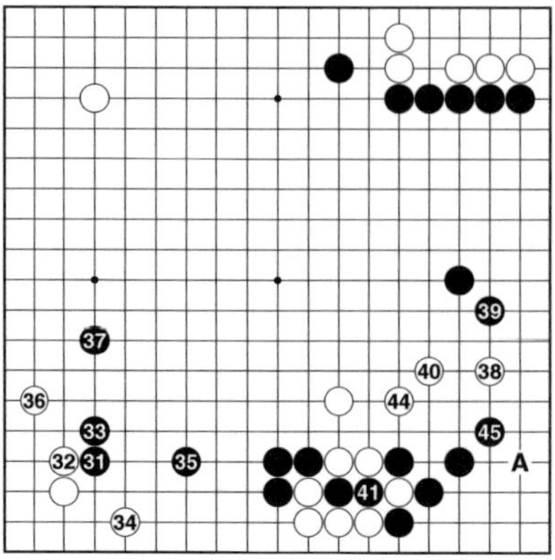

Figur 2
(42 schlägt zwei Steine, 43 auf 41)

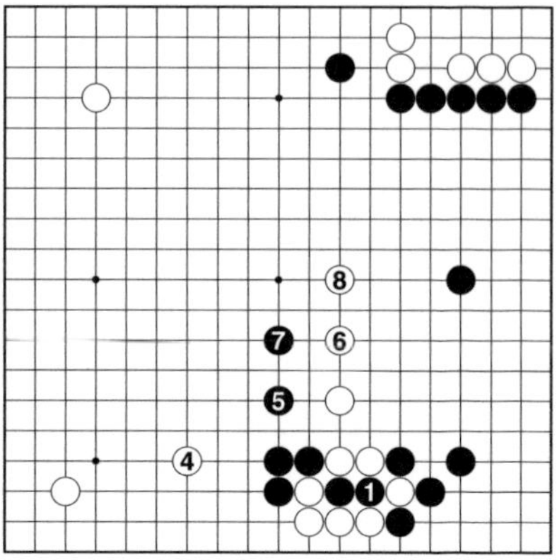

Abbildung 4
(2 schlägt zwei Steine, 3 auf 1)

Natürlich verliert Weiß seine Augenform, wenn Schwarz auf B spielt, Weiß schlägt und Schwarz zurückschlägt. Vergessen Sie nicht, wer mein Gegner war: Der Name Kato flößte allen Spielern Furcht ein.

Figur 2: Zuallererst zog sich Kato vorläufig von der aktuellen Front zurück und spielte die Kikashi-Sequenz von 31 bis 37.

Abbildung 4: Statt 31 hätte Kato seinen Angriff auch sofort mit 1 und 3 starten können. Weiß hingegen wird seinen Angriff vorbereiten, indem er den strategischen Punkt 4 besetzt. Danach laufen beide ins Zentrum.

Schwarz 31 war vertretbar, aber 37 könnte zu passiv gewesen sein. Weiß war nämlich erleichtert, auf 38 invadieren zu können. Statt 37 hatte ich einen harten Angriff auf die weiße Gruppe erwartet.

Die weiße Invasion auf 38 mag wie eine halbe Sache aussehen, ist jedoch hier der korrekte Zug. Diesen Stein mit 1 in *Abbildung 5* abzuschneiden wäre nicht druckvoll genug. Weiß könnte mit 2 am Rand entlanglaufen und während der Stabilisierung seiner Gruppe das schwarze Gebiet zerstören. Weiß kann auch den Punkt A anpeilen, womit das schwarze Sanren-sei von innen ausgehöhlt würde. Der Angriff mit B müsste hervorragend funktionieren, um das auszugleichen. Deshalb ist Schwarz 39 ein wichtiger Zug.

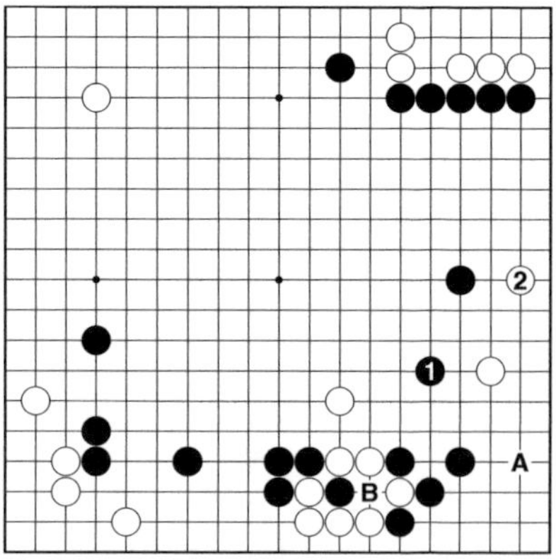

Abbildung 5

Nachdem Weiß sich mit 40 herauszieht, spielt Schwarz mit 41 und 43 Kikashi und setzt danach auf 45. Wie denken Sie über diesen letzten Zug?

„Die rechte untere Ecke lebt bereits, somit ist 45 höchstens ein Endspielzug. Er ist sehr passiv." Tut mir leid, aber 45 ist

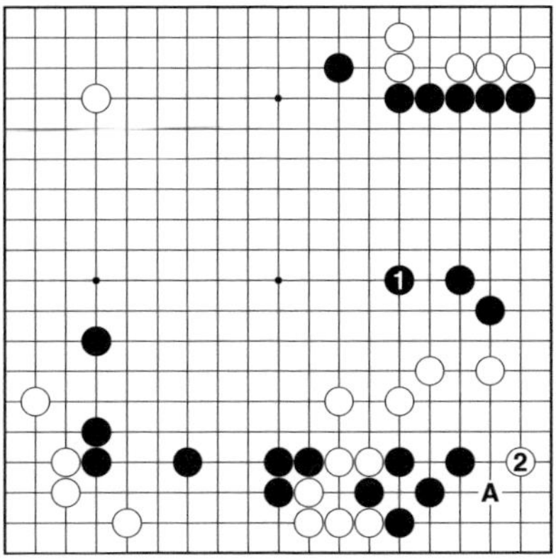

Abbildung 6

unerlässlich, ein Schlüsselzug. Es wäre unerträglich, Weiß mit A in die Ecke zu lassen. Schwarz hat noch immer vor, die gesamte weiße Gruppe anzugreifen, schon aus diesem Grund kann er sich die Gelegenheit nicht entgehen lassen, auf 45 zu spielen. Überdies bringt dieser Zug durchaus einige Punkte ein.

Abbildung 6: Schwarz könnte zum Beispiel auch mit dem Sprung auf 1 sein Moyo zum Zentrum hin entwickeln. Weiß wird sofort mit 2 in die Ecke tauchen und Schwarz muss auf A spielen, um zu leben. Wenn er jedoch zulässt, dass Weiß Gebiet bekommt und gleichzeitig seine Gruppe sichert, dann zerrinnt der ganze Vorteil von Schwarz 1.

Ich will nicht behaupten, dass Kato all das überlegte, als er 45 spielte. Möglicherweise hat er über etwas völlig anderes nachgedacht. Eigentlich sollte es sogar so sein, denn dieser Zug besetzt offensichtlich einen Schlüsselpunkt, was bedeutet: Statt über mögliche Alternativen zu 45 nachzudenken, sollte man sich damit beschäftigen, was nach diesem Zug folgt.

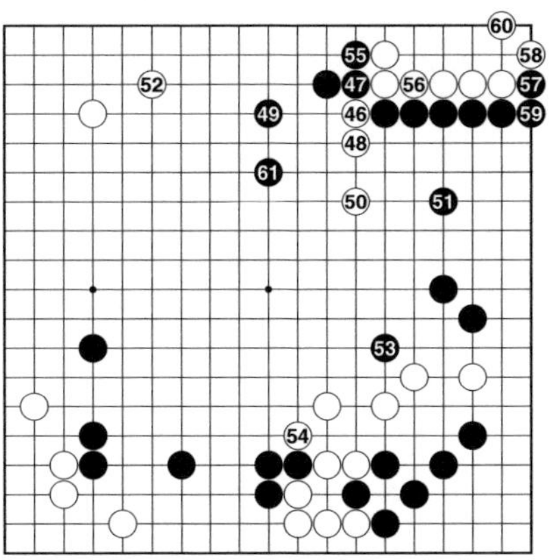

Figur 3

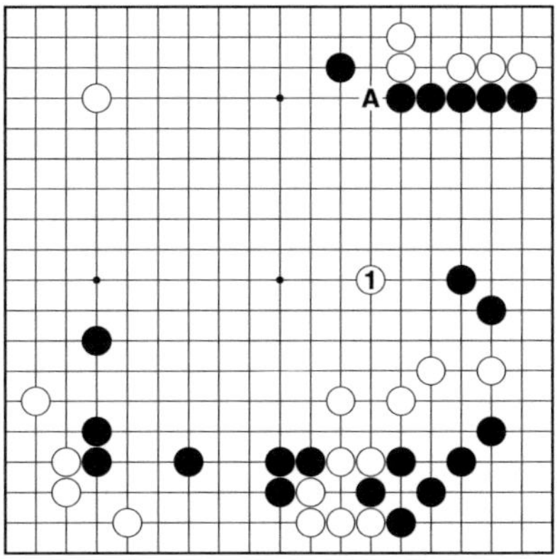

Abbildung 7

Figur 3: In diesem Moment forderte ich den Schwarzen mit 46 zum Kampf heraus. Natürlich hatte ich mir diesen Zug schon vor einer Weile vorgenommen, aber vielleicht war er zu hart – möglicherweise war ich von Katos unerbittlicher Spielweise beeinflusst.

Abbildung 7: Wenn man sich die Stellung nüchtern im Rückblick ansieht, so wäre es eine interessante Strategie gewesen, das Moyo nur leicht mit 1 zu reduzieren. Das würde eher dem Stil von Takagawa entsprechen. Ich spiele in letzter Zeit viel zu impulsiv. Der vorsichtige Zug auf 1 bereitet den

Schnitt auf A eigentlich gut vor. Er stünde mehr im Einklang mit der üblichen weißen Strategie in einer Komipartie, nämlich gemächlich zu spielen.

Nach dem weißen Hane auf 46 ist die Fortsetzung bis 51 erzwungen. Weiß 52 ist jetzt ein Schlüsselpunkt.

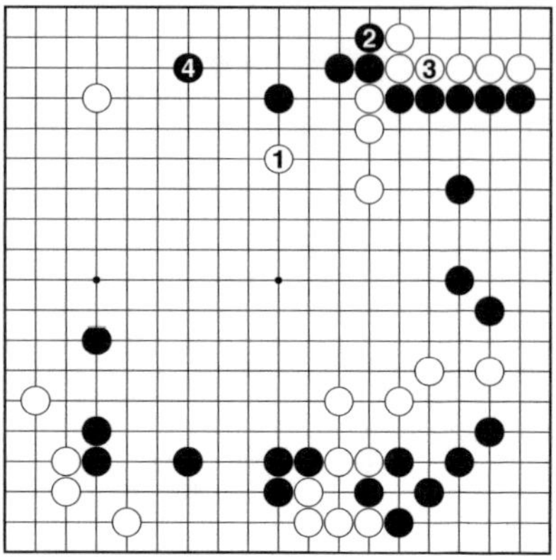

Abbildung 8

Abbildung 8: Auf den ersten Blick sieht Weiß 1 wie ein guter Punkt aus. Tatsächlich war dieser Zug in Figur 2 der 4. Partie absolut notwendig. Jedoch liegt hier ein entscheidender Unterschied vor: Die weiße Gruppe hat einen Fluchtweg in die untere Bretthälfte, womit 1 nicht so ein wichtiger Punkt ist. Setzt Weiß auf 1, so spielt Schwarz mit 2 Kikashi und danach die Ausdehnung auf 4. Er bekommt eine hervorragende Position. Jetzt wird offensichtlich, dass Weiß 1 im Unterschied dazu ein unnützer Zug ist, der nicht weiterhilft.

Aus diesem Grund entschied ich mich mit 52 für Gebiet. Beachten Sie, dass das Keima hier der einzige Zug ist. Spielt Weiß auf 1 in *Abbildung 9*, so springt Schwarz auf A und kann sich später die Eckinvasion auf B vornehmen.

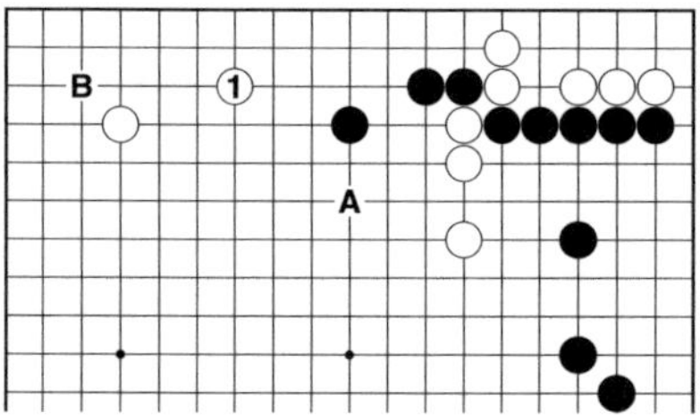

Abbildung 9

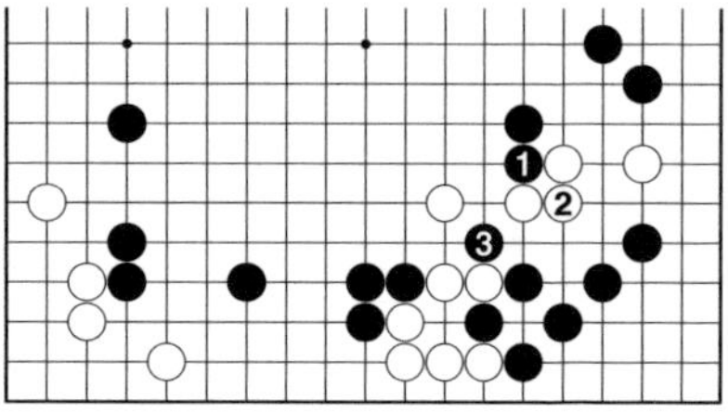

Abbildung 10

Schwarz 53 ist ein harter Zug. Er ist Vorhand, weil er droht, die weiße Gruppe mit 1 und 3 in *Abbildung 10* entzweizuteilen. Schwarz spielt hier nur einmal, wechselt zur Kikashi-Sequenz 55 bis 60 und greift dann mit 61 an. Er ist zuversichtlich, dass sich der Stein auf 53 später als nützlich erweisen wird.

Beachten Sie, dass ich im Unterschied zu Rin in der 4. Partie das Kikashi 55 mit 56 beantwortete. Mir war die dicke Position wichtiger, die Weiß mit 56 erhält; Rin nahm lieber die Punkte am Rand, die er durch die Antwort auf 57 bekommt. Das zeigt den Unterschied zwischen unseren Spielstilen.

In dieser Partie fällt die energische und lebhafte Weise auf, in der Kato das Sanren-sei zum Einsatz bringt. Wie schon so oft gesagt, ist das Angriffspotenzial des Sanren-sei sein größter Vorzug. Dadurch wird es für Kato zur perfekten Eröffnung.

Glossar

Aji	(wörtlich: „Geschmack"), bezeichnet das Potenzial, das in einer Stellung vorhanden ist.
Boshi	„Kappe", ein Zug auf den Punkt, der zwei Linien näher zur Brettmitte liegt als ein gegnerischer Stein.
Dan	Meistergrad. Man unterscheidet Amateur- und Profi-Meistergrade.
Fuseki	Eröffnungsphase einer Partie.
Hane	Diagonalzug, der um einen gegnerischen Stein oder eine gegnerische Kette umbiegt.
Ikken shimari	Eckeinschluss durch einen Ein-Punkt-Sprung seitwärts vom eigenen Stein in der Ecke.
Joseki	Eine lokale Sequenz, die aus optimalen Zügen beider Parteien besteht und ein lokal ausgeglichenes Ergebnis liefert. Die meisten Josekis betreffen die ersten Züge in einer Ecke.
Kakari	Eckangriff durch Annäherung an einen gegnerischen Stein, der die Ecke vorläufig besetzt hält.
Keima	Kleiner Rösselsprung bzw. der Zug, der diese Form bezogen auf einen anderen Stein herstellt.
Kikashi	Spezieller Vorhandzug, der im Verhältnis zur gegnerischen Antwort einen lokalen Vorteil bringt. Typischerweise werden Kikashi-Steine abseits vom aktuellen Partiethema gespielt und werden dann leicht behandelt, also im Zweifel wieder aufgegeben.
Ko	Stellung, in der wiederholendes Schlagen eines einzelnen Steines für beide Seiten theoretisch möglich wäre. Die Ko-Regel verbietet es daher, in einem Ko sofort zurückzuschlagen.
Komi	Anzahl von Punkten, die der Spieler mit den weißen Steinen bei einer Gleichaufpartie zum Ausgleich dafür erhält, dass Schwarz die Partie eröffnet. Von den 1940er Jahren bis 2002 gab es im professionellen Go fünf Komi, heutzutage sechs oder sieben.
Miai	„Entweder-Oder-Option": Zwei in etwa gleichwertige Züge heißen Miai, wenn sie beide als Optionen zur Verfügung stehen. Nimmt eine Partei den einen der beiden Punkte, so bleibt der andere für den Gegner.
Moyo	Einflusssphäre, die noch nicht als sicheres Gebiet angesehen werden kann.
Meijin	In der Edo-Periode (bis 1868) wurde dieser Titel dem derzeitig stärksten Spieler verliehen. Seit 1961 ist der Meijin der zweitwichtigste der sieben großen Titel in Japan.
Nihon Kiin	Größte Vereinigung professioneller Go-Spieler in Japan.
Niren-sei	Zwei gleichfarbige Steine auf den Vorgabepunkten in den Ecken einer Bretthälfte.
Nozoki	„Spähzug" (engl. „Peep"), ein Kikashi, das auf eine Lücke in der gegnerischen Position zielt.

Ogeima	Großer Rösselsprung bzw. der Zug, der diese Form bezogen auf einen anderen Stein herstellt.
Ponnuki	Form, die entsteht, wenn ein einzelner Stein durch das Besetzen seiner vier Freiheiten geschlagen wurde.
Sanren-sei	Drei gleichfarbige Steine auf den Vorgabepunkten an einem Brettrand.
Shimari	Eckeinschluss durch zwei Steine derselben Farbe.
Semeai	Wettkampf um Freiheiten zwischen zwei gegnerischen Gruppen, die beide eingeschlossen sind, je höchstens ein Auge besitzen und sich gegenseitig Freiheiten nehmen.
Tenuki	„anderswo“, fernbleiben: ein Zug abseits des lokalen Themas. Diese Bezeichnung wird insbesondere dann gewählt, wenn eine lokale Antwort zu erwarten war.
Tesuji	Ein technisch guter, oft überraschender Zug, der in einer lokalen Situation das Optimum darstellt, um ein bestimmtes Ziel (Verbinden, Fangen, Leben etc.) zu erreichen.
Tsuke-Nobi-Joseki	(Anlegen-und-Strecken) Ein bestimmtes Eckabspiel nach einem niedrigen Kakari auf einen 4-4-Stein, bei dem die ersten Züge ein Anlegen und dann ein Strecken nach oben darstellen.
Tsuke-Osae-Joseki	(Anlegen-und-Blockieren) Ein weiteres Joseki für die gleiche Situation, bei dem die ersten Züge ein Anlegen und dann Dagegenstellen auf der dritten Linie sind.

BRETT UND STEIN
VERLAG

Weitere Bücher im Brett und Stein Verlag

Lehrstunden in den Grundlagen des Go
von Kageyama Toshiro 7-Dan

Viele Go-Bücher versprechen, die Grundlagen des Go zu erklären; hier ist eines, das dieses Versprechen wirklich hält. Kageyamas Themen sind das Verbinden, gute und schlechte Form, wie die Steine „laufen" sollten, der Unterschied zwischen Gebiet und Einflusssphäre, wie man dicke Positionen und Mauern nutzt, wie man seine Lesefähigkeit trainiert, wie man ein Leben-und-Tod-Problem richtig angeht – eben all jene Dinge, die so grundlegend sind, dass andere Autoren sie komplett weglassen. Kageyama geht auch auf die richtigen Lernmethoden ein, zum Beispiel wie man Josekis studiert.

100 Tipps für Amateure
von Yoon Youngsun 5-Dan

Seit Anfang 2006 lehrt die koreanische Profispielerin Yoon Youngsun Baduk in Deutschland und Europa auf Spielabenden, Turnieren und in Seminaren. Diese Bücher (Band 1 und 2) sind als erstes Ergebnis ihrer Erfahrungen mit den Schwächen europäischer Amateure anzusehen, die sie hiermit beheben möchte.

Go der Profis. 8 ausgewählte Partien kommentiert
von Yoon Youngsun 5-Dan

Wie spielen die Profis? Und warum spielen sie, wie sie spielen?
Das Buch enthält die Antwort in Form von acht spannenden Partien aus aktuellen Wettkämpfen in China, Japan und Korea. Alle Partien wurden von Yoon Youngsun ausgewählt, kommentiert und zusammen mit Amateurspielern analysiert. Nehmen Sie sich die Zeit, die einzelnen Partien auf einem Holzbrett nachzulegen und lassen Sie sich von den gezeigten Kämpfen der Profis faszinieren!

DIE KUNST DES ANGRIFFS

Strategie und Taktik im Go

Große Gruppen jagen und sie dann erlegen – das ist eine der großen Freuden des Go-Spiels. Es ist das Privileg eines jeden Amateurs, der zu seinem Vergnügen Go spielt, seinen eigenen Stil des Angreifens zu entwickeln und so gibt es zahlreiche Beispiele von Spielern, die mit viel Eifer und Energie kleine wertlose Gruppen angreifen und jagen, um dann plötzlich festzustellen, dass der Gegner sie mit einer dicken Wand eingeschlossen hat oder ihre ausgefeilten Attacken ihr Ziel verfehlten und sie am Ende nicht genug Gebiet gesichert haben.

Es gibt viele Go-Bücher über Joseki und Tesuji, aber nur wenige, die die Grundprinzipien des richtigen Angreifens erklären. Dies ist ein unzumutbarer Zustand für Spieler, die wissen wollen, wie man richtig angreift.

Darum, sagt Kato Masao, hat er dieses Buch geschrieben.

Kato Masao war bekannt und gefürchtet für seine kämpferische und überaus aggressive Spielweise, die ihm den Spitznamen „Der Killer" einbrachte. Katos Bilanz als Profi-Spieler weist das außerordentliche Ergebnis von 1253 Siegen zu 664 Niederlagen aus.

KATO MASAO 9-DAN

BRETT UND STEIN VERLAG

ISBN 978-3-940563-06-4